JULIUS H. SCHOEPS (HG.)

Ein Volk von Mördern?

Die Dokumentation zur Goldhagen-Kontroverse
um die Rolle der Deutschen im Holocaust

Mit Texten von Rudolf Augstein, Omer Bartov,
Louis Begley, Gordon A. Craig, Ulrich Herbert, Eberhard Jäckel,
Josef Joffe, Frank Schirrmacher, Volker Ullrich,
Hans-Ulrich Wehler, Elie Wiesel und weiteren Autoren

campe paperback

Die Deutsche Bibliothek – CIP-Einheitsaufnahme
Ein Volk von Mördern?: Die Dokumentation zur Goldhagen-Kontroverse um
die Rolle der Deutschen im Holocaust / Julius H. Schoeps (Hg.)
Mit Texten von Rudolf Augstein ...
– 4. Aufl. – Hamburg: Hoffmann & Campe, 1996
(Campe-Paperback)
ISBN 3-455-10362-6
NE: Schoeps, Julius H. [Hrsg.]; Augstein, Rudolf

Copyright © 1996 by Hoffmann & Campe Verlag, Hamburg
Umschlaggestaltung: Büro X
Satz: Utesch Satztechnik GmbH
Druck und Bindung: Clausen & Bosse, Leck
Printed in Germany

Inhalt

Vorwort des Herausgebers   7

I. Reaktionen in den USA und Grossbritannien

Robert Harris: Die schreckliche Wahrheit   17
Louis Begley: Das ganz gewöhnliche Volk   22
Paul Johnson: Eine Epidemie des Hasses   28
Richard Bernstein: Haben die Deutschen
    den Judenmord begrüßt?   32
Ellen K. Coughlin: »Willige Vollstrecker«   36
Elie Wiesel: Little Hitlers   44
Dinitia Smith:
    Ein Interview mit Daniel Goldhagen   48
A. M. Rosenthal: Einige normale Deutsche   53
V. R. Berghahn: Der Weg in die Vernichtung   56
Omer Bartov: Ganz normale Monster   63
Jerry Adler: Geschichtsstunde   81

II. Reaktionen in Deutschland

Volker Ullrich: Hitlers willige Mordgesellen   89
Norbert Frei: Ein Volk von »Endlösern«?   93
Frank Schirrmacher: Hitlers Code   99
Rudolf Augstein: Der Soziologe als Scharfrichter   106
Jost Nolte: Sisyphos ist Deutscher   110
Manfred Rowold: Herausforderung an
    die Historiker   114
Christopher R. Browning:
    Dämonisierung erklärt nichts   118
Peter Glotz: Nation der Killer?   125

Michael Wolfssohn: »Die Deutschen« – ein Volk von
willigen Judenmördern?   130
Julius H. Schoeps: Vom Rufmord zum Massenmord   135
Frank Ebbinghaus: Warum ganz normale Männer
zu Tätern wurden   140
Moshe Zimmermann: Die Fußnote als Alibi   147
Walter Manoschek: Der Judenmord als
Gemeinschaftsunternehmen   155
Josef Joffe: »Die Killer waren normale Deutsche,
also waren die normalen Deutschen Killer«   160
Gordon A. Craig: Ein Volk von Antisemiten?   171
Gulie Ne'eman Arad: Ein amerikanischer Alptraum   176
Eberhard Jäckel: Einfach ein schlechtes Buch   187
Hans-Ulrich Wehler: Wie ein Stachel im Fleisch   193
Ingrid Gilcher-Holtey: Die Mentalität der Täter   210
Ulrich Herbert: Die richtige Frage   214
Volker Ullrich: Vertraute Töne   225
Andrei S. Markovits:
Störfall im Endlager der Geschichte   228

ANHANG

Über die Autoren   243
Personenregister   247
Textnachweise   252

Vorwort des Herausgebers

Selten hat ein fremdsprachiges Buch schon vor dem Erscheinen seiner deutschen Ausgabe hierzulande solche Aufmerksamkeit erregt. Im Falle von Daniel Jonah Goldhagens Buch »Hitlers Willing Executioners« (»Hitlers willige Vollstrecker«), das zu erklären versucht, wie es zum Holocaust kam und ob dieser nur in Deutschland passieren konnte, liegen Zustimmung und Ablehnung eng beieinander. Die einen halten es für einen »beachtlichen Beitrag zum Verständnis und zur Vermittlung des Holocaust« (Elie Wiesel) und heben besonders hervor, daß der Autor »keine Kompromisse« (Stanley Hoffmann) mache, meinen sogar, es handele sich um ein »brillantes Buch über den heikelsten und bis heute unverständlichsten Teil neuerer deutscher, aber auch europäischer Vergangenheit« (Andrei S. Markovits).

Doch auch diejenigen, die Goldhagens Buch skeptisch bis ablehnend gegenüberstehen, sprechen ihr Urteil deutlich aus. Sie sagen, es sei ein »schlechtes Buch« (Eberhard Jäckel), das sich durch einen »überheblichen Argumentationsstil« (Norbert Frei) auszeichne. Sie behaupten, der Autor hätte die »Kollektivschuld-These« (Frank Schirrmacher) aufgewärmt und werfen dem Autor »mangelndes Verantwortungsbewußtsein« und »krude Deutungsdogmatik« (Hans-Ulrich Wehler) vor. Fast alle, die sich in ihren Besprechungen oder Stellungnahmen gegen Goldhagens Thesen ausgesprochen haben, sind der Ansicht, es handele sich um einen ungerechtfertigten Frontalangriff auf die etablierte Holocaust-Forschung.

Die Fronten im Streit um Goldhagens Buch sind verhärtet. Sie verlaufen jedoch eigentlich jenseits der Frage, ob es ein gelungenes Werk ist oder nicht. Die Mehrzahl der Kritiker stimmt darin überein, daß Goldhagens Buch historisch-empirisch nur wenig Neues bietet, daß aber Teile seiner Untersuchung durchaus ernst zu nehmen sind. Er stelle – so sagen sie – die richtigen Fragen: Was haben die Deutschen vom Holocaust gewußt, wie viele von ihnen waren an den Mordaktionen direkt und indirekt beteiligt, und war der Massenmord an den Juden im kollektiven Bewußtsein der deutschen Bevölkerung angelegt? Der Streit geht letztlich um die richtigen Antworten.

Die bisher erschienenen Rezensionen und Stellungnahmen würdigen Goldhagens Bemühung, die eigentlichen Gründe und Motive für den organisierten Massenmord an den Juden zu erforschen. Die Rezensenten bewerten zumeist positiv, daß Goldhagen die einschlägigen Akten eingesehen hat, die im Ermittlungsverfahren gegen Angehörige des Reserve-Polizeibataillons 101 in den Jahren 1962 bis 1972 angelegt wurden. Anerkennung erfährt Goldhagen auch für seine auf Quellen gestützte Darstellung der »Arbeitslager« sowie der bisher so gut wie nicht erforschten »Todesmärsche« am Kriegsende, bei denen KZ- und Lagerinsassen auf die Straßen getrieben und mindestens 250 000, vielleicht sogar 375 000 Menschen getötet wurden.

Angreifbar macht sich Goldhagen vor allem durch seine Darstellungsweise und sein kategorisches Urteil, das von der Mehrzahl der Fachhistoriker abgelehnt wird. Skeptisch betrachtet man die »Härte seines Urteils« (Omer Bartov), mit dem er sich über alle bisherigen Forschungen hinweggesetzt habe. Man hält ihm vor, er hätte nur eine neue Version der altbekannten Interpretation des Holocaust vorgelegt, nach der Hitler und damit auch die Deutschen, die ihn unterstützt und fanatisch an ihn geglaubt haben, immer schon im Sinne gehabt hätten, die Juden umzubringen.

Bis auf einige Unbelehrbare, die den Holocaust überhaupt bestreiten oder in seinem Ausmaß herunterzuspielen versuchen, gestehen heute so gut wie alle Mitglieder der Historikerzunft wie auch die übrigen Kommentatoren ein, daß gemordet wurde, systematisch, massenhaft und aufgrund eines ideologischen Wahns. Dennoch gibt es Stimmen, die Goldhagens monokausale Erklärungsweise für bedenklich halten und bezweifeln, daß Judenhaß und Antisemitismus die zentralen Motive für die Entrechtung, für die Erniedrigung und letztlich für die Vernichtung des europäischen Judentums gewesen sind.

Letzteres wird von einigen Kritikern des Goldhagen-Buches vehement in Abrede gestellt. Der organisierte Massenmord dürfe, so meinen sie, nicht allein mit dem Phänomen des Judenhasses erklärt werden. Für den in seinem Ausmaß bisher einmaligen Vorgang seien verschiedene Faktoren verantwortlich zu machen, insbesondere seien die innen- und außenpolitische Entwicklung des Naziregimes, die Druckmittel des totalitären Staates und die fatale Autoritätsgläubigkeit der meisten Deutschen zu berücksichtigen.

Gegen Goldhagen wenden sich besonders diejenigen, die sich als »Funktionalisten« verstehen oder von anderen so bezeichnet werden. Sie lehnen Goldhagens These ab, nach der es sich bei dem Genozid an den europäischen Juden um ein seit langem verfolgtes »nationales Projekt« der Deutschen gehandelt habe. Statt dessen betonen sie die Eigendynamik des unkoordinierten Entscheidungsprozesses und den »Prozeß der kumulativen Radikalisierung«, von dem sie meinen, er habe schließlich überhaupt erst dazu geführt, daß das Vernichtungsprogramm ermöglicht und in Gang gesetzt werden konnte.

Die Frage, die in der Debatte um das Goldhagen-Buch für besondere Irritationen gesorgt hat und noch weiter sorgen wird, ist die, ob der Holocaust tatsächlich ein »einzigartiges Verbrechen« war und ob es, wie Goldhagen andeutet, nur in Deutschland passieren konnte. Goldhagens These vom »eliminationist antisemitism« (Vernichtungsantisemitismus), von dem er meint, er sei tief im kollektiven Unterbewußtsein verankert gewesen – diese These läuft auf die provoziernde

Feststellung hinaus, die »Endlösung« sei von Hunderttausenden »ganz normalen Deutschen« durchgeführt worden, und zwar mit dem Wissen und der stillschweigenden Billigung von Millionen anderen. Wie immer man zu diesem Urteil stehen mag: Goldhagens apodiktische Behauptungen werden noch lange Zeit die Gemüter erregen.

Auch in Zukunft werden wir uns beunruhigt fragen: Was hatte eigentlich so viele Deutsche dazu gebracht, zu Massenmördern zu werden? War es allein der Grad der Nazi-Indoktrination? Oder stimmt die These vielleicht doch, daß der Holocaust möglich war, weil das antisemitische Vorurteil alle Widerstandsmechanismen außer Kraft gesetzt hatte? Goldhagen ist davon überzeugt, daß es sich bei den in seinem Fallbeispiel betrachteten Mitgliedern des Hamburger Reservepolizeibataillons 101 um ganz »normale« deutsche Männer gehandelt habe, die den »Vernichtungsantisemitismus« verinnerlicht und deshalb keine Bedenken gehabt hätten, sich an den Mordaktionen zu beteiligen.

Was in diesen Männern (also »ganz normalen Deutschen«) vorging, ist nach wie vor unklar. Das letzte Wort ist darüber noch nicht gesprochen. Nach wie vor bleibt unbegreiflich, wie die Morde geschehen, wie aus braven Familienvätern »brutale Killer« werden konnten. Vielleicht wird es auf diese Fragen nie eine wirklich befriedigende Antwort geben. Vielleicht könnte Elie Wiesel doch recht behalten mit seiner pessimistischen Mutmaßung, daß die Tragödie, die sich im Herzen Europas abspielte, für immer unerklärt bleiben wird. Und letztlich unerklärbar.

Die vorliegende Dokumentation umfaßt Reaktionen aus dem englischsprachigen und dem deutschsprachigen Raum, von Historikern und Nicht-Historikern gleichermaßen. Die Beiträge sind dabei naturgemäß von unterschiedlicher Art und Güte; da steht der persönliche Kommentar neben der gelehrten Rezension, die scharfe Polemik neben der nüchternen

Analyse. Die meisten Artikel haben die Thesen des Buches zum Thema, manche betrachten den schon entbrannten Streit. Auch Wiederholungen sind dabei nicht zu vermeiden.

Doch zeigt sich einmal mehr, daß Debatten über historische Fragen – zumal über den Holocaust – sich eben nicht in Historikerdebatten erschöpfen müssen, sondern darüber hinaus eine interessierte Öffentlichkeit zu Engagement und Kritik herausfordern können. So bietet diese Dokumentation ein facettenreiches und ausgewogenes Bild der öffentlichen Debatte um Goldhagens Thesen in den USA und Deutschland.

Auffällig dabei ist, daß sich der Tenor der Reaktionen in den Vereinigten Staaten und Deutschland merklich unterscheidet. Hierzulande sind die bisherigen Besprechungen mehrheitlich kritisch bis ablehnend. Anders in den Vereinigten Staaten, wo zahlreiche Rezensionen (u. a. von Volker Berghahn, Omer Bartov und Gordon Craig) sich kritisch, aber wohlwollend mit dem Goldhagen-Buch auseinandersetzen. Positiv waren insbesondere die Stellungnahmen aus der *New York Times*, der *Washington Post* und der *New Republic*. Das wiederum hatte zur Folge, daß in einigen Kommentaren aus Deutschland ausdrücklich auf die religiös-ethnische Herkunft mancher Goldhagen-Rezensenten in den Vereinigten Staaten verwiesen wurde. Darauf macht insbesondere Andrei S. Markovits (»Störfall im Endlager der Geschichte«) aufmerksam, nach dessen Ansicht Goldhagens Botschaft vielen nicht behagt und sich deshalb manche an die Arbeit gemacht hätten, »den Boten und sein Werk möglichst schnell und nachhaltig zu diskreditieren«.

Herausgeber und Verlag trafen aus der Flut der Artikel und Besprechungen, die anläßlich des Erscheinens des Goldhagen-Buches geschrieben wurden, eine Auswahl. Diese Auswahl umfaßt ein möglichst breites Spektrum von Beiträgen und berücksichtigt nur solche Artikel, die bereits an anderer Stelle veröffentlicht wurden. Die Anordnung erfolgte innerhalb der beiden Hauptteile chronologisch, so daß der Charakter einer Dokumentation gegeben ist.

Eine Reihe von Besprechungen und Stellungnahmen konnte nicht berücksichtigt werden, weil sie zum Zeitpunkt des Redaktionsschlusses für diesen Band erst in Manuskriptform vorlagen, also noch nicht erschienen waren. Es handelt sich hier insbesondere um die Texte von Sander L. Gilman und Rainer Erb, die im Verlauf des Jahres in »New German Critique« beziehungsweise in der »Zeitschrift für Religions- und Geistesgeschichte« erscheinen werden. Um die Gleichartigkeit der Bedingungen für den Abdruck im vorliegenden Band zu gewährleisten, mußte leider auf die Aufnahme der beiden Texte verzichtet werden.

Der im vorliegenden Band abgedruckte Beitrag von Josef Joffe (»Die Killer waren normale Deutsche, also waren die normalen Deutschen Killer«) faßt zwei Artikel des Verfassers zusammen, die in der *Süddeutschen Zeitung* (»Hitlers willfährige Henker«, 13./14. April 1996) und in *Time* (»Once Again. Why the Germans?«, 29. April 1996) erschienen sind. Alle übrigen Artikel sind entweder in der Form abgedruckt, wie sie bereits an anderer Stelle veröffentlicht wurden – oder es wurde auf Wunsch des jeweiligen Autors die nichtredigierte Fassung für den Abdruck in der vorliegenden Dokumentation herangezogen (so bei den Texten von Gulie Ne'eman Arad, Ulrich Herbert, Hans-Ulrich Wehler und Eberhard Jäckel). Lediglich offensichtliche Druckfehler wurden verbessert. Der Ort und das Datum der Erstveröffentlichung sind stets vermerkt. Bei deutschen Originalzitaten aus Goldhagens Buch wurde – soweit wie möglich – der Text der deutschen Fassung benutzt, die im August 1996 unter dem Titel *Hitlers willige Vollstrecker. Ganz gewöhnliche Deutsche und der Holocaust* im Siedler Verlag erschienen ist.

Der Herausgeber dankt an dieser Stelle ausdrücklich dem Lektor des Hoffmann und Campe Verlages, Jens Dehning, der die Hauptarbeit hatte, die Texte für den vorliegenden Band zu akquirieren. Er hat es verstanden, die Bedenken mancher Autoren zu zerstreuen, die sich anfänglich nicht sicher waren, ob sie an der vorliegenden Dokumentation mitwirken sollten. Dank gilt auch Volker Ullrich, der es ermöglicht hat, daß all die Texte (von Volker Ullrich, Christopher Browning, Gordon A. Craig, Eberhard Jäckel, Julius H. Schoeps, Hans-Ulrich Wehler, Ingrid Gilcher-Holtey, Ulrich Herbert) zum Abdruck gelangten, die im Zuge einer Serie zur Goldhagen-Debatte in der ZEIT veröffentlicht wurden.

Potsdam, im Juli 1996   Julius H. Schoeps

I
Reaktionen in den USA und Großbritannien

ROBERT HARRIS

Die schreckliche Wahrheit

Dieses Buch ist ein großes Werk, über das große Dinge gesagt werden. Für seinen britischen Verlag ist es das wichtigste Buch, das er je veröffentlicht hat. Simon Schama glaubt, es werde »die Diskussion über den Holocaust dauerhaft verändern«. Vorabbesprechungen in Amerika haben es als »explosiv«, »schockierend«, »revolutionär« und »wegweisende Studie« gepriesen. Sein Inhalt ist tatsächlich explosiv. Es wird nämlich die These vertreten – 1945 eine Binsenweisheit, doch heute fast unaussprechlich –, daß das ganze deutsche Volk für den Mord an den Juden verantwortlich ist.

Der Autor ist ein junger Harvard-Akademiker. Seine Doktorarbeit führte ihn nach Ludwigsburg in die Nähe von Stuttgart, wo er sich ein Jahr lang mit den Aussagen befaßte, die in den sechziger und siebziger Jahren von der bundesrepublikanischen Untersuchungsbehörde für Naziverbrechen gesammelt wurden, vor allem mit den Unterlagen über Mitglieder des Reservebataillons 101. Das ist an sich noch nichts wirklich Neues: Christopher Brownings Studie *Ganz normale Männer* von 1992 liegen dieselben Akten zugrunde. Doch Goldhagen hat das Material in einen größeren Zusammenhang gestellt – seine Schlußfolgerungen sind erschütternd und jenen von Browning diametral entgegengesetzt.

Achtunddreißig Polizeibataillone waren an der Endlösung beteiligt, von denen jedes aus etwa 500 Männern bestand, insgesamt also 19 000 Männer. Ihre Aufgabe war es, das besetzte Gebiet hinter der deutschen Front zu säubern und dabei systematisch alle jüdischen Männer, Frauen und Kinder zu erschießen, die sie finden konnten. Da wir in der Nachkriegszeit so massiv von Bildern der Todeslager mit ihren Gaskammern und Krematorien überschwemmt wurden, neigen wir dazu, die Aktivitäten dieser Polizisten zu vergessen. Doch die Zahl der Opfer, die sie auf dem Gewissen haben, ist gigantisch: mit Sicherheit über eine Million, vielleicht sogar drei Millionen.

Diese Mörder waren in jeder Hinsicht »ganz normale Deutsche«. Untersuchungen haben ergeben, daß sie einen beinahe perfekten Querschnitt der Bevölkerung des Dritten Reichs darstellten: gelernte und ungelernte Arbeiter, Kaufleute, Bauern, eine Handvoll Beamte, hier und da Angehörige des mittleren Managements oder Akademiker, die an ihren Wohnorten als Ordnungspolizei rekrutiert wurden. Das waren keine Fanatiker: Nur ein Drittel gehörte der NSDAP an (im Verhältnis kaum mehr als der nationale Durchschnitt), weniger als einer von dreißig war Mitglied der SS. Ihr Durchschnittsalter betrug 36 Jahre. »Das waren reife Männer mit Lebenserfahrung«, schreibt Goldhagen, »mit Familien und Kindern.«

Doch diese »ganz normalen Deutschen«, die bis zu ihrer Ankunft in Polen keine Ahnung hatten, wofür sie da rekrutiert wurden, brachten die Juden nicht nur um. Ihren eigenen Aussagen zufolge bereitete es ihnen großes Vergnügen, ihre Opfer zu quälen und zu töten, indem sie sie in Scheunen und Synagogen pferchten und sie anzündeten; sie zwangen, zu tanzen und auf dem Boden zu kriechen, bevor sie sie erschossen; indem sie auf sie urinierten; sie auspeitschten; lebendig begruben oder zu Tode prügelten. Ein Polizist tötete jüdische Kinder, indem er sie an den Haaren hochzerrte und in den Hinterkopf schoß.

Keiner dieser Männer war gezwungen, so zu handeln. Wer zu zartbesaitet war, konnte darum bitten, mit einer anderen Aufgabe betraut zu werden, und dieser Bitte wurde ausnahmslos entsprochen. »Niemand wurde je hingerichtet oder in ein Konzentrationslager geschickt, weil er sich weigerte, Juden zu töten.« Wer ablehnte, schmälerte damit noch nicht einmal unbedingt seine Aufstiegschancen. Diese Männer mordeten, weil sie es wollten. Sie waren stolz darauf. Sie schossen Fotos davon (ein paar sind in dem Buch abgedruckt). Manche luden sogar ihre Frauen und Freundinnen zum Zuschauen ein.

Warum? Wenn sie nicht mußten, warum taten sie es dann? Lag es vielleicht daran, daß die Deutschen autoritätshöriger waren als andere Rassen [races]? Eigentlich nicht, sagt Goldhagen: Schließlich befanden sich keine zehn Jahre früher »Millionen von Deutschen in offener Rebellion gegen die Autorität Weimars«. Lag es dann, wie Christopher Browning glaubt, an einem Gruppenzwang, daran, daß keiner hinter den anderen zurückstehen wollte? Ja, vielleicht, in ein paar Fällen. Aber schon das impliziert, daß die Mehrheit zu töten gewillt war, sonst hätte der Gruppenzwang andersherum funktioniert und »sie in ihrem persönlichen und kollektiven Vorsatz bestärkt, nicht zu töten«.

Goldhagens Schlußfolgerung ist furchtbar: Die Deutschen haben die Juden auf diese Weise ermordet – nicht nur mitleidlos, sondern sogar voller Begeisterung und Schadenfreude –, weil »sie die Morde für gerechtfertigt hielten«. Und er geht noch weiter. Da die Männer der Polizeibataillone in solchem Maße repräsentativ für die Bevölkerung waren, ist es »die unausweichliche Wahrheit«, daß auch »die meisten ihrer Mitbürger« als »Hitlers willige Vollstrecker« gedient hatten.

Zur Erhärtung dieser Thesen verfolgt Goldhagen den Auslöser des deutschen Genozidgedankens bis ins 19. Jahrhundert zurück. Damals wütete der Bazillus des Antisemitismus in ganz Europa, einschließlich Großbritannien, doch nirgends war er so virulent wie in Deutschland, wo nicht weniger als neunzehn verschiedene Schriftsteller die »physische Vernichtung« als Lösung des »Judenproblems« proklamierten. Goldhagen zufolge war Hitlers irrsinnige Hetze »das geistige Gemeingut des deutschen Volkes«. So konnten 1933 über siebzehn Millionen Menschen für eine Partei stimmen, die in ihrem Programm verkündete, daß »kein Jude Volksgenosse sein kann«.

Als Hitler dann an der Macht war, wurden Deutschlands Juden systematisch eingeschüchtert, boykottiert, ihrer Bürgerrechte beraubt und in einem Maße verunglimpft und attackiert, daß bei Beginn des Krieges bereits mindestens die Hälfte, über eine Viertelmillion, emigriert war. Und trotzdem »setzte sich kein deutscher Bischof, weder katholisch noch protestantisch, auch nur ein einziges Mal öffentlich für sie ein«. Auch Mediziner und Juristen blieben stumm. Insgesamt war der Widerstand gegen den Antisemitismus des Regimes so verschwindend gering, daß er kaum in den Akten der Gestapo auftaucht. Neue Forschungen haben ergeben, daß die Tötungsmaschinerie im Dritten Reich viel umfangreicher war als bisher angenommen. Es gab, inklusive der Ghettos, mehr als 10000 »Lager« in Europa, davon allein 1000 ausschließlich für Juden in Polen. Für all das wurde enorm viel Personal benötigt: In Auschwitz gab es zum Beispiel 7000 Wärter, in Dachau 4000, in Mauthausen und seinen Nebenstellen fast 6000. Dazu muß man die 19000 Männer der Polizeibataillone zählen, die 25000 Männer der drei SS-Brigaden, die von 1941 bis '43 Juden in der Sowjetunion ermordeten, dann noch die Eisenbahnbeamten und die Bürokraten und die Aufseher der Zwangsarbeitslager. Goldhagen ist der Meinung, mindestens 100000 seien direkt am Holocaust beteiligt gewesen; tatsächlich möglicherweise eine halbe Million. Wenn so viele daran beteiligt waren, wie konnten dann die Deutschen später so tun, als hätten sie von nichts gewußt?

Auf den Todesmärschen wurde das Morden auch dann noch fortgesetzt, als schon längst feststand, daß der Krieg verloren war; es ging sogar noch weiter, nachdem Himmler wegen seiner Verhandlungen mit den Alliierten die Einstellung angeordnet hatte. Die Judenmorde hatten eine Eigendynamik entwickelt. In Goldhagens Augen sind sie ein Atavismus, ein Tribalismus, wie das Massaker der Hutu an den Tutsi oder das der Serben an den bosnischen Moslems: »Der Gedanke, die Durchschnittsdänen oder -italiener könnten sich ebenso verhalten wie die ganz normalen Deutschen, sprengt die Grenzen der Vorstellungskraft.«

Goldhagens Polemik kommt mit der Wucht und Härte einer Dampfwalze daher, und manchmal übertreibt er es vielleicht ein wenig. Was nicht in seine Argumentation paßt, wird ignoriert. Er räumt beispielsweise dem Antisemitismus anderer Rassen, speziell dem der Polen und der Ukrainer, nur relativ wenig Platz ein. Er erwähnt nicht die Widerstandsgruppe der Weißen Rose, die die Judenverfolgung öffentlich verurteilte. Er berücksichtigt nicht, wieviel Mut es verlangt, um in einem Polizeistaat irgendeine Art von Protest zu äußern. Und gelegentlich zieht er aus relativ fadenscheinigen Belegen stark verallgemeinernde Schlüsse. Auch der akribische Anmerkungsteil (der Anhang ist 125 Seiten lang) dämpft kaum Goldhagens emotionale Rhetorik.

Doch alles in allem ist das Buch eine große Leistung. In letzter Zeit haben die Historiker des Holocaust, die sich auf den Aspekt der »Todesfabriken«, auf die Bürokratien des Holocaust und auf Eisenbahnfahrpläne konzentrierten, den Opfern unabsichtlich einen ganz schlechten Dienst erwiesen. Sie haben sie – wie damals die Deutschen – auf reines Menschenmaterial reduziert, auf statistische Daten. Und sie haben den ungeheuerlichen Anschein erweckt, auch die Mörder seien in gewissem Sinne nur hirnlose Opfer eines riesigen Apparats gewesen, der sich ihrer Kontrolle entzog. Goldhagen zeigt uns ein für allemal, daß dem nicht so war.

Quelle: Sunday Times, 24. März 1996 (Originaltitel: »The Awful Truth«)
Aus dem Englischen von Tina Hohl

LOUIS BEGLEY

Das ganz gewöhnliche Volk

In fünfzig Jahren sorglosen und bequemen Lebens haben wir uns Hornhaut zugelegt. Doch zum Glück ist sie noch immer durchlässig für unsere Wut und Verzweiflung, wenn plötzlich wieder in Erinnerung ruft, was die Deutschen den Juden von der Machtübernahme Hitlers bis zum Zusammenbruch Deutschlands angetan haben.

Ich habe diese erschütternde und heilsame Rückkehr zur Realität erst kürzlich in Prag erlebt, als ich mir in einer Ausstellung des Museums, das an die alte Synagoge mit dem dazugehörigen kleinen Friedhof angeschlossen ist, die Bilder anschaute, die jüdische Kinder im Konzentrationslager Theresienstadt gemalt haben. Wäre ich nicht ein Mensch der leiseren Töne, hätte ich womöglich aus vollem Halse geschrien: »Warum?« Warum haben die Deutschen diese Kinder umgebracht und all die Millionen anderen Juden – Männer, Frauen und Kinder – in Osteuropa und wo die Wehrmacht sonst noch einmarschiert ist? Was hat sie dazu getrieben, friedliche Menschen vernichten zu wollen, die doch – so sollte man meinen – keinerlei Bedrohung darstellten? Waren sie angewidert von dem, was sie taten? Verspürten sie Mitleid oder Angst, als sie eine Kultur zerstörten, die so reich war – und so schön in ihrer Vielfalt?

»Hitlers willige Vollstrecker« von Daniel Jonah Goldhagen, einem Assistenzprofessor für Politik- und Sozialwissenschaften an der Harvard University, liefert eine brutale und ungemein schlagkräftige Antwort auf solche Fragen. Goldhagen wendet sich gegen beschönigende Standarderklärungen, die die Schuld an den Verbrechen der Deutschen verschiedenen Faktoren zuschreiben: etwa den Druckmitteln des totalitären Staates, der Neigung der Deutschen, Befehlen zu gehorchen, und der Tatsache, daß sie den komplexen Charakter des mörderischen Unternehmens, an dem sie beteiligt waren, nur schwer durchschauten und sich deshalb nicht persönlich dafür verantwortlich fühlten.

Für ihn sind dies deutsche Verbrechen, begangen von gewöhnlichen Deutschen, die keineswegs immer Mitglieder der SS waren, auch wenn es das demokratisch gewählte und enorm populäre Nazi-Regime war, das diese Taten ermöglichte und ihren Verlauf bestimmte. Goldhagen glaubt, die treibende Kraft des Holocaust sei der verbreitete, sich durch alle Gesellschaftsschichten ziehende Antisemitismus der Deutschen gewesen, dessen Wurzeln in dem mittelalterlichen christlichen Bild des Juden als eigenmächtig handelndes Werkzeug des Bösen lagen – »ein so ungeheurer und bodenloser Haß, daß einem vor Fassungslosigkeit die Worte fehlen«.

Im 19. Jahrhundert verschmolz dieser Haß mit dem pseudowissenschaftlichen Gedanken, die Juden seien eine »Rasse«, wodurch sich der Antisemitismus von der Religion löste und mit der gleichen logischen Berechtigung auch gegen die Juden richten ließ, die zum Christentum übergetreten waren. Da die Bösartigkeit der Juden dieser Sichtweise zufolge zu ihrem Wesen gehörte, konnte sie nicht durch Assimilation behoben werden; im Gegenteil, assimilierte Juden galten als besonders gefährlich, weil sie die jüdische Korruption nur noch tiefer ins Herz der deutschen Gesellschaft trugen.

So entstand der Wunsch nach einer »Eliminierungslösung« – einer Vorläuferin der »Endlösung« –, mit deren Hilfe dieser gefährliche Fremdkörper aus dem deutschen Volk ausgeschieden werden sollte. Goldhagen verweist auf die Unmengen wahnwitziger antisemitischer, die Juden durch unflätige Beschimpfungen und Karikaturen dämonisierender Literatur, die im 19. und 20. Jahrhundert in Deutschland produziert wurde, und auf die wachsende Verbreitung des Bildes vom Juden als ärgster Feind, das schließlich allgemein akzeptiert wurde. Für Goldhagen ist der Antisemitismus nie ganz aus Deutschland verschwunden, bestenfalls war er bis zu den dreißiger Jahren nur latent vorhanden.

Die Wirren, die auf Deutschlands Niederlage im Ersten Weltkrieg folgten – die weithin akzeptierte Gleichsetzung des Bolschewismus mit dem jüdischen Einfluß, die Schwäche und die Skandale Weimars und die Machtübernahme Hitlers mit seinem unbändigen persönlichen Haß auf die Juden –, setzten dieser Periode relativer Latenz ein Ende. Später verschaffte die Eroberung Osteuropas und eines großen Teils der Sowjetunion den Deutschen sowohl die Kontrolle über eine riesige jüdische Bevölkerung als auch über ein Gebiet, auf dem die »Eliminierungstheorie« sich zur praktizierten Vernichtung entwickeln konnte.

Goldhagen weist darauf hin, daß zwar der Apparat und die Logistik der Vernichtung umfassend erforscht sind, die Todesboten selbst – die deutschen Männer und Frauen, die die Morde ausführten – aber noch nicht gründlich untersucht wurden. Er betrachtet die Täter in drei Kategorien: die Polizeibataillone, die vor allem auf polnischem und sowjetischem Territorium agierten und für den Mord an mehreren Hunderttausend Juden verantwortlich waren, die »Arbeitslager«, in denen Juden sich buchstäblich zu Tode arbeiten mußten, und die sinnlosen Todesmärsche gegen Ende des Krieges.

Die von Goldhagen angeführten Quellen belegen, daß die Männer der Polizeibataillone, obwohl auch NSDAP- und SS-Mitglieder dazugehörten, erstaunlich repräsentativ für die unteren bis mittleren Schichten der deutschen Gesellschaft waren. Sie töteten in kleinen und mittelgroßen Städten, in Ghettos und auf dem Lande. Meistens waren es Einzelerschießungen, bei denen Henker und Opfer eine Waffenlänge voneinander entfernt standen. Oft wurde der Mörder mit Blut, Knochensplittern und Hirnmasse bespritzt.

Für die Polizeibataillone lassen sich folgende Besonderheiten feststellen: Wen das Töten zu sehr aufwühlte, konnte sich davon befreien lassen, ohne mit einer Strafe rechnen zu müssen, und es war relativ einfach, sich versetzen zu lassen. Dennoch kam es nur sehr selten vor, daß jemand von diesen Rechten Gebrauch machte. Zweitens: Die Opfer wurden, bevor sie erschossen oder in transportablen Einrichtungen vergast wurden, erniedrigt und geschlagen; den Mördern war es gleichgültig, ob die Juden, die beerdigt wurden, auch wirklich tot waren. Die Grausamkeiten wurden also aus freien Stücken begangen und waren nicht Teil der an die Bataillone ausgegebenen Anweisungen. Drittens: Die Männer der Polizeibataillone schämten sich ihrer Morde nicht. Im Gegenteil, sie ließen sich recht oft »bei der Arbeit« fotografieren, schickten die Aufnahmen als Erinnerung nach Hause und wurden nicht selten von ihren Frauen oder Verlobten, die zu Besuch waren, auf den Tötungsexpeditionen begleitet.

Das Material über die Arbeitslager verdeutlicht den unökonomischen Charakter der Endlösung. Zu einer Zeit akuten Arbeitskräftemangels schufen die Deutschen für jüdische Gefangene – ein wertvoller und dringend benötigter Pool gelernter Arbeitskräfte – Bedingungen, die diese schnell arbeitsunfähig machten. Darüber hinaus wurde ein Großteil der Arbeit bewußt unproduktiv gehalten. Der Grund dafür, glaubt Goldhagen, war die antisemitische Unterstellung, daß Juden ehrliche Arbeit verabscheuen. Allein sie zur Arbeit zu zwingen, war daher bereits eine gerechte Strafe, die durch die zügellose und spontane Grausamkeit der Wärter und Wärterinnen in den Tod durch Folter mündete.

Die Todesmärsche wiederum, von denen sich ein Großteil in Deutschland selbst abspielte und daher keineswegs den Augen der deutschen Bevölkerung verborgen blieb, wurden erwiesenermaßen von den normalen Deutschen geduldet, die zusehen konnten, wie Gefangene während der Märsche geschlagen oder erschossen wurden.

Goldhagens Quellen und die Art und Weise, wie er sie verwendet hat, zu beurteilen und zu hinterfragen, ist die Aufgabe der Experten für neuere deutsche Geschichte. Mich hat es allerdings gestört, daß er sich mit einigen Themen überhaupt nicht befaßt hat. Wie zum Beispiel paßt der bemerkenswerte Erfolg der assimilierten Juden im Deutschland des 19. und frühen 20. Jahrhunderts in allen Lebensbereichen außer dem Militär zu der Auswirkung und dem monolithischen Charakter des deutschen Antisemitismus, wie Goldhagen ihn beschreibt? Ich nehme an, die Antwort liegt in der Latenztheorie.

Ein weiterer Aspekt ist der Antisemitismus in anderen europäischen Ländern. Goldhagen erwähnt die Kooperation der polnischen, litauischen, ukrainischen und lettischen Bevölkerung bei der Judenvernichtung. Mit Ausnahme von Polen waren dies natürlich die Länder, in denen die »Hiwis« rekrutiert wurden, die Freiwilligen vor Ort, die beim Töten in den Ghettos und anderswo halfen. Aber warum und inwiefern unterschied sich der französische Antisemitismus vom deutschen? Goldhagen weist darauf hin, daß der Erfolg der Endlösung von der Haltung der nichtjüdischen Bevölkerung abhing. Und so nahmen denn auch Dänen, Italiener und Bulgaren – auf verschiedene Weise und in unterschiedlichem Maße – ihre Juden in Schutz. Wie läßt sich in Anbetracht der Tatsache, daß sich die christliche Tradition des Antisemitismus auch auf diese Länder ausgewirkt hatte, ihre abweichende Haltung erklären? Wieso gingen die Deutschen in der ehemaligen Tschechoslowakei relativ zurückhaltend vor? Die Antwort kann nicht sein, daß die Christen in diesen Ländern nur deshalb bereit waren, sich für ihre Juden einzusetzen, weil es dort so wenige gab, die sie hassen konnten. Schließlich war auch die jüdische Bevölkerung Deutschlands klein, ebenso wie die in Frankreich.

Ich war lange Zeit überzeugt, die unabdingbare Voraussetzung dafür, daß die Deutschen gleich nach Hitlers Machtübernahme über die deutschen Juden herfielen, seien Unverständnis, Angst und schließlich der Haß auf den Juden als den »Anderen« von nebenan gewesen. Dem würde Goldhagen zustimmen, er verweist auf die Massaker der Türken an den Armeniern, der Tutsi an den Hutu und umgekehrt, neben vielen anderen blutigen und schändlichen Beispielen für Gemetzel von Volksgruppen untereinander. Die Nazis wußten sich die Unfähigkeit der Menschen zunutze zu machen, die Menschlichkeit des »Anderen« zu erkennen. So sollten die Nürnberger Gesetze die Juden für »gesellschaftlich tot« erklären und damit ihre Ausschaltung legitimieren und erleichtern.

Doch die Deutschen gingen, wie Goldhagen aufzeigt, viel weiter – ihr Ziel war es, alle Juden zu töten, nicht nur die in ihrer Mitte. Man kann wohl davon ausgehen, daß, wenn die Deutschen den Krieg nicht verloren hätten, in den von ihnen kontrollierten Gebieten kein einziger Jude mehr leben würde. Ein so gewaltiger und so vollkommen abstrakter Haß ohne jede territoriale, ideologische oder religiöse Grundlage – die Deutschen brachten mit dem gleichen Elan rechte wie kommunistische und zum Christentum konvertierte Juden um – löst unaussprechliches Entsetzen aus, das Gefühl, man könne sich nirgends mehr sicher fühlen. Sieht so immer noch die deutsche Realität aus? Abgesehen von gelegentlichen Schändungen jüdischer Friedhöfe und antisemitischen Schmierereien gewinnt man bei der Politik des neuen deutschen Staates (Reparationen, Haltung gegenüber Israel usw.) und durch eigene Erfahrungen und Meinungsumfragen den Eindruck, die neue Generation der Deutschen sei nicht sonderlich antisemitisch eingestellt. Ist das nur eine weitere Latenzzeit oder ein Dauerzustand?

Quelle: Los Angeles Times, 24. März 1996 (Originaltitel: »Just Plain Volk«)
Aus dem Amerikanischen von Tina Hohl

PAUL JOHNSON

Eine Epidemie des Hasses

Dieses interessante Buch enthält viel wertvolles Material, das dem Leser aber auf abschreckende Weise präsentiert wird. Daniel Jonah Goldhagen hat als Soziologe ein Geschichtsbuch geschrieben, und das hat schwerwiegende Nachteile. Er fragt, in welchem Maße und warum sich »gewöhnliche Deutsche« – also nicht die überzeugten Nazis und SS-Offiziere, die die Befehle erteilten, sondern das Fußvolk der Endlösung – bereitwillig am Massenmord an den Juden beteiligten. Und so handelt das erste Viertel des Buches von der »Entwicklung des eliminatorischen Antisemitismus« in Deutschland.

Besondere Aufmerksamkeit widmet Goldhagen nicht nur den Deutschen, die in den Todeslagern arbeiteten, sondern auch den Polizisten in den Polizeibataillonen (der Ordnungspolizei) und den Soldaten in den Mordkommandos (den Einsatzgruppen), die im großen Maßstab Massenerschießungen von Juden in Rußland durchführten. Er hat zum Teil gänzlich neue Quellen aufgetan, und er präsentiert ein paar seltene Fotos, darunter eins von einem deutschen Soldaten, der eine Frau erschießt, während sie ihr kleines Kind im Arm hält – ein grauenhaftes Bild, das ich so noch nicht gesehen hatte. Dieses Buch ist mal wieder Wasser auf die Mühlen der Holocaust-Forschung, und Goldhagen verdient Anerkennung für die harte Arbeit, durch die er all das ans Licht gebracht hat.

Nun zu den Nachteilen: Als Nicht-Historiker neigt Goldhagen dazu, das Phänomen Nazi-Deutschland und das Verhalten der Deutschen während der Kriegsjahre vom großen historischen Zusammenhang zu isolieren, sowohl in räumlicher wie auch in zeitlicher Hinsicht.

Das verstärkt die Tendenz, den Holocaust als einzigartiges Ereignis zu sehen, was ich für zutiefst unhistorisch halte, ja für gefährlich. Das wirklich schreckliche ist doch, daß viele Völker unter bestimmten Umständen fähig zum Völkermord sind. Dessen sind sich die Historiker schmerzhaft bewußt.

Schon das Alte Testament beschreibt den Völkermord – man lese nur das Buch Josua. In letzter Zeit ist der türkische Völkermord an den Armeniern von 1915 verstärkt ins Zentrum des wissenschaftlichen Interesses gerückt. Er wurde als »Generalprobe für den Holocaust« bezeichnet, denn obwohl die Massaker dem Haß der Türken entsprangen, standen zu jener Zeit Tausende deutscher Offiziere und Unteroffiziere in den Diensten der türkischen Regierung. Es wäre interessant zu erfahren, wie viele von ihnen sich am Holocaust beteiligten.

Auch Stalin verübte Genozid an ganzen Völkern – die Menschen wurden verschleppt, Familien auseinandergerissen, viele wurden ermordet. Die Zahl derer, die seinem Staatsterror zum Opfer fielen, war vier- oder fünfmal so hoch wie im Holocaust, wenn nicht noch höher. Mindestens so viele Menschen wirkten an Stalins Todesmaschinerie mit wie an der Hitlers. Die Indoktrination von Rassenhaß spielte in der sowjetischen Politik jedoch keine offensichtliche Rolle, wenngleich den Apparatschiks sicher Klassenhaß gepredigt wurde.

Goldhagen ignoriert noch einen weiteren wichtigen Aspekt. Die Durchschnittsösterreicher waren viel antisemitischer eingestellt als die Deutschen. Nicht nur Hitler war Österreicher, sondern auch Eichmann, ebenso Kaltenbrunner, der Chef der Gestapo. Die Rolle Österreichs bei der Endlösung wurde dadurch vertuscht, daß es von den Alliierten offiziell zum Opfer der Nazis erklärt wurde und nicht zu einem willfährigen Kollaborateur. Deshalb zahlte Österreich keine Entschädigung an die Juden, und deshalb fanden in Österreich selbst auch keine Kriegsverbrecherprozesse statt.

Doch in Jugoslawien zum Beispiel waren von 5090 verurteilten Kriegsverbrechern 2499 Österreicher. Österreicher spielten eine wichtige Rolle in den mobilen Tötungsbataillonen, machten ein Drittel der Vernichtungseinheiten der SS aus und befehligten vier der sechs wichtigsten Todeslager. Österreicher brachten fast die Hälfte der sechs Millionen jüdischen Opfer um. Es ist fraglich, ob die Endlösung ohne das österreichische Element überhaupt durchgeführt worden wäre.

Weil Goldhagen die Ereignisse nicht in einen historischen Zusammenhang stellt, schreibt er den Deutschen eine unangemessen große Schuld zu und ignoriert dabei die grundsätzlich korrumpierende Wirkung von Massengewalt. Bis 1914 waren die Deutschen in vieler Hinsicht ein bemerkenswert sanftes Volk, das sich, außer in Uniform, nur selten irgendeiner Art von Gewalt bediente. Der Krieg von 1914 hatte auf alle europäischen Völker katastrophale Auswirkungen, indem er die Gewalt in den Augen der Menschen legitimierte und sie an ihren Einsatz gewöhnte. Und obwohl der Krieg 1918 offiziell zu Ende war, wurden die Gewalttaten fast überall fortgesetzt, nicht zuletzt in Deutschland, Österreich und Rußland: In allen drei Ländern wurde der Rassen- und Klassenhaß durch die Verbitterung über den Gebietsverlust noch verschärft. In einem Großteil Europas herrschte dreißig Jahre lang, 1914 bis 1945, Gewalt. Es ist kein Zufall, daß sowohl in Deutschland als auch in Rußland die staatlich geplanten Massenmorde gegen Ende dieser Phase begangen wurden, als nämlich der durch die Gewalt erzeugte Verlust an Moral am ausgeprägtesten war. Auch wir im Westen waren korrumpiert, was sich vor allem in den »Flächenbombardements« Deutschlands und der vorsätzlichen Zerstörung von Städten wie Tokio lange vor der Atombombe äußerte. Die Bomberbesatzungen wußten schließlich, was sie taten.

Trotz alledem verdient Daniel Goldhagens Arbeit Anerkennung. Er präsentiert ernüchterndes Material über die Neigung ganz normaler Menschen, Kriegsverbrechen zu begehen. Goldhagen hat eine faszinierende Geschichte zu erzählen. Daher ist es nicht nur traurig, daß er dafür seinen Soziologenjargon benutzt, sondern auch, daß er sich lächerlicher visueller Hilfsmittel bedient, an denen Soziologen nun mal ihre helle Freude haben. So finden wir auf Seite 32 ein Schaubild mit dem Titel »Die Taten«, das (mir zumindest) ein derartiges Rätsel ist, daß ich, auch nachdem Goldhagen es mit 250 Worten erklärt hat, immer noch nicht weiß, was es bedeutet. Er jedoch hält es für so aussagekräftig, daß er es auf Seite 440 gleich noch einmal verwendet.

Quelle: Washington Post, 24. März 1996 (Originaltitel: »An Epidemic of Hatred«)
Aus dem Amerikanischen von Tina Hohl

RICHARD BERNSTEIN

Haben die Deutschen
den Judenmord begrüßt?

Eine der Grundfragen bei der Beschäftigung mit dem Holocaust betrifft die Mentalität der ganz gewöhnlichen Menschen, die den Genozid an den Juden verübten. Wie, haben Forscher gefragt, überwanden die Mörder ihre moralischen Skrupel angesichts der Vernichtung eines ganzen Volkes, zudem eines weit verstreuten Volkes, das für die deutsche Heimat keine Bedrohung darstellte?

Das ist die falsche Frage, behauptet Daniel Jonah Goldhagen in seinem meisterhaft und schlüssig argumentierenden Buch. *Hitlers willige Vollstrecker* ist ein Versuch, die landläufigen Vorstellungen über die Deutschen und den Holocaust zu zerstören. Seine These lautet, die Durchschnittsdeutschen hätten gegenüber den Juden gar keine moralischen Skrupel gehabt, die sie hätten überwinden müssen.

Die Judenmörder, meint Goldhagen, hätten weder aufgrund irgendeiner deutschen Autoritätsgläubigkeit getötet noch weil sie unter Druck standen. Sie beteiligten sich vielmehr an den Greueltaten, weil sie von einer antisemitischen Tradition durchdrungen waren. Sie quälten und massakrierten Juden, ließen sie verhungern, machten sie zu ihrem Spielzeug, bestraften sie für ihr Dasein – und sie taten all das aus freien Stücken, sogar voller Eifer, mit unvergleichlicher Bosheit und Grausamkeit.

»Die deutschen Täter«, schreibt Goldhagen, »waren willfährige Massenmörder, Männer und Frauen, die ihrer antisemitischen Überzeugung gemäß die Morde für gerechtigt hielten.«

In einigen Punkten kann man Goldhagen, Assistenzprofessor für Politik- und Sozialwissenschaft in Harvard, widersprechen. Möglicherweise unterschätzt er die Auswirkungen des allgegenwärtigen Staatsterrors, die Ohnmacht des einzelnen, der in so einem Monstrum von Staat lebt. Andere historische Schreckensregime – der stalinistische Terror, die Kulturrevolution in China – zeigen, daß sich die Massen in einer Atmosphäre des Staatsterrors von einem totalitären Führer aufwiegeln lassen, auch ohne daß ein besonders tiefsitzender kultureller Haß auf die Opfergruppen bestanden haben muß.

Doch obwohl Goldhagens Forschungsergebnisse noch einige Schwachstellen aufweisen, machen die Fülle seines Materials und seine bestechende Logik sie vergessen. Sein Buch ist eines der seltenen neuen Werke, die das Prädikat wegweisend verdienen. Der Kern seiner Beweisführung und zugleich das moralische Herzstück von *Hitlers willige Vollstrecker* findet sich in den Kapiteln über drei Institutionen der Endlösung: die Polizeibrigaden, die zu antijüdischen Maßnahmen herangezogen wurden, die Arbeitslager und die Todesmärsche, vor allem gegen Ende des Krieges.

Einige dieser Institutionen sind bereits von anderen erforscht worden. Hier ist Christopher R. Browning hervorzuheben, dessen Buch *Ganz normale Männer* (1992, deutsch 1993) auf erschütternde Weise dasselbe Polizeibataillon 101 porträtiert, das auch von Goldhagen untersucht wurde. In seinen Fußnoten kritisiert Goldhagen, sonst ein Bewunderer von Brownings Arbeit, dessen Zugeständnis, die Mitglieder des Bataillons hätten die Juden nur widerwillig umgebracht.

Ob diese Kritik nun berechtigt ist oder nicht – Goldhagens Darstellung der Mordinstitutionen ist die bislang umfassendste Studie über die Vollstrecker des Völkermordes. Sie besticht überdies durch ein hohes wissenschaftliches Niveau, schreiberische Qualitäten und moralisches Urteilsvermögen. Überwältigend sind die Passagen, in denen Goldhagen die Fakten darlegt, um sie dann sorgfältig zu deuten. Im Mittelpunkt seiner Argumentation steht die Rolle der puren Grausamkeit; der Sadismus, mit dem getötet wurde, die offenkundige Freude, die sowohl Männer als auch Frauen daran hatten, aus den unaussprechlichen Leiden der Juden einen Sport zu machen.

Goldhagen beschreibt, um nur ein Beispiel zu nennen, das Alltagsleben der deutschen Polizeibataillone in Polen. Ihre Angehörigen, oft Familienväter, verbrachten ihre Tage damit, nackte Frauen und Kinder in Gräben zu erschießen, und kehrten dann am Abend zu ihren Frauen zurück (die sie manchmal bei der Arbeit besuchten), zu Theaterbesuchen, Stammtischen, Fußballspielen.

»Es wird erneut darauf hingewiesen, daß gegen Tierquälerei einzuschreiten, Anzeige zu erstatten und dem Regiment hierüber zu berichten ist« heißt es in einem Rundschreiben, das Goldhagen in den Archiven fand. Diese an das Polizeiregiment 25 gerichtete Anweisung, fährt Goldhagen fort, behandelt »das Problem, daß Kühe zu eng in den Viehwagen zusammengepfercht werden!«

»Den Deutschen, die in Polen so viele Juden wie möglich mit Tritten und Schlägen in die Viehwaggons trieben, um sie in den Tod zu deportieren, wurde nie befohlen, Juden nicht zu eng zusammenzupferchen«, schreibt Goldhagen. Nach einer eingehenden Untersuchung der Polizeibataillone kommt er zu dem Ergebnis, daß diese weitgehend repräsentativ für die deutsche Bevölkerung waren. Achtunddreißig Bataillone waren im besetzten Polen stationiert, von denen mindestens dreißig mit etwa 15 000 ganz normalen Deutschen an dem Massenmord an den Juden beteiligt waren.

Welchen Sinn hat Grausamkeit? Selbst wenn eine Gesellschaft Kriminelle exekutiert, tut sie das, wie Goldhagen betont, auf »quasi klinische Art und Weise: schnell, ohne Quälerei und mit einem Minimum an Schmerz«. »Die Morde der Deutschen an den Juden«, sagt er, wurden im Gegensatz dazu »oft im Zorn begangen, vorbereitet und begleitet von Grausamkeiten, Erniedrigungen, Hohn und Spott und mephistophelischem Gelächter. Warum?« Die Antwort liegt für Goldhagen im Haß der Deutschen auf die Juden, einem Haß, der in seiner Intensität fast etwas Mystischem gleichkam: »In ihren Augen ist der Jude nicht bloß ein abscheulicher Kapitalverbrecher. Er ist ein irdischer Dämon.«

Goldhagens moralisch schonungslose Analyse wird zweifelsohne scharfe Reaktionen provozieren und höchstwahrscheinlich auch einigen Protest. Schließlich behauptet er, die Verbrechen des Holocaust seien Ausdruck einer besonderen Schlechtigkeit gewesen, die der deutschen Kultur und dem deutschen Volk innewohne. Diese Schlußfolgerung scheint fast zu radikal, um wahr zu sein. Doch Goldhagen erinnert uns daran, daß die Deutschen auch dann noch weiter mordeten, als ihnen gegen Ende des Krieges von Himmler befohlen wurde, das Töten einzustellen. Der Autor fordert seine Leser auf, sich vorzustellen, den Dänen oder Italiener würde von ihren Staatsoberhäuptern offen mitgeteilt, es sei ihr Ziel, »ein anderes Volk mit Haut und Haaren auszurotten«. Diese Nationen, sagt er, würden darauf so reagieren, »als hätte sie es mit einem Irren zu tun«. Eben dieser irre Plan wurde den Deutschen verkündet. »Sie äußerten keine Überraschung, keine Ungläubigkeit, sondern Verständnis«, schreibt Goldhagen. »Die Vernichtung der Juden erschien ihnen sinnvoll.«

Quelle: New York Times, 27. März 1996 (Originaltitel: »Was Slaughter of Jews Embraced by Germans?«)
Aus dem Amerikanischen von Tina Hohl

ELLEN K. COUGHLIN

»Willige Vollstrecker«

Wie viele Kinder von Holocaust-Überlebenden ist auch Daniel Goldhagen mit der Frage aufgewachsen: Wie konnte das geschehen? Bei ihm zu Hause war das mehr als eine rhetorische Frage.

Sein Vater, Erich Goldhagen, ein emeritierter Harvard-Professor, hat die Zeit in einem jüdischen Ghetto in Rumänien unter den Nazis überlebt. Viele seiner Verwandten sind umgekommen.

»Solange ich mich erinnern kann, über ernsthafte Dinge nachgedacht zu haben, war das Teil meines Bewußtseins«, sagt Goldhagen junior. »Aber die Betrachtungsweise war bei uns immer eine sehr akademische: ›Unsere Aufgabe ist es, zu erklären und zu verstehen.‹ Das war nicht diese Leidensgeschichte, die man immer wieder hört und die in einigen Familien erzählt wird. Es war kein bloßes Jammern. Es ging darum zu begreifen.«

Sein eigener Versuch zu verstehen ist das Thema eines neuen Buches: »Hitlers willige Vollstrecker: Ganz gewöhnliche Deutsche und der Holocaust«. Goldhagen, der inzwischen als Assistenzprofessor für Politik- und Sozialwissenschaften in Harvard selbst Angehöriger des Lehrkörpers geworden ist, wird mit seiner neuen These zweifelsohne eine Kontroverse auslösen. Sie lautet: Tausende ganz normaler Bürger hätten, motiviert durch einen ungezügelten Haß auf ihre Opfer, den Nazis bereitwillig geholfen, Juden zu verfolgen und zu massakrieren.

Auf einen Streich attackiert das Buch zwei Richtungen der wissenschaftlichen Literatur – diejenige, die den Grad und das Ausmaß des Antisemitismus in Deutschland vor und während der Nazizeit in Frage stellt, und diejenige, die versucht, die Untaten der Holocaust-Verbrecher einer Vielzahl sozialer und psychologischer Faktoren zuzuschreiben, auf die diese keinen oder kaum Einfluß hatten.

»Hitlers willige Vollstrecker« ist auch deshalb bemerkenswert, weil das Buch auf der Dissertation des Autors an der Harvard University beruht. Diese wurde 1994 von der American Political Science Association, der Amerikanischen Politologenvereinigung, als beste Dissertation in vergleichender Politikwissenschaft ausgezeichnet, und es scheint, als sollte sie auch weiterhin Aufmerksamkeit erregen.

»Er greift mehrere Positionen gleichzeitig an«, sagt Richard D. Breitman, Geschichtsprofessor an der American University, der Goldhagens Werk als Manuskript gelesen hat. »Das macht das Buch unweigerlich umstritten.«

»Hitlers willige Vollstrecker« enthält zwei Schlüsselthesen. Die erste wird – glaubt man einigen Experten – eher unter Fachleuten Furore machen. Goldhagen stellt die Behauptung auf, lange bevor die Nazis an die Macht kamen, sei die deutsche Bevölkerung bereits von einem virulenten Antisemitismus durchdrungen gewesen, der auf der Vorstellung basierte, die Juden seien nicht nur anders als andere Deutsche, sondern auch noch bösartig. Dieser Glaube durchdrang alle maßgeblichen Institutionen Deutschlands, so Goldhagen, und findet sich in so unterschiedlichen Quellen wie Zeitungsartikeln, Predigten und den Schriften von Intellektuellen.

Goldhagen verfolgt diesen tiefsitzenden Haß bis ins neunzehnte Jahrhundert zurück, als die Bemühungen um die Bürgerrechte für Juden Diskussionen auslösten und zu einer Gegenbewegung führten, die den Juden bereits erworbene Rechte wieder wegzunehmen trachtete. Mit der Zeit entwikkelten sich diese Ansichten zu der Idee der Nazis, die Juden seien ein »Problem«, das sich nur durch die Eliminierung der ganzen »Rasse« lösen ließ.

»Als die Nazis an die Macht kamen«, schreibt Goldhagen,

»gelangten sie an die Spitze einer Gesellschaft, die bereits ein Judenbild verinnerlicht hatte, das sich für die extremste Form der ›Eliminierung‹ mobilisieren ließ.«

Goldhagens zweite Hauptthese und zugleich das emotionale Kernstück des Buches wird eher den Durchschnittsleser ansprechen. Der Autor beschreibt schonungslos die Mitwirkung vieler gewöhnlicher Deutscher an der Folterung und Ermordung von Juden. Für diese Vergehen, führt er aus, gebe es nur eine schlüssige Erklärung: den Glauben der Täter, daß die Juden es nicht besser verdienten.

Für diesen Teil seines Buches hat Goldhagen Unterlagen – darunter Augenzeugenberichte der Täter – aus den Untersuchungen der Nazi-Kriegsverbrechen durch die Westalliierten verwendet. Er konzentriert sich auf drei »Institutionen des Massenmordes«: Polizeibataillone, die eingesetzt wurden, um Juden in den von den Nazis besetzten Gebieten zusammenzutreiben und umzubringen; »Arbeitslager«, in denen viele Juden sich zu Tode arbeiten mußten; und schließlich die Todesmärsche gegen Ende des Krieges, durch die die gefangenen Juden der Befreiung durch die vorrückenden Alliierten entzogen werden sollten.

Goldhagen untersucht die Herkunft der Männer – und in vielen Fällen auch Frauen –, die halfen, die »Vernichtungsmaschinerie« in Gang zu halten. Er zeigt auf, daß sie, demographisch gesehen, weitgehend repräsentativ für die deutsche Bevölkerung waren. Einige waren Mitglieder der NSDAP, andere gehörten der Nazi-Elitetruppe, der SS, an, aber die meisten, behauptet er, seien keine fanatischen Anhänger der Nazi-Ideologie gewesen. In einer höchst emotionalen und fast schon ans Obszöne grenzenden drastischen Sprache beschreibt er die Verbrechen, die sie an den Juden begingen.

»Sie töteten selbst Babys«, schreibt er über ein Polizeibataillon, das den Auftrag hatte, Juden im polnischen Józefów zusammenzutreiben. »Doch keiner der Deutschen berichtet von diesen Details. Aller Wahrscheinlichkeit nach erschoß einer der Mörder ein Baby in den Armen seiner Mutter und die Mutter obendrein, oder aber er hielt das Kleine, wie es damals mitunter die Gewohnheit der Täter war, am Bein auf Armeslänge von sich, um es dann zu erschießen. Vielleicht mußte die Mutter dies voller Entsetzen mitansehen. Der kleine Körper wurde dann wie Abfall fallengelassen, und man ließ ihn verrotten. So wurde ein Leben ausgelöscht.«

Goldhagen versucht, die konventionellen Erklärungen für dieses Verhalten Punkt für Punkt zu widerlegen: die Täter seien genötigt worden, Gruppenzwang sei ein Motiv gewesen, oder die Verbrechen seien das Werk egoistischer »seelenloser Technokraten« gewesen. Er behauptet zum Beispiel, es könne nicht sein, daß die Deutschen gezwungen wurden, oder zumindest nicht alle, da die offiziellen Unterlagen in vielen Fällen darauf hinweisen, daß sie die Möglichkeit hatten, sich vom Töten freistellen zu lassen. Der Kommandant der Operation in Józefów beispielsweise ließ seine Truppen wissen, sie müßten nicht mitmachen.

»Meine Erklärung ist«, schreibt er, »daß die Täter ›gewöhnliche Deutsche‹ und von einem Antisemitismus beseelt waren, von einem bestimmten *Typ* Antisemitismus, der sie zu der Überzeugung brachte, die Juden hätten *den Tod verdient*.«

Goldhagen hat 1992 seinen Doktorgrad erworben und unterrichtet seit vier Jahren in Harvard. Er könnte immer noch als Student durchgehen und wirkt in seinem kleinen, aber feinen holzvertäfelten Büro im dortigen Center for European Studies, wo er als Forschungsassistent tätig ist, ein wenig fehl am Platze.

Für dieses und das nächste Semester ist er von seinen Verpflichtungen als Dozent beurlaubt – kein schlechtes Timing, denn noch in dieser Woche startet er eine einmonatige Buchtournee durch amerikanische Großstädte und nach England und Irland. Mehrere fremdsprachige Ausgaben seines Buches sind bereits in Arbeit, darunter eine deutsche, eine italienische und eine französische. Knopf erwartet große Dinge von diesem Buch.

Goldhagens jugendliches Aussehen und Auftreten können nicht über sein ausgeprägtes Selbstbewußtsein hinwegtäuschen, eine Eigenschaft, die seine Kollegen in der Wissenschaft vielleicht ebenso verstört wie seine Thesen über den Holocaust. »Er ist jemand, der gern polemisiert, und er macht keine Kompromisse, was seine eigenen Ansichten angeht«, sagt Stanley Hoffmann, Direktor des Center for European Studies und Goldhagens ehemaliger akademischer Betreuer.

Goldhagen läßt sich auf dem Stuhl hinter seinem Schreibtisch nieder, um über sein Buch zu reden. Auf die Frage, ob er ein Mensch sei, der sich gern streitet, erwidert er: »Ich würde es so ausdrücken: Ich bin ein Mensch, der gern die Wahrheit sagt. Manchmal provoziert das einen Streit.«

Einen solchen Streit wird wahrscheinlich seine Darstellung der Intensität und Verbreitung des Antisemitismus in Deutschland vor 1933 entfachen. Der Antisemitismus wird zwar gern als hervorstechendstes Merkmal der deutschen Bevölkerung vor und während des Naziregimes betrachtet, doch haben viele Wissenschaftler Zweifel an dieser These geäußert. Ian Kershaw vertritt beispielsweise in *Der Hitler-Mythos: Volksmeinung und Propaganda im Dritten Reich* (Oxford University Press 1983, auf deutsch bei der DVA) die Ansicht, die öffentliche Meinung zum Thema Juden sei zu jener Zeit geteilt gewesen. Eine Reihe von Studien über den Aufstieg der Nazis, zum Beispiel *The Nazi Party* (Harvard University Press 1983) von Michael Kater, kommen zu dem Schluß, der Antisemitismus habe für ihren Erfolg keine allzu große Rolle gespielt.

»Es gab sehr viele andere Gründe dafür, daß die Partei Hitlers an die Macht kam«, sagt Kater, Geschichtsprofessor an der Universität von York in Kanada.

Goldhagen jedoch behauptet, in Deutschland sei ein negatives, ja haßerfülltes Judenbild dermaßen verbreitet gewesen, daß der Antisemitismus in dieser Gesellschaft gar nichts anderes sein konnte als eine alles überwindende Kraft. Es liegt bei seinen Kritikern, so der Autor, schlüssig darzulegen, wie die gewöhnlichen Deutschen eine andere Haltung hätten entwickeln können.

»Ich würde folgende Analogie verwenden«, sagt er. »Wie viele Amerikaner in den Südstaaten – oder auch in den Nordstaaten – glaubten vor dem Bürgerkrieg, daß die Schwarzen und die Weißen in jeder Hinsicht gleichwertig waren? Es bedurfte einiger weniger herausragender Persönlichkeiten, um eine dem allgemeinen gesellschaftlichen Konsens entgegengesetzte Sichtweise zu entwickeln. Im Deutschland des 19. und 20. Jahrhunderts war es nicht anders.«

Zweifel an der Tragweite des Antisemitismus in Deutschland haben einige Fachleute veranlaßt, Goldhagens Erklärung für die Beweggründe der Täter in Frage zu stellen.

»Er legt überzeugende Beweise dafür vor, daß eine große Zahl Deutscher direkt oder indirekt am Holocaust beteiligt war und daß einige davon durch Antisemitismus motiviert waren«, sagt Richard Breitman von der American University, Autor des Buches *The Architect of Genocide: Himmler and the Final Solution* (Knopf 1991). »Ich möchte aber bezweifeln, daß man einfach so behaupten kann, die Motivation hätte in einem spezifisch ›eliminatorischen‹ Antisemitismus bestanden.«

Goldhagens Verteidigung seiner Thesen besteht hauptsächlich in dem Versuch, die konventionellen Erklärungen dafür zu widerlegen, wie gewöhnliche Menschen so außergewöhnlich brutale Verbrechen begehen konnten. Dabei übt er Kritik an einigen der bedeutendsten wissenschaftlichen Untersuchungen auf diesem Gebiet, wie zum Beispiel Raul Hilbergs *Die Vernichtung der europäischen Juden* (New Viewpoints 1973, auf deutsch 1989 bei Fischer). Hilbergs Werk, meint er, sei exemplarisch für die Argumentationsweise, die einem Großteil der wissenschaftlichen Arbeiten über die Motive der Täter zugrunde liegt: Die Deutschen seien zwar im Prinzip gegen die Ermordung der Juden gewesen, der institutionelle beziehungsweise gesellschaftliche Druck hätte jedoch schwerer gewogen als ihre Skrupel.

Goldhagen geht besonders hart mit dem hochgelobten Buch von Christopher R. Browning ins Gericht: *Ganz normale Männer. Das Reserve-Polizeibataillon 101 und die »Endlösung« in Polen* (Harper Collins 1992, deutsch 1993 bei Rowohlt). Mit den Aktivitäten des Bataillons 101 beschäftigt sich auch ein Teil von Goldhagens Arbeit. Beide Wissenschaftler untersuchten im Abstand von wenigen Monaten dieselben Dokumente und kamen zu vollkommen gegensätzlichen Ergebnissen.

Browning gelangt bei seinen Überlegungen hinsichtlich möglicher Motive zu dem Schluß, ein Bedürfnis nach Konformität und das Bestreben, bei den Kameraden nicht als Schwächling zu gelten, hätten dazu beigetragen, daß diese Männer zu Mördern wurden. Er räumt ein, daß auch der Antisemitismus eine Rolle gespielt hätte, doch er versieht ihn mit dem Etikett des »Rassenkriegs«, den Hitler damals führte. Goldhagen behauptet, mit Gruppenzwang ließen sich nur die Verbrechen einiger weniger Individuen erklären, nicht aber die eines ganzen Bataillons. Er beanstandet, daß Browning die Macht des Antisemitismus unterschätzt, von dem diese Männer erfüllt waren.

»Immer wieder verhöhnten die Täter ihre Opfer und quälten sie auf eine Weise, die für die reine Ausführung der Befehle vollkommen unnötig war«, sagt er. »Meiner Meinung nach ist das ein schlagender Beweis dafür, daß sie glaubten, ihre Opfer verdienten, was ihnen angetan wurde.«

Obwohl er zugibt, daß menschliche Beweggründe ausgesprochen schwer zu ergründen sind, beharrt Goldhagen darauf, daß nur ein extremer Mangel an menschlicher Achtung vor den Opfern die Greueltaten des Holocaust erklären kann.

Deshalb habe er sich entschieden, die Grausamkeiten in solch drastischer Weise zu beschreiben.

»So erschreckend die Literatur über den Holocaust auch scheinen mag, sie ist immer noch nicht drastisch genug«, sagt er. »Die Leser sind nicht gezwungen, sich mit dem Grauen auseinanderzusetzen – nicht dem Grauen des Geschehenen, sondern dem Grauen der eigentlichen Taten. Wie kommt jemand dazu, sich vor einen Menschen hinzustellen und ihm aus nächster Nähe das Gehirn wegzuschießen?«

Eine solche Fragestellung läßt – ganz abgesehen von Goldhagens persönlichem Hintergrund – auf eine tiefe emotionale Betroffenheit schließen. Doch der Autor erklärt, er habe eine »extrem distanzierte Einstellung« zu seinem Thema. Die Erforschung des Holocaust deprimiere ihn nicht sonderlich, und er könne, ohne mit der Wimper zu zucken, Schilderungen der übelsten Greueltaten lesen.

»Ich mache meine Arbeit, und dann gehe ich nach Hause«, sagt er schulterzuckend.

Seine intellektuelle Haltung zu seinen Thesen ist allerdings alles andere als distanziert. Als er hört, daß ein Leser sich beim Anblick eines Fotos in seinem Buch, das auf dem Boden aufgereihte unbekleidete Leichen jüdischer Frauen zeigt, buchstäblich abwenden mußte, hakt er ein:

»Und da frage ich Sie: Was treibt Menschen dazu, so etwas zu tun?«

Quelle: The Chronicle of Higher Education, 29. März 1996 (Originaltitel: »Willing Executioners«)
Aus dem Amerikanischen von Tina Hohl

ELIE WIESEL

Little Hitlers

Dieses Buch liefert einen beachtlichen Beitrag zum Verständnis und zur Vermittlung des Holocaust. In Deutschland, wo es sicher zu einem heftigen Historikerstreit über den Zweiten Weltkrieg führen wird, sollte es in jeder Schule gelesen werden.

Basierend auf einer gründlichen Recherche, enthüllt Daniel Jonah Goldhagen bestürzende und überraschende Wahrheiten, die die Deutschen zu lange nicht wahrhaben und mit denen sie sich auch nicht auseinandersetzen wollten.

Nach dem Sieg der Alliierten wurde vom ersten Tag an aus verschiedenen Gründen immer wieder versucht, die Mittäterschaft »gewöhnlicher Deutscher« bei der Judenvernichtungspolitik ihrer Regierung zu vertuschen. Von allen Seiten wurde aus übergeordneten Erwägungen heraus und aus Bequemlichkeit behauptet, nur spezielle Gruppen wie die SS, die Gestapo und die NSDAP hätten sich an dem Völkermord beteiligt und Wehrmacht, Polizei und Zivilisten hätten nichts damit zu tun gehabt.

In seiner Doktorarbeit, für die Öffentlichkeit in überarbeiteter Form herausgegeben, liefert Harvard-Professor Goldhagen, der Sohn des ebenfalls in Havard lehrenden Historikers Eric Goldhagen, überwältigende Beweise, die den überlieferten und bequemen Vorstellungen widersprechen.

Das Leiden seines Volkes hat ihn bewogen, die Motive seiner Mörder zu erforschen. Sein Ziel ist es, anhand erdrückender Beweise und Dokumente darzulegen, daß die Deutschen – von wenigen Menschen abgesehen – nicht unschuldig geblieben sind.

Gleich zu Beginn erklärt Goldhagen, es sei vollkommen falsch, allein die »Nazis« als Urheber und Mittäter des Holocaust zu betrachten. Er will zeigen, daß es »die Deutschen« waren, die in ihrer Gesamtheit als »Hitlers willige Vollstrekker« auftraten. Daß sich unter ihnen Ärzte und Arbeiter befanden, Schauspieler und Lehrer, Familienväter und Aristokraten. Daß diese Menschen nicht gezwungen wurden, zu Tieren zu werden; jeder einzelne, behauptet Goldhagen, hätte »Nein« sagen können, ohne das Risiko einer Bestrafung. Schlimmer noch – er belegt, daß einige von ihnen Freiwillige waren.

Die Nürnberger Gesetze, die Judenverfolgungen und Demütigungen der Dreißiger, die Menschenjagden, die Ghettos des Hungers und der Angst, die Massaker von Babi Jar, Kolomey und Bialystok in den Jahren 1941 und 1942, die Todesmärsche, die Arbeitslager, Konzentrationslager und Vernichtungslager: Goldhagen beschreibt unzählige Episoden dieser blutigen Eskalation. Damit wirft er ein neues Licht auf die Täter, die bei all diesen Vorgängen Herr der Lage waren, so sicher, wie der Tod über den Gräbern der verloschenen Stimmen und Leben regiert. Manchmal, oft sogar, waren diese Menschen ganz normale Bürger, die aus allen Gesellschaftskreisen stammten. Nicht alle kamen aus den Reihen der NSDAP. Wie haben sie es geschafft, sich in sadistische Mörder von Kindern, von Alten und Kranken zu verwandeln? Wie sollen wir ihre Leidenschaft für den Tod verstehen, ihre Freude an – ihre Begeisterung für – Brutalität, Folter und Mord? Wie konnten sie sich nach dem Blutrausch in ihren Kneipen amüsieren, Fußball spielen, ihr Leben leben? Wie konnten sie mit ihren Grausamkeiten prahlen, ihren Familien Fotos von den Massakern zeigen, die sie begangen hatten?

Goldhagens Erklärung ist einfach: Antisemitismus. Der Haß auf den Juden vergiftete und konditionierte alle Deutschen. Für sie, behauptet er, repräsentierte der Jude nicht nur den Fremden oder den Feind, sondern auch den Teufel oder das Böse, das aus Patriotismus und Ideologie besiegt und vernichtet werden mußte. Mit anderen Worten: Der Holocaust ist weder ein Unfall der deutschen Geschichte noch eine Verirrung der deutschen Mentalität, er ist integraler Bestandteil von beidem. Und er ist deren logische Konsequenz. Wenn der Jude »Ungeziefer« ist, eine »Ratte«, ein »Krankheitsüberträger«, ein »Untermensch«, aussätzig, wie sollte dann ein Deutscher, der sein Volk liebte, sich vor der Vernichtung dieser Juden drücken?

Goldhagen verfolgt die Ursprünge dieses Judenhasses bis zurück zum christlichen System mythischer Glaubensvorstellungen. Einige Zitate (beispielsweise vom Heiligen Johannes Chrysostomus, einem Kirchenvater, oder von Martin Luther) sind wohlbekannt, andere (unter anderem von den regimekritischen Protestanten Martin Niemöller und Karl Barth) sind es weniger.

Ich gehöre zu denen, die immer noch Bewunderung für Martin Niemöller hegen. War er kein mutiger Gegner des Hitler-Regimes? Wurde er nicht wegen seiner Überzeugung ins Konzentrationslager gesteckt? Zitieren wir nicht immer wieder ergriffen seine Worte über die Gefahren der Gleichgültigkeit? Nicht so Goldhagen: Er schreibt Niemöller antisemitische Reden zu, die unseren Glauben erschüttern. Und wenn ein Mann wie Niemöller angeblich dazu fähig war, die Juden theologisch zu diskreditieren, obwohl er gleichzeitig ihre Unterdrücker und Folterer verurteilte, was konnte man dann von den offen antisemitischen Bischöfen erwarten, die ihren Haß auf die Juden herausschrien, weil diese »Christus geächtet und gekreuzigt haben«?

Für Goldhagen sind all jene schuldig, die direkt oder indirekt zur Vollstreckung von Hitlers Genozid beigetragen haben. Wie passen, könnte man einwenden, die »Judenräte« in den Ghettos und die Kapos in den Lagern in diese Argumentation? Dieses heikle und schmerzliche Problem wird vom Autor nicht berührt. Doch das mindert nicht die Schärfe seiner sonstigen Analyse.

Hält Goldhagen sein Versprechen zu erklären, »wie« der Holocaust möglich war? Wenn er ihn in den Kontext des traditionellen deutschen Antisemitismus stellt, dann müssen wir seiner Logik folgen.

Ich aber gehöre zu der kleinen Minderheit, für die diese in ihrer Tragweite und Schwere unvergleichliche Tragödie für immer unerklärt bleiben wird.

Und unerklärlich.

Quelle: The Observer, 31. März 1996 (Originaltitel: »Little Hitlers«)
Aus dem Englischen von Tina Hohl

DINITIA SMITH

Ein Interview mit Daniel Goldhagen

In seinem umfangreichen, zornigen neuen Buch stellt Daniel Jonah Goldhagen die fundamentale These in Frage, daß die Deutschen im Holocaust blind Befehlen gehorcht haben oder von ihren Vorgesetzten zum Mord an den Juden gezwungen wurden. In *Hitlers willige Vollstrecker: Ganz gewöhnliche Deutsche und der Holocaust* behauptet Goldhagen, Tausende von Deutschen hätten begeistert und mit sinnloser Brutalität getötet, obwohl ihre Vorgesetzten ihnen die Möglichkeit einräumten, sich zu weigern.

»Meiner Auffassung nach glaubten diese Menschen, daß das, was sie den Juden antaten, richtig war«, sagte Goldhagen, Assistenzprofessor für Politik- und Sozialwissenschaft an der Harvard University, letzte Woche in seinem Büro. »Die fanatischsten Antisemiten der Geschichte kamen an die Macht und machten aus einem privaten Wunschtraum die Grundidee des Staates«, erklärte er, der Sohn eines Holocaust-Überlebenden.

Goldhagens Buch beschreibt ein Deutschland, das sogar vor der Nazizeit schon »mit Mordgedanken schwanger ging«, in den Klauen eines »wahnwitzigen Antisemitismus« gefangen war, eine Gesellschaft, in der der Antisemitismus ein »die ganze Kultur durchdringendes Kognitivmodell war«, ein tiefverwurzelter Reflex.

Das Buch, das 461 Seiten Text und 141 Seiten Anmerkungen und Anhang umfaßt, ist eine der schärfsten Anklagen gegen die ganz normalen Deutschen in der Nazizeit, die jemals erschienen ist.

Wissenschaftler wie Hannah Arendt haben die Deutschen als hirnlose, Befehle befolgende Bürokraten dargestellt, als Verkörperungen der »Banalität des Bösen«. Der Historiker

Raul Hilberg hat die weitverbreitete Mittäterschaft der Deutschen am Judenmord dokumentiert. Und Christopher R. Browning untersucht in seinem Buch »Ganz normale Männer« zum Teil das gleiche Material wie Goldhagen, darunter Akten über das Reservepolizeibataillon 101, dessen Mitglieder Hunderttausende Juden in Polen und der Ukraine ermordeten.

Doch kein anderes bedeutendes Buch behauptet mit solchem Nachdruck, daß etwas tief im deutschen Charakter Verankertes zum Holocaust geführt habe. »Dieses Buch ist eine Kriegserklärung«, sagt der 36jährige Goldhagen. »Ich beschreibe darin die konventionellen Deutungen. Und ich erkläre sie alle für falsch.«

Prominente Wissenschaftler haben bereits begonnen, Goldhagens Thesen zu kritisieren. »Ich weigere mich zu akzeptieren, daß es einen Nationalcharakter gibt«, sagt Istvan Deak, Professor für Geschichte an der Columbia University in New York. »Wir können nur sagen, daß viele Deutsche mitgemacht haben. Aber den Antisemitismus als etwas speziell Deutsches zu bezeichnen ist falsch. Ihn als irgendwie nationalen Charakterzug zu sehen ist unhistorisch.«

Zum Originalitätsanspruch von Goldhagens Thesen sagt Walter Laqueur, Historiker und Autor von *The Terrible Secret:* »Daß die Deutschen begeistert mitgemacht haben – das bezeugen jede Menge Bücher von Überlebenden.« (…)

Goldhagen beschreibt die Mitglieder des Polizeibataillons 101, einer Art Reserveeinheit, die für Polizeiarbeit in den besetzten Gebieten eingesetzt wurde, als ganz normale deutsche Ehemänner und Väter. Ihre Kommandanten teilten ihnen mit, sie müßten keine Juden töten, wenn sie nicht wollten. Dennoch inszenierten sie danteske Todesorgien, besudelten sich mit dem Blut ihrer Opfer und luden ihre Frauen und Kinder zum Zuschauen ein. Es war, schreibt Goldhagen, als wäre die Menschheit in eine »neue moralische Ordnung« eingetreten.

Doch diese Verbrechen, sagt er, waren das Resultat einer vom Antisemitismus durchdrungenen deutschen Gesellschaft. Selbst Karl Barth, der Schweizer Theologe, der Anfang der dreißiger Jahre in Deutschland lehrte und ein Gegner des Nationalsozialismus wurde, hegte einen »tiefsitzenden Antisemitismus«, schreibt Goldhagen. Barth denunzierte die Juden 1933 in einer Predigt als »halsstarriges und böses Volk«, fügt er hinzu.

»Die meisten Antisemiten wollen nur, daß die Juden ihr Land verlassen. Für die Deutschen jedoch waren sie metaphysische Feinde«, erzählt Goldhagen in seinem Büro. Es gab Deutsche, wie er schreibt, die gegen die Morde an Polen und an Behinderten protestierten, aber nicht gegen die an Juden. Sogar Mitglieder der Widerstandsbewegung gegen Hitler waren Antisemiten. Und als schließlich Heinrich Himmler gegen Ende des Krieges in der Hoffnung, er könne mit den Amerikanern verhandeln, weitere Judenmorde untersagte, töteten einige Deutsche trotzdem weiter.

In vielerlei Hinsicht ist Goldhagens Buch eine Suche nach Antworten auf nicht zu beantwortende Fragen. Sein Vater Erich Goldhagen ist Überlebender des rumänisch-jüdischen Ghettos von Czernowitz in der heutigen Ukraine. Goldhagen senior war bis vor kurzem Professor in Harvard, wo er 25 Jahre lang ein Seminar zum Thema Holocaust unterrichtete. Daniel Goldhagen widmet sein Buch seinem Vater, seinem »ständigen Diskussionspartner«. »Mein Vater hat fast nichts über seine eigene Zeit erzählt«, sagt Goldhagen. »Es war eben sehr schmerzhaft. Er verlor fast seine gesamte große Familie.«

Erich Goldhagen meldete sich kürzlich aus Cambridge zu Wort: »Ich bin ein Überlebender. Ich möchte aus offensichtlichen Gründen nicht über meine Erlebnisse reden.« Dennoch, sagt er, war »unser Haus von dem Thema erfüllt«. Bei Goldhagens zu Hause, berichtet Sohn Daniel, bestanden Gespräche über den Holocaust nicht aus Jammern und Wehklagen. »Es war eher ein intellektueller Austausch.«

Daniel Goldhagen ist als zweitältestes von vier Kindern in Newton, Massachusetts, aufgewachsen, wo er in der Highschool Basketball spielte. »Ich lese immer noch die Sportseite zuerst«, sagt er.

Goldhagen folgte seinem Vater nach Harvard. Schon zu Anfang seiner Studienzeit übte Deutschland offenbar eine unwiderstehliche Faszination auf ihn aus. Ein Jahr lang ging er dort zur Universität. Seine Examensarbeit war »eine intellektuelle Biographie« des SS-Generals Otto Ohlendorf, der in Nürnberg verurteilt und hingerichtet worden war. Er benutzte für diese Arbeit Briefe, die sein Vater gesammelt hatte.

Dennoch, sagt Goldhagen, »hatte ich während des Studiums noch gar nicht vor, über den Holocaust zu schreiben.« Doch dann besuchte er 1983 eine Vorlesung des Holocaust-Forschers Saul Friedländer. In der sich daran anschließenden Diskussion »redeten alle darüber, warum der Befehl erteilt, aber nicht darüber, warum er ausgeführt wurde.« Goldhagen nennt das »eines dieser Aha-Erlebnisse«.

Seine Beschäftigung mit der Frage des »Warum?« führte ihn wieder nach Deutschland, zur Zentralstelle zur Verfolgung von NS-Verbrechen in Ludwigsburg, wo er sich 14 Monate lang in Akten mit den Aussagen der Täter vertiefte. »In Deutschland zu sein war für mich sehr normal«, sagt Goldhagen. Dennoch war die Vergangenheit immer gegenwärtig. »Wenn man zum Beispiel von Stuttgart nach München fährt, kommt man an Dachau vorbei.« Doch man muß, sagt er, »eine gewisse Distanz entwickeln«.

Den Großteil des Tages arbeitet Goldhagen in einem Gebäude, das Harvard ursprünglich als Huldigung der deutschen Kultur erhielt. Sein Büro befindet sich im Center for European Studies, einer prächtigen Neo-Renaissance-Villa. Dort schreibt er unter einem Selbstporträt des Künstlers Felix Nussbaum, eines belgischen Juden, der 1944 in Auschwitz ermordet wurde. Während Goldhagen arbeitet, starrt

Nussbaum aus seinem Rahmen, gehetzt, blaß, und zeigt verstohlen seinen jüdischen Personalausweis.

Im August erscheint Goldhagens Buch in Deutschland. »Ich hoffe, die Reaktionen beziehen sich auf den Wahrheitsgehalt des Buches. Meine Darstellung spricht schwierige Themen an, mit denen sich die Deutschen einfach beschäftigen müssen.«

Er bezeichnet seine Thesen als »radikal«. »Jeder ist bereit zu glauben, daß die Vollstrecker anderer Massenmorde mit voller Absicht getötet haben«, sagt er. »Kennen Sie irgend jemanden, der behauptet, die Serben hätten die Moslems gar nicht ermorden wollen? Nur über die Deutschen heißt es, sie seien autoritätshörig gewesen. Es widerstrebt einem zu glauben, daß Menschen, die fest in der westlichen Zivilisation beheimatet sind, so etwas tun können.«

Was sagt sein Buch dann über das moderne Deutschland? »Deutschland hat sich sehr verändert«, erwidert er. »Seit 1949 sind antisemitische Äußerungen strafbar. Es ist sehr schwer für einen einzelnen, auf einem Standpunkt zu beharren, der in der ganzen Welt als falsch gilt. Deutschland ist der Senkrechtstarter der Nachkriegszeit. Die Deutschen haben sich zu liberalen Demokraten entwickelt.« Goldhagen lächelt und zuckt kurz mit den Schultern. »Sie sind wie wir.«

Quelle: New York Times, 1. April 1996 (Originaltitel: »Challenging A View Of the Holocaust«)
Aus dem Amerikanischen von Tina Hohl

A. M. ROSENTHAL

Einige normale Deutsche

Bisher hatte ich zweimal im Leben das Gefühl, über nichts anderes schreiben zu können, bis ich das, was ich gerade erlebt hatte, beschrieben hatte. Das erste Mal war 1958, als ich zum ersten Mal Auschwitz besuchte.

Damals war ich Korrespondent der *New York Times* in Polen, aber ich schrieb nicht, um die Leser zu informieren oder sogar zu rühren; auch nicht deshalb, weil es etwas Neues zu sagen gab. Ich schrieb deshalb, weil nichts geschrieben zu haben unverzeihlich gegenüber den dort Ermordeten gewesen wäre und um mich von einer Bürde zu befreien, die ich nicht tragen konnte: vom Schweigen.

Das zweite Mal war kürzlich. Ich habe ein Buch gelesen, das sich mit jener Geisteshaltung beschäftigt, die Auschwitz und Tausende anderer deutscher Todesfabriken hervorbrachte. Es geht nicht um die Haltung Hitlers oder seiner Nazis, sondern um die von Abermillionen gewöhnlichen Deutschen während jener Zeit und mindestens dem Jahrhundert davor. Es geht darum, was diese Haltung prägte, um das, was gewöhnliche Deutsche, ja fast alle, dazu trieb, das Abschlachten der Juden gutzuheißen, und viele dazu brachte, ohne Zwang selber zu Henkern zu werden.

Diese Haltung ist das wichtige Thema eines neuen, historischen Buches, *Hitlers willige Vollstrecker.* Verfasser ist der Harvard-Professor Daniel Jonah Goldhagen.

Diejenigen, die wissen wollen, wie der Holocaust zustande kam, können nicht glauben, daß sechs Millionen Juden nur von Banden kranker Nazi-Sadisten oder von Deutschen, die irgendwie dazu gezwungen wurden, erniedrigt, gefoltert und ermordet wurden.

Der bleibende Wert des Buches liegt darin, daß es Beweismaterial und Analysen liefert, die zeigen, daß kein Zwang erforderlich war, daß mindestens acht Millionen Soldaten, Polizisten und Bewacher der Todeslager mit der Umsetzung des Holocaust zu tun hatten und daß von den anderen mehr als fünfzig Millionen gewöhnlichen Deutschen fast alle über die Erniedrigung, die Folter und das Morden Bescheid wußten, aber sich eisig zurückhielten – oder damit einverstanden waren. Professor Goldhagens Leistung besteht darin, aufzuzeigen, daß es nie wieder möglich sein wird, diese Realitäten zu leugnen, es sei denn aus Zustimmung oder Feigheit.

Auf fast jeder Seite präsentiert Professor Goldhagen Zeugnisse über die Schlüsselfragen des Holocaust: Wer tat es? Wie konnten sie nur – als Menschen – so etwas machen?

Er zeigt uns, daß die Täter Durchschnittsdeutsche waren und nicht etwa SS-Leute in Schaftstiefeln. Sie konnten diese ungeheuerlichen Gedanken in Taten umsetzen, weil seit mehr als einem Jahrhundert der in der deutschen Kultur verankerte, von Beamten, Kirchen, Schulen und Familien überlieferte Antisemitismus suggerierte, daß die Juden Feinde und keine Menschen waren, Ungeziefer, das allen Nationen den Tod brachte. Daher rührte die Lust, sie auszumerzen, sie aus der Gesellschaft ganz und gar zu verjagen. Von da an war es nur noch ein kurzer Schritt zur Vernichtung – des Ungeziefers. Hitler hat sich nicht an die Macht geschossen. Professor Goldhagen erzählt, wie gewöhnliche Deutsche die Nazis zur größten Partei machten. Sie bejubelten seine Machtergreifung, weil sie aus seinem Mund wußten, daß auf die Vertreibung der Juden aus der Gesellschaft ihre Vernichtung folgen sollte. Hitler und seine Nazis, der besondere Antisemitismus der gewöhnlichen Deutschen und ihre Willfährigkeit schufen den einzigartigen Holocaust: den Versuch, jeden Juden auf Erden – bis zum letzten Kind – zu töten.

Nein, nicht jeder Deutsche glaubte, die Juden seien Läuse. Aber Professor Goldhagen argumentiert, daß genug Deutsche so dachten, um Hitlers Ziel der Vernichtung nicht nur möglich, sondern relativ einfach zu machen. Da, wo es keine Gaskammern gab, zum Beispiel während der Todesmärsche, als Deutschland der Niederlage entgegenging, gab es viele gewöhnliche deutsche Männer und Frauen, die bereit waren, Juden zu töten und sich dabei fotografieren zu lassen. Ohne die deutsche Niederlage wäre der Holocaust weitergegangen – mit der Hilfe der Schlächter in Osteuropa. Aber das ist ein anderes Kapitel.

Er schätzt, daß mindestens 100000 gewöhnliche Deutsche, und möglicherweise fünfmal so viele, das Morden besorgten. Dabei nicht mitgezählt: die Millionen, die die täglichen Bestialitäten ausführten. Das Judentöten war so üblich geworden, daß selbst die Deutschen die Täter nicht zählten.

Dieses Buch – wie der Gang durch Auschwitz – ist nicht leicht zu verkraften. Den Ermordeten nützt es nicht. Aber anders als Auschwitz erzählt es, welche Menschen das Morden besorgten und wieso sie es tun konnten. Dadurch nützt es den Lebenden sehr.

Quelle: New York Times, 2. April 1996 (Originaltitel: »Some Ordinary Germans«)
Aus dem Amerikanischen von Paul Bewicke

V. R. BERGHAHN

Der Weg in die Vernichtung

Anläßlich des 51. Jahrestags der Befreiung von Auschwitz schrieb Renate Lasker-Harpprecht, selbst Überlebende jener Hölle auf Erden und des anschließenden »Todesmarschs« nach Bergen-Belsen, daß das, was dort und an anderen Stätten des Mordes geschah, unbegreiflich bleiben werde – selbst den wenigen, die der Selektion an den Rampen vor den Gaskammern entkommen seien.

Es mag Zeiten gegeben haben, da Holocaust-Forscher der Meinung waren, sie kämen dem Unbegreiflichen auf die Spur. Aber je detaillierter das immer neue Beweismaterial ist, desto schwieriger wird seine Auswertung. In gewissem Maß mag dieses Gefühl der Niederlage auf die Entwicklung der Forschung auf diesem Gebiet zurückzuführen sein. Frühe Untersuchungen beschäftigten sich in erster Linie mit den oberen Entscheidungsträgern Hitler, Himmler oder Heydrich sowie mit den bürokratischen Strukturen eines Terror-Regimes, das den Massenmord organisierte. Dem folgte – in den sechziger und siebziger Jahren – eine Welle von Arbeiten über die Opfer. Die Popularität der »Geschichte von unten«, verbunden mit der Entdeckung neuen Materials, veranlaßte schließlich die Forschung, sich weg von den wichtigsten Kriegsverbrechern den gewöhnlichen Tätern zu widmen.

Diese Perspektive ist erschütternd. Forschungsarbeiten über die deutschen Streitkräfte bewiesen bereits vor Jahren, daß der Beute- und Vernichtungskrieg, der 1939 in Polen begann und dessen Höhepunkt in der deutschen Invasion der Sowjetunion im Juni 1941 zu sehen ist, nicht nur das Werk einiger weniger SS-Einheiten gewesen war. Hunderttausende »gewöhnlicher« deutscher Soldaten waren als Täter und Zuschauer an einer unglaublichen Eskalation der Gewalt gegen Zivilisten und Kriegsgefangene beteiligt. Weit mehr als vier Millionen sowjetische Gefangene – von der Nazi-Propaganda als »Untermenschen« bezeichnet – verschwanden, wurden erschossen oder starben in der Hand der Wehrmacht unter entsetzlichen Bedingungen im Freien. Wir werden wohl nie erfahren, wie viele Männer, Frauen und Kinder aller Altersstufen als »Geiseln« und »Saboteure« getötet wurden. Die Spuren des Blutes und der Tränen, die die Deutschen besonders in Osteuropa hinterließen, übersteigen noch heute unsere durch Bilder aus Bosnien oder Ruanda gestählte Vorstellungskraft – noch ehe wir uns dem systematischen Mord an sechs Millionen Juden aus ganz Europa intellektuell nähern.

Ebenfalls seit langem akzeptiert ist die Tatsache, daß auch außerhalb der Wehrmacht viele Tausend Deutsche direkt oder indirekt an der Ausführung der »Endlösung der Judenfrage« beteiligt waren. Aber die Untersuchung der Mordorgien gewöhnlicher Polizeibataillone durch Raul Hilberg, Christopher Browning und nunmehr Daniel Jonah Goldhagen zeigt uns in Nahaufnahmen jenen Holocaust, der außerhalb der Todesfabriken stattfand.

In *Hitlers willige Vollstecker* legt Goldhagen, Assistenz-Professor für Staats- und Gesellschaftswissenschaft an der Universität Harvard, detailliert dar, wie deutsche Polizisten scheinbar tadelloser Herkunft, ohne Vorstrafen und ohne fanatische Treue zur Nazi-Bewegung Zehntausenden Juden Genickschüsse verpaßten. Viele deutsche Polizisten, die 1941 und 1942 winselnde Zwölfjährige und weinende ältere Frauen aus ihren Dörfern in Ostpolen in die umliegenden Wälder führten und sie dort nacheinander ermordeten, bevor sie sie in provisorische Massengräber warfen, waren Familienväter.

Seit einiger Zeit weiß man, daß kein Wehrdienstpflichtiger, der sich weigerte, einen solchen Mord auszuführen, von seinen Vorgesetzten viel zu befürchten hatte. Schlimmstenfalls wurde er zur Front abkommandiert. Goldhagen beweist noch mehr. Mindestens ein Polizeikommandeur, dem selbst ob seiner Befehle die Tränen in den Augen standen, bot seiner Einheit die Möglichkeit, sich anders zu entscheiden. Dennoch wurden die Männer mit wenigen Ausnahmen zu Henkern. Einigen fiel der grausige Dienst schwer, aber die Dokumente, die der Verfasser zitiert, schildern keine Nervenzusammenbrüche.

Während er diese und andere Geschichten aus den Akten und den Nachkriegsverhören der Männer erzählt, bittet Goldhagen seine Leser ununterbrochen, die Bedeutung dieser Ereignisse zu überdenken. Bis auf wenige Ausnahmen nimmt er es mit allen bisherigen Forschern auf. Selbst die bekanntesten Holocaust-Forscher waren laut Goldhagen viel zu ängstlich, um eine wirklich deutliche Antwort auf die Frage nach der deutschen Schuld zu geben. Er beharrt auf »einer radikalen Revision dessen, was bisher geschrieben wurde«, und verlangt eine »Überprüfung der Forschung zum Antisemitismus in Deutschland« sowie »eine nochmalige Prüfung, ja sogar eine Neubewertung, des Charakters der deutschen Gesellschaft während der Nazi-Zeit und davor«.

Goldhagen räumt die Komplexität seines »ehrgeizigen« Unterfangens ein. Seine Geschichte des deutschen Antisemitismus sei nicht unumstößlich, da weder jede Behauptung voll und ganz bewiesen wurde noch alle Einschränkungen und Nuancen berücksichtigt seien. Dennoch bleibt sein Befund über die »gewöhnlichen« Täter eindeutig: Sie waren von einer besonderen Art Antisemitismus motiviert, die im 19. Jahrhundert aufkam und »in der deutschen Gesellschaft weit verbreitet war«. Dieser Antisemitismus beruhte auf dem »Glauben, daß die Juden aus Deutschland *eliminiert* werden mußten«. Im 20. Jahrhundert bedurfte es nur noch eines Führers wie Hitler und günstiger Umstände, wie sie sich 1941 endlich ergaben, um diesen Eliminierungs-Haß in einen Vernichtungs-Haß zu verwandeln. Zu diesem Zeitpunkt hatten nicht nur Hitler, sondern auch die gewöhnlichen antisemitischen Henker und – implizit – alle gewöhnlichen Deutschen den Schluß gezogen, »daß die Juden *sterben sollten*«.

Während diese Aussage alle interessierten Laien, die immer schon dieser Meinung über die Deutschen waren, kaum überraschen wird, weiß Goldhagen, daß seine Argumente in der Wissenschaft eine Kontroverse auslösen werden. Gelegentlich scheint er sich deshalb nach allen Seiten absichern zu wollen. Eher vorsichtig schreibt er zum Beispiel: »Das Schicksal der Juden mag der direkte, aber nicht notwendigerweise unausweichliche Auswuchs einer Weltanschauung gewesen sein, die von der Mehrheit des deutschen Volkes geteilt wurde.« An einigen Stellen fühlt man sich auch leicht unsicher, ob er »Täter«, »Nazis«, »Deutsche« oder »die Deutschen« meint.

Letztlich läßt der Verfasser jedoch keinen Zweifel gelten, daß er die bisherigen Differenzierungen dieser Kategorien aufheben will. Seiner Meinung nach war die »überwiegende Mehrheit« der Deutschen antisemitisch eingestellt und hegte Eliminierungswünsche; unter den Nazis wurde diese Haltung dann potentiell »vernichtungsorientiert«. Anhand von Fotos und Texten schildert Goldhagen die extreme Grausamkeit der Täter, die oft von grinsenden Zuschauern umgeben waren, wenn sie ihre jüdischen Opfer schlugen und erniedrigten. Auch die Todesmärsche in Richtung Westen, die die Lagerinsassen 1945 zurücklegten, passen in diese Argumentation. Obgleich die Bewacher keinen Befehlen mehr unterlagen, blieben sie bis zum bitteren Ende brutale Mörder.

Goldhagens Angriff auf den bisherigen Diskurs beinhaltet auch eine indirekte Kritik an den deutschen Juden, die vor und nach 1933 zu blind gewesen sein sollen, um die Virulenz und Tiefe des Antisemitismus in ihrer »lieben Heimat« zu erkennen, und die häufig von ihren Glaubensbrüdern – zumal in den USA – kritisiert wurden. Besonders skeptisch ist der Verfasser, wenn es um die Verallgemeinerung psychoanalytischer Sichtweisen geht, die in uns allen Potential für das Böse sehen. Und er lehnt Argumente ab, die die Auswirkungen der »Verrohung der Kriegsführung« im 20. Jahrhundert der Begründung der Nazi-Gewalt anführen. Goldhagen glaubt sicher nicht, daß den Deutschen der Vernichtungs-Haß in ihren bösen Genen steckte. Denn in seiner Fallstudie über Mörder-Polizisten und anderswo führt er politisch-kulturelle Argumente an. Für ihn sind die Lager auf der Landkarte das Sinnbild einer Welt, die von den Deutschen errichtet worden war, als ihr Führer sie dazu aufforderte.

Spätestens an diesem Punkt stolpert der Leser über die konzeptionellen Schwächen des Buches. Goldhagen notiert beispielsweise, daß das kleine deutsche Land Hessen »mindestens 606« Lager dieser Art beherbergte. Er fügt hinzu, daß das Dritte Reich sie als »Terror-Institutionen« führte und daß »jeder sich über das entsetzliche Schicksal im klaren war, das auf diejenigen wartete, die aufgrund ihrer Taten oder Herkunft« zu Lagerhaft verurteilt wurden.

Doch widerspricht seine frühere Analyse des Nazi-Regimes genau dieser Aussage. Obgleich er vierzig Seiten zuvor zutreffend das Regime als »gleichzeitig diktatorisch und auf Zustimmung basierend« beschrieben hat, definiert er dann »diktatorisch« als eine Herrschaft »ohne formale Mechanismen – etwa Wahlen –, die Hitlers Macht hätten beschränken oder ihn entmachten können«. Vielleicht haben wir als Amerikaner der neunziger Jahre falsche Vorstellungen über Diktaturen, wenn aber Goldhagen den wahren Charakter des Dritten Reiches verschleiert, so dient das nur seiner These, daß die Zahl der nichtjüdischen Nazigegner innerhalb und außerhalb der Lager verschwindend gering blieb – sogar Nazigegner dachten genauso mörderisch wie die übrigen Deutschen.

Goldhagens These basiert vor allem auf der postulierten

Entwicklung vom Ausschaltungsgedanken (eliminationism) zum Ausrottungsgedanken (exterminationism). Und so ist es genauso verblüffend, daß er der Weimarer Republik, also den vierzehn Jahren vor Hitlers Machtantritt, nur fünf Seiten widmet. Wie kann man diese Kürze rechtfertigen angesichts unseres Wissens über diese schwierige Periode? Doch wohl nur damit, daß er so seine dürftige Hypothese stützt. Gab es tatsächlich keinen Platz in diesem umfangreichen und teilweise redundanten Buch, um wenigstens einige der sehr gründlichen Analysen zu berücksichtigen, die uns über die Wählerschaft und vor allem das Wahlverhalten in der Weimarer Zeit vorliegen?

Dennoch, trotz des unguten Gefühls über die Darstellungsweise, die Lücken und Ungereimtheiten dieser Studie (die von einer brennenden Leidenschaft inspiriert ist), muß man dieses Buch begrüßen. In einer Zeit, in der einige deutsche Historiker und Politiker sich bemühen, die »normale« Entwicklung des modernen Deutschlands zu betonen, lesen wir hier auf mehr als sechshundert Seiten von Gegenargumenten. Immer wieder vertritt Goldhagen die Auffassung, daß die große Mehrheit der normalen Deutschen potentielle Massenmörder der europäischen Juden waren. So wie Hannah Arendts umstrittenes Buch »Eichmann in Jerusalem« eine intensivere Forschung über die jüdischen Opfer (und auch die jüdischen Führer) auslöste, wird auch dieses Buch neue Untersuchungen anregen zu Goldhagens zentraler Frage (die er so vage beantwortet) nach der Herkunft und der Mentalität von »Hitlers willigen Vollstreckern«.

Diese Forschung wird wahrscheinlich mehr Grautöne hervorbringen zwischen dem schwarzen Panorama des Autors und den allzu hellen Bildern in manchen deutschen Geschichtsbüchern. Primo Levi, auch ein Auschwitz-Überlebender, hat einmal genau dieses »graue Band« beschrieben, das aus Terrorherrschaft und Unterwürfigkeit erwuchs und dabei nicht nur die Opfer und die Täter, sondern auch alle übrigen Zeitgenossen betraf. Das zukünftige Bild wird zweifellos differenzierter sein als das von Goldhagen in seiner *tour de force* gezeichnete. Ob aber der Holocaust auch für Renate Lasker-Harpprecht und uns alle begreiflicher wird, wage ich nicht vorauszusagen.

Quelle: New York Times, 14. April 1996 (Originaltitel: »The Road to Extermination«)
Aus dem Amerikanischen von Paul Bewicke

OMER BARTOV

Ganz normale Monster

Schon bevor die Mordmaschinerie der Nazis unter dem Druck der größten militärischen Allianz aller Zeiten zum Stillstand kam, begannen Wissenschaftler, Intellektuelle und denkende Menschen auf der ganzen Welt sich mit der entscheidenden Frage zu beschäftigen: Wie konnte sich »die Nation Goethes und Schillers« in eine barbarische, völkermordende Diktatur verwandeln, und wo lagen die Wurzeln für den Judenmord des Dritten Reiches? Seit 1945 hat das stete Interesse an diesem zentralen Ereignis des zwanzigsten Jahrhunderts eine regelrechte Flut von Erklärungen, Interpretationen und Theorien, historischen Monographien und Biographien, psychologischen Analysen und persönlichen Erinnerungen, Romanen und Dokumentationen hervorgebracht. Wenn diese enorme intellektuelle Anstrengung bisher noch keine vollkommen befriedigende Antwort hervorgebracht hat, so liegt das nicht an mangelndem Eifer. Die Schwierigkeit dabei läßt sich auf das Grauen, die Komplexität und die Größenordnung der Ereignisse an sich zurückführen. Der Holocaust ist nicht unbeschreiblich und unerklärlich. Aber offenbar kann keine einzelne Deutung oder Darstellung das Phänomen als Ganzes erfassen.

Es hat sehr verschiedene Ansätze gegeben, den Nationalsozialismus und den Holocaust zu erklären. 1945 veröffentlichte der britische Historiker A. J. P. Taylor ein Buch mit dem Titel *The Course of German History*, in dem er die Wurzeln des Nationalsozialismus bis zu Luther zurückverfolgte. Taylor war der Ansicht (damals zumindest – später änderte er seine Meinung), der deutsche Hang zu Autorität, Gehorsam und Brutalität sei schon lange vor Hitler vorhanden gewesen. Dieser Sonderweg der deutschen Geschichte sei die

Erklärung für die Greuel des Dritten Reichs. Die Idee des Sonderwegs wurde in den sechziger und siebziger Jahren von deutschen Wissenschaftlern in zahlreichen Studien behandelt und großzügig erweitert. Hans-Ulrich Wehler, einer der führenden Verfechter dieser Theorie, behauptete, Deutschland habe gegen Ende des 19. Jahrhunderts einen besonderen Weg eingeschlagen und dabei einzigartige bösartige Eigenschaften entwickelt, die es in wachsendem Maße von den »normaleren« westlichen Gesellschaften wie Großbritannien und Frankreich unterschieden. Diese Anomalie der deutschen Geschichte, die sich in der politischen, sozialen und ökonomischen Struktur Deutschlands spiegelte, war die Wurzel der »Machtergreifung« durch den Nationalsozialismus.

Während viele deutsche Historiker die Sonderweg-Theorie fast zwei Jahrzehnte lang diskutierten und schließlich verwarfen, vertraten andere Wissenschaftler, vor allem marxistische, die Auffassung, der Holocaust sei nur ein Aspekt des europäischen Faschismus gewesen, der wiederum als Todeszuckung des Kapitalismus galt. Wieder andere, allen voran Hannah Arendt, erklärten, der Genozid sei integraler Bestandteil des, wie sie es nannten, totalitären Staates, dessen beste Beispiele Hitlerdeutschland und Stalins Sowjetunion seien. Umgekehrt behaupteten viele jüdische Historiker, wie zum Beispiel Shmuel Ettinger und Shmuel Almog, der Holocaust müsse auf die christlich-europäische Tradition des Antisemitismus zurückgeführt werden. Zwar räumten sie ein, daß sich die traditionellen religiösen und sozioökonomischen antijüdischen Gefühle Ende des 19. Jahrhunderts in den politischen, rassistisch motivierten Antisemitismus verwandelten. Jedoch sei eine strukturelle Interpretation des Nazismus und des Holocaust nur plausibel unter Einbeziehung der aus dem Mittelalter stammenden und durch den pseudowissenschaftlichen Diskurs des Sozialdarwinismus und die

Eugenik der Neuzeit verschärften antijüdischen Ideenwelt, Theologie und Demagogie.

Im Laufe der Jahre sind noch viele andere Theorien und Interpretationen entwickelt worden. Die sogenannte »intentionalistische« Schule, für die vor allem Lucy Dawidowicz und Gerald Fleming stehen, stellte Hitler und seinen manischen Antisemitismus in den Mittelpunkt und behauptete, der zukünftige Führer habe immer schon, zumindest aber seit 1920, die Absicht gehabt, alle Juden Europas zu ermorden. Der Zeitplan der »Endlösung« sei nur eine Frage des Wartens auf günstige Umstände gewesen und nicht das Ergebnis einer Entwicklung in Hitlers Denken oder der Natur seines Regimes. Umgekehrt beharrte die »funktionalistische« Schule, deren bekannteste Vertreter Martin Broszat und Hans Mommsen waren, auf der zentralen Bedeutung struktureller Faktoren. Obwohl die Nazis eine offensichtlich antisemitische Politik betrieben, hätten sie sich erst am Ende einer langen Phase der Unschlüssigkeit zum Massenmord entschlossen – erst nach dem Scheitern ihrer Pläne, die Juden zu vertreiben, und unter den Bedingungen des totalen Krieges und des logistischen Chaos. Dies sei ein Prozeß »kumulativer Radikalisierung« gewesen, charakteristisch für ein Regime, dessen typische Eigenschaft seine »polykratische« Struktur war, bei der konkurrierende Parteiorgane um die Aufmerksamkeit des Führers buhlten, indem sie immer extremere Lösungen für unlösbare Probleme vorschlugen.

In den letzten Jahren hat das Interesse am Holocaust enorm zugenommen, was sich in zahlreichen Filmen, Romanen, Museen und nicht zuletzt wissenschaftlichen Arbeiten niederschlägt. Ein Großteil der neuen Forschung über den Nationalsozialismus und den Holocaust ist von hoher Qualität, da sie sich unerschlossener Dokumente und neuer Methoden bedient. Auf umfangreichen Archivrecherchen basierende neue Interpretationen des Ursprungs und der Entwicklung der Eugenik-, Rassen-, Bevölkerungs- und Genozidpolitik Nazideutschlands von Forschern wie Michael Burleigh und Ian Kershaw in Großbritannien, Christopher Browning und Gordon Horwitz in den Vereinigten Staaten und Götz Aly und Hannes Heer in Deutschland erfordern eine Revision unserer Einschätzung des Holocaust und seiner Täter. In ähnlicher Weise haben Studien über die Erinnerung an die Ereignisse und ihre Darstellung, ihre Auswirkungen auf die Überlebenden und die Art und Weise, wie sie von Staaten und verschiedenen politischen Interessen benutzt und mißbraucht wurden, unser Wissen über die Opfer, die Zuschauer und die Rolle des Gedenkens in der Ära nach Auschwitz außerordentlich vertieft. Die Arbeiten von Lawrence Langer, Berel Lang, James Young und Saul Friedländer seien in diesem Zusammenhang erwähnt.

Hitlers willige Vollstrecker ist ein großes und ambitioniertes Werk. Groß ist alles daran: seine physischen Dimensionen, seine historische Spannweite, das Publikum, auf das es abzielt, das Ausmaß der Forschung, die es beanstandet, die Härte seines Urteils und nicht zuletzt sein Geltungsdrang. Daniel Jonah Goldhagen stellt große Behauptungen auf, schert sich nicht um Spezifizierungen und Feinheiten und generalisiert oft ganz radikal, damit ihm keiner der Missetäter durch die Finger schlüpft. Sein Schreibstil ist leidenschaftlich, oft wütend. Das Buch wiederholt, beinahe zwanghaft redundant, immer wieder dasselbe Argument.

Goldhagens Buch greift sehr wichtige Themen auf. In einigen Teilen leistet es einen nützlichen Beitrag zur vorhandenen Literatur und korrigiert sie, wo nötig. Aber gerade weil es so voller Zorn, Anschuldigungen, Bezichtigungen, Unterstellungen und Selbstgerechtigkeit ist, erweist es der beträchtlichen Mühe des Autors und seinen Themen einen schlechten Dienst. Dies ist Geschichte in Schwarzweiß, und das wird jenen gefallen, denen für sorgfältige Argumentation und das Abwägen von Beweismaterial die Geduld fehlt. Und die Wissenschaftler, die ein Leben lang den Nationalsozialismus erforscht und über ihn geschrieben haben? Ich fürchte, ihnen wird Goldhagens Überheblichkeit ihrer Arbeit gegenüber es fast unmöglich machen, seine wichtigeren Thesen anzuerkennen.

Goldhagen plädiert mit Nachdruck für seine Version einer der ältesten, traditionellsten und in den letzten Jahren weitgehend diskreditierten Interpretationen des Holocaust. Für seinen Mut, das zu tun, verdient er eigentlich Lob. Paradoxerweise behauptet er aber auch, eine gänzlich neue Interpretation der Ereignisse zu liefern, die alles bisher Geschriebene in den Schatten stellt. Dieser verblüffende Originalitätsanspruch beruht auf seinem Anspruch, als erster je über die Täter geschrieben zu haben; es gelänge ihm daher, zum ersten Mal überzeugend zu veranschaulichen, daß die große Mehrheit der Deutschen aus tatsächlichen oder potentiellen Mördern bestand, und er könne, im Widerspruch zu einem angeblich bestehenden wissenschaftlichen Konsens, endlich beweisen, daß der Hauptantrieb des Holocaust der europäische Antisemitismus und seine spezifisch deutsche Variante war.

An der Behauptung, der Antisemitismus sei ein zentraler Bestandteil des Holocaust gewesen, ist nichts Neues. Abgesehen davon, daß ein Großteil der Forschung diese These jahrelang verfochten hat, war sie überdies von Anfang an allgemeiner *common sense* in den meisten Teilen Europas, den Vereinigten Staaten und Israel. Es überrascht nicht, daß die traditionellen Juden schon immer diese Ansicht vertreten haben, die die maßgeblichste Erklärung dessen bleibt, was die orthodoxen Juden (und eine beträchtliche Zahl nichtreligiöser hebräisch sprechender Menschen) die *churban* nennen, die Zerstörung. Die Assoziation des Holocaust mit der Zerstörung des Tempels *(churban beit ha'mikdash)* und die Verkettung beider Geschehnisse mit dem ewigen Haß der Christen auf die Juden (und mit den Sünden der Juden gegen

Gott) ist ausschlaggebend für die Interpretation des Nazi-Genozids durch eine Glaubensgemeinschaft, die sonst vor der Frage stünde, warum Gott die beinahe totale Vernichtung Seines Volkes hingenommen, wenn nicht sogar unterstützt hat.

Es ist allerdings überflüssig zu behaupten, eine Interpretation sei neu, nur um einmal mehr zu betonen, daß die Bedeutung des Antisemitismus in seiner traditionellen und seiner modernen, rassistischen Form eine vielleicht entscheidende und (in der jüngeren Mainstream-Forschung) zu kurz gekommene Bedingung für den Holocaust war. Doch reicht der Antisemitismus per se als Erklärung für die spezifische Natur des von den Nazis versuchten Genozids an den Juden nicht aus. Daß viele Deutsche, vor allem nach Jahren der Nazipropaganda und Indoktrination, von antisemitischen Gedanken und Vorstellungen erfüllt waren, mag offensichtlich erscheinen. Doch in Anbetracht jener einflußreichen Interpretationen des Nationalsozialismus und des Holocaust, die diesen Faktor mehr oder weniger bagatellisierten, kann das gar nicht oft genug wiederholt werden. In diesem Sinne hat Goldhagen durchaus recht damit, wieder mit der alten These aufzuwarten, die Dämonisierung der Juden sei von Bedeutung dafür gewesen, daß sie von den Deutschen so barbarisch behandelt wurden und daß ihre Verfolgung und der letztliche Massenmord einem Großteil der deutschen Bevölkerung legitim erschien.

Leider geht Goldhagen nicht auf die vielen Studien ein, die die politische Radikalisierung und die ideologische Indoktrination verschiedener bedeutender Sektoren der deutschen Gesellschaft untersucht haben, wie zum Beispiel der Jugend, der Armee, der Veteranen des Ersten Weltkriegs und der Freikorps, also der Elemente der Gesellschaft in den Jahren zwischen den Kriegen, aus denen der Großteil von Hitlers Tätern stammte. Wenn er auf andere Studien verwiesen hätte, die die Bedeutung der ideologischen Motivation und der Mobilisierung von Vorurteilen durch das Naziregime, nicht zuletzt unter den Wehrmachtsoldaten, in ähnlicher Weise betont haben, hätte Goldhagen zwar womöglich seinen Originalitätsanspruch aufgeben müssen, doch sein Buch hätte dadurch beträchtlich an Differenziertheit gewonnen.

Da es sein Ehrgeiz ist, die Geschichte des Holocaust neu zu schreiben, widmet Goldhagen den ersten Teil (etwa hundert Seiten) einer Übersicht über den europäischen und deutschen Antisemitismus vor der »Machtergreifung« Hitlers. Weder erfahren wir aus diesen Kapiteln viel Neues über den Antisemitismus, noch werden sie dem Thema wirklich gerecht. Bei ihrer Lektüre könnte man glauben, daß der historische Prozeß der jüdischen Emanzipation und Assimilation an die europäische Kultur niemals stattgefunden hat, der große kulturelle Aufschwung innerhalb der jüdischen Gemeinden in ganz Europa und besonders im Deutschland des 19. und frühen 20. Jahrhunderts ein Mythos ist und daß der Holocaust bereits mindestens seit 1848 in den Köpfen der Mehrheit der Europäer oder zumindest der Deutschen herumspukte. Wenn wir Goldhagens Version akzeptieren, waren die deutschen Juden entweder blind oder ausgesprochen dumm, denn die Katastrophe hatte sich schon seit hundert Jahren angekündigt, und die gesamte Existenz der Juden gründete auf einer Illusion. Diese Sichtweise der Vergangenheit stellt uns auch vor schwerwiegende Probleme bezüglich der Gegenwart, denn das, was Goldhagen »eliminatorischen Antisemitismus« nennt, der Vorläufer des exterminatorischen Antisemitismus, ist nach 1945 offenbar völlig aus Deutschland verschwunden.

Die Behauptung, dies sei die erste Studie der Täter, ist – um den Ausdruck zu benutzen, den Goldhagen auf die meisten der von ihm kritisierten Interpretationen anwendet – schlicht falsch. Goldhagen selbst verweist sogar, wie auch in seinen Kapiteln zum Antisemitismus, auf einige Studien über die Täter auf allen Ebenen des NS-Mordregimes. Ein wichtiges Buch, das erst letztes Jahr in Deutschland erschienen ist, Götz Alys *Endlösung*, beansprucht genau das gleiche für sich, obwohl Alys Interpretation des Holocaust der von Goldhagen fast genau entgegengesetzt ist, indem sie eine ziemlich ausgefeilte und komplexe Version der funktionalistischen Theorie präsentiert, basierend auf einer Unmenge bisher unbekannter Dokumente. Ob wir nun Alys oder Goldhagens Interpretation akzeptieren (und beide sind problematisch und viel zu polarisiert) – bei keinem von beiden ist der Originalitätsanspruch gerechtfertigt.

Dennoch ist Goldhagens Dilemma größer als Alys. Letzterer hat eine Tätergruppe identifiziert, über die bis dahin relativ wenig bekannt war, nämlich die NS-Bürokraten in mittlerer Stellung, die an der Planung der massenhaften Umsiedlung »Volksdeutscher« nach Westpolen beteiligt waren und gleichzeitig die Vertreibung, Sammlung und schließlich den Mord an den Juden aus eben jenen Gebieten und vielen nichtjüdischen Polen (die jedoch nicht vernichtet werden sollten) organisierten. Goldhagen hingegen geht es um einen Tätertypus, über den einer der wichtigsten Historiker des Holocaust, Christopher Browning, bereits eine bedeutende Studie publiziert hat. So ist es auch kein Zufall, daß Brownings Buch *Ganz normale Männer* betitelt ist und das von Goldhagen *Ganz normale Deutsche*.

Im Grunde genommen ist Goldhagens Buch eine Erwiderung auf Brownings Thesen und ein Versuch, diese zu widerlegen, indem darin zu großen Teilen die gleichen Unterlagen benutzt, aber andere Schlußfolgerungen gezogen werden. (Goldhagen hat Brownings Buch in der *New Republic* besprochen.) Wenn zwei Wissenschaftler aus denselben Quellen unterschiedliche Schlüsse ziehen, ist das nichts Ungewöhnliches. Ärgerlich ist daran nicht nur, daß Goldhagen immer wieder die Originalität seiner Quellen betont, sondern auch gleichzeitig Browning unfair angreift, indem er unterstellt, dieser habe bestimmte Dokumente, die seine Thesen nicht untermauerten, ignoriert – Dokumente, die Goldhagens Sichtweise stützen. Goldhagen lanciert nicht nur eine Debatte über Interpretationsweisen, sondern in zahllosen sich durch den gesamten Text ziehenden Anmerkungen und Andeutungen einer unausgesprochenen Schuld, einer unzulässigen Sympathie, auch eine Attacke auf die wissenschaftliche Integrität eines Kollegen.

Und worum geht es eigentlich bei der ganzen Debatte? Browning hat die Polizeibataillone untersucht, die vom Naziregime eingesetzt wurden, um von 1941 bis '43 die Massenmorde an den jüdischen Gemeinden in Polen zu begehen. Seine Forschung konzentriert sich vor allem auf das Hamburger Reservepolizeibataillon 101, das sich aus eher älteren Männern zusammensetzte, die nur einem minimalen Grad an Nazi-Indoktrination ausgesetzt gewesen waren und sich nicht als begeisterte Anhänger Hitlers erwiesen. Hier handelte es sich nicht um eine Einheit, wie man sie normalerweise mit den Todesschwadronen der SS- und SD-Einsatzgruppen assoziiert. Zumindest zu Beginn des Mordens hatten die Männer zudem die Möglichkeit, sich nicht aktiv am Töten zu beteiligen. Und doch wurden sie Massenmörder. Brownings Erklärung für dieses Phänomen lautet, daß diese »ganz normalen Männer« sich während der ersten Mordeinsätze an die Massenmorde gewöhnten und sie schließlich (mit ein paar Ausnahmen) als Teil eines Jobs sahen – so abstoßend er einigen von ihnen auch erschienen sein mag –, den sie ausführen mußten. Nach Brownings Darstellung waren es nicht Überzeugungen, sondern Umstände, die ganz normale Männer zu Mördern machten.

Goldhagen hat sich neben Einheiten, über die offenbar weniger Dokumente existieren, auch mit dem Polizeibataillon 101 befaßt. Auf der Grundlage derselben Unterlagen über die Zusammensetzung dieser Einheit behauptet er, die Täter seien, gerade weil ihnen die massive Indoktrination aufgrund ihres Alters erspart geblieben war, der beste Beweis dafür, daß es sich dabei nicht um ganz normale Männer handelte, sondern um ganz normale Deutsche. Das heißt, sie waren repräsentativ für die deutsche Bevölkerung, die lange vor Hitler einen »eliminatorischen« und damit potentiell exterminatorischen Antisemitismus verinnerlicht hatte. Goldhagen betont, daß die Mitglieder des Bataillons die Möglichkeit hatten, sich nicht an den Mordaktionen zu beteiligen, und daher töteten sie in seinen Augen nicht aufgrund der Umstände, sondern aus Judenhaß. Den meisten von ihnen machte das Morden nicht nur Spaß, wie Goldhagen zeigt, sondern sie quälten ihre Opfer auch noch entsetzlich, bevor sie sie schließlich umbrachten.

Es ist natürlich durchaus möglich, eine dritte Position zu beziehen, die einen entscheidenden Faktor betont, der sowohl in Brownings als auch Goldhagens Interpretation vernachlässigt wird, nämlich den mächtigen Einfluß von Ideologie und Indoktrination auf die Täter. Ich teile Goldhagens Ansicht, es sei mehr als wahrscheinlich, daß viele dieser Mörder von antisemitischen Gefühlen motiviert wurden und wirklich von der Notwendigkeit, Juden zu töten, überzeugt waren. Doch die Behauptung, sie repräsentierten alle Deutschen im Dritten Reich und, noch radikaler, auch die weitverbreiteten deutschen Empfindungen schon vor den Nazis, läßt sich unmöglich beweisen und ist zu weit hergeholt, um irgendeinen analytischen oder historischen Wert zu haben. Ich war selbst nicht einverstanden damit, wie Browning die Rolle der ideologischen Motivation der Täter für weniger bedeutend erklärt hat (und habe ihre Bedeutung in meiner eigenen Arbeit über deutsche Soldaten betont); doch wie seine akribische Forschungsarbeit zeigt (und worauf auch meine eigene Arbeit über die Verrohung von Soldaten verweist), läßt sich nicht von der Hand weisen, daß eine regelmäßige Beteiligung am Morden zu einer Gewöhnung führt.

Goldhagens Beweismaterial reicht nicht aus, um diese These zu widerlegen. Sein Argument, wir könnten den Tätern, die zwanzig Jahre später in Verhören aussagten, sie hätten anfangs gar nicht töten wollen, keinen Glauben schenken, ist aus dem einfachen Grund höchst problematisch, da seine Studie fast ausschließlich auf eben jenen Verhören basiert. Es gibt viele Beweise dafür, daß eine entmenschlichte Sichtweise der Juden (und Russen, Bolschewiken, Zigeuner, Polen und anderen) eine tragende Rolle bei der Motivation der Mörder spielte. Doch Goldhagens eigene Belege (neben einer Menge anderer Dokumente, die er nicht zitiert) legen nahe, daß diese Sichtweise größtenteils im Dritten Reich verinnerlicht wurde. Auch wenn die Täter, auf die Goldhagen sich konzentriert, schon Ende Dreißig waren, hatten sie doch viele Jahre im Hitlerregime verbracht und waren massiver Propaganda ausgesetzt gewesen, bevor sie sich daranmachten, die Juden umzubringen (wie Robert Gellately in seiner Studie über die Gestapo gezeigt hat). Gewiß, die Nazi-Ideologie war dort am erfolgreichsten, wo sie sich bereits bestehender Vorurteile bediente; der Antisemitismus, wie auch die Angst vor Slawen und Bolschewiken, war schon vor 1933 weit verbreitet, obwohl nur schwer zu beurteilen ist, wie weit; und ob er sich von ähnlichen Empfindungen beispielsweise in Polen unterschied, ist zweifelhaft. Aber nur im Dritten Reich wurden diese Empfindungen durch das Regime sanktioniert und konnten Antrieb durch die von einem modernen Staat genutzte ausgefeilte Propagandamaschine erhalten.

Überdies wäre es von Nutzen gewesen, die Fallstudie des Polizeibataillons durch den Verweis auf die regulären Armeesoldaten, die eine Vielzahl nichtjüdischer Russen, neben Polen, Serben, Griechen, Italienern und so weiter massakrierten, in einen Kontext zu stellen. Das wäre besonders wegen Goldhagens Behauptung von Bedeutung, den Todeslagern würde in der Holocaust-Forschung übermäßig viel

Aufmerksamkeit gewidmet und es sei notwendig, sich genauer mit Mordeinheiten wie den Polizeibataillonen, die er untersucht hat, zu beschäftigen (eine problematische Behauptung, auf die ich später noch zurückkomme). Die Soldaten erfüllten ihre »Aufgaben« effizient und oft bereitwillig. Gleichzeitig gab es jedoch, wie Mark Mazower gezeigt hat, Beschwerden über die demoralisierende Wirkung der Massaker, besonders derer an Frauen und Kindern.

Das bedeutet nicht, daß die Truppen nicht von starken Vorurteilen motiviert waren, vertieft durch Jahre der ideologischen Indoktrination und der Verrohung durch Bilder und Taten. Es bedeutet sehr wohl, daß der Antisemitismus als einzige Erklärung für das Verhalten deutscher Soldaten, Polizisten, SS- oder SD-Männer oder aller anderen, die in dieser Zeit in das Morden involviert waren, nicht ausreicht. Viel überzeugender ist die Argumentation, daß solche Handlungen das Ergebnis einer Vielzahl von Bedingungen waren, einige ideologischer und andere existentieller Natur, einige Realität und andere in einer verzerrten Sicht derselben verwurzelt. Dieses furchtbare Phänomen läßt sich nicht durch ein einzelnes Element erklären. Das hätten wir zwar gern, in der Annahme, daß wir durch Abschaffung dieses Elementes solche Grausamkeiten ganz und gar verhindern könnten. Aber vieles, was seit dem Ende des Holocaust geschehen ist, verdeutlicht, daß es für Massaker und Genozide viele Gründe geben kann.

Um seine These weiter zu erhärten, die »ganz normalen« Deutschen seien von einem blinden Judenhaß erfüllt und daher alle potentielle Folterer und Mörder gewesen, die nur auf die Gelegenheit warteten, ihre grenzenlose Wut an ihren Opfern abzureagieren, widmet Goldhagen mehrere Kapitel den Arbeitslagern und den Todesmärschen in den letzten Monaten und Wochen des Naziregimes. Nachdem er die ganze Literatur über die Beziehung zwischen der NS-Bevölkerungspolitik, Zwangsarbeit und Vernichtung als »falsch« abgetan hat, verdeutlicht er, daß die Arbeitslager nur ein weiteres Beispiel für den Wunsch der Deutschen waren, Juden zu erniedrigen, zu quälen und zu töten. Er wartet mit ein paar grauenerregenden und bisher unbekannten Informationen über einige Arbeitslager auf und demonstriert auf eindrucksvolle Weise die Barbarei der Wärter. Und er legt erschütterndes und (meines Wissens) bisher unveröffentlichtes Material über einzelne Todesmärsche gegen Ende des Krieges vor, das größtenteils aus in den sechziger Jahren geführten Verhören mit den Tätern stammt und belegt, daß die Bewacher dieser sinnlosen Märsche, auch als sie sich selbst überlassen waren und Himmler (aus egoistischen Gründen) angeordnet hatte, die Juden nicht weiter zu mißhandeln, immer noch die schlimmsten Greueltaten begingen.

Und doch ist gar nicht gesagt, daß diese Fälle Goldhagens Thesen wirklich stützen. Seine wiederholte Frage – warum haben die Nazis die Juden so grausam behandelt? – klingt seltsam naiv und fehl am Platz. Die Männer und Frauen, über die er schreibt, beteiligten sich an einem Völkermord, der in seiner Grausamkeit und seiner Größenordnung beispiellos war. Sie waren offenbar beeinflußt von Nazi-Ideologie, den endlosen Barbareien, die sie miterlebt hatten, und Umständen, die in ihnen die primitivsten Instinkte wachriefen, während sie Opfern gegenüberstanden, die auf einen Zustand reduziert waren, in dem sie genau den »Untermenschen« der Nazipropaganda zu ähneln schienen. Darüber hinaus weist Goldhagens Schilderung schwerwiegende Widersprüche auf. Während er behauptet, diese brutalen Killer seien nichts als »ganz normale Deutsche«, präsentiert er nicht wenige Mörder, die entweder Volksdeutsche waren, das heißt Männer und Frauen, die weit von jener Kultur entfernt aufgewachsen und erzogen worden waren, die seiner Ansicht nach von einer einzigartigen Spielart des »eliminatorischen Antisemitismus« durchdrungen war, oder Nichtdeutsche, Ukrainer, Litauer und andere. Diese Täter waren mit Sicherheit mindestens ebenso antisemitisch gesonnen wie die Deutschen. Doch wie sollen wir dann Goldhagens These von der Besonderheit des deutschen Antisemitismus verstehen?

Noch problematischer ist vielleicht die Tatsache, daß Goldhagen in seinem Eifer, die Unmenschlichkeit aller Deutschen zu zeigen, erwähnt, die Bewacher der Todesmärsche hätten den verhungernden Juden nicht erlaubt, Nahrungsmittel zu essen, die ihnen von den Bewohnern der Städte zugeworfen wurden, durch die sie zogen. Obwohl es recht offensichtlich ist, geht er nicht darauf ein, daß die Menschen, die den Juden diese Nahrungsmittel zuwarfen, ebenfalls »ganz normale« Deutsche waren. Solche Akte der Freundlichkeit waren wahrscheinlich selten – wobei Goldhagen allerdings eine überraschend hohe Zahl solcher Fälle erwähnt –, doch sie weisen darauf hin, daß einige Deutsche die jüdischen Opfer sogar noch 1945 als menschliche Wesen betrachteten.

Besonders problematisch an Goldhagens Buch ist seine Behauptung, die »ganz normalen« Deutschen hätten einem völlig außergewöhnlichen Volk angehört, einem Volk, das fast ein Jahrhundert lang wie kein anderes war. Er führt die Sonderwegthese als weitere Untermauerung seiner Argumentation an, doch in Wirklichkeit unterscheidet sich seine Interpretation ganz erheblich vom deutschen Original: Die Verfechter des Sonderwegs hatten strukturelle Faktoren in den Vordergrund gestellt, während er diese kurzerhand als unmaßgeblich ablehnt und die mentale Beschaffenheit der deutschen Psyche betont. Diese Argumentationsweise ist der Forschungsrichtung, auf die er sich bezieht, vollkommen fremd. Goldhagens Sichtweise Deutschlands läßt sich nicht durch Belege stützen, und wie alle apodiktischen Sichtweisen braucht sie diese auch nicht – sie hat nichts übrig für die streng historische Analyse. Vielleicht handeln die Menschen so, wie sie es tun, weil sie so sind, wie sie sind, aber Tautologien dienen selten einer guten Geschichtsschreibung.

Und was bedeutet die These, daß es da eine Nation von eingefleischten Mördern gibt? Von welchem Nutzen ist so eine Behauptung für die Erklärung eines historischen Phänomens? Inwiefern ist dies eine bizarre Umkehrung der nationalsozialistischen Sichtweise der Juden als heimtückische, von Geburt an böse Nation? An einem Punkt scheint Goldhagen die Gefahr seiner Argumentation selbst zu erkennen. Er bemerkt in einer Fußnote, daß die Deutschen seit 1945 anders sind und irgendwie einen schnellen Demokratisierungs- und Entnazifizierungsprozeß durchgemacht haben, der sie beinahe über Nacht in gewöhnliche (ganz normale?) Männer und Frauen verwandelt hat. Doch das ist nur eine Fußnote. Es bleibt die These, die Deutschen seien durch die Bank Monster gewesen und die einzige Rolle des Naziregimes habe darin bestanden, ihnen die Möglichkeit zu bieten, ihre bösen Phantasien in die Tat umzusetzen. Das ist kein neuer Gedanke. Er ist, was ganz natürlich ist, schon vielen ihrer Opfer gekommen. Doch als historische Erklärung eines spezifischen Ereignisses ist er wertlos und unhistorisch.

Obwohl Goldhagen versucht hat, einen langfristigen Kontext für seine Thesen mit einer, wie er behauptet, »dichten« Beschreibung der Vergehen der Täter zu verbinden, ist sein Buch in Wirklichkeit eine völlig dekontextualisierte Interpretation des Holocaust. Es setzt sich nicht mit der zentralen Frage des NS-Genozids auseinander, mit der sich genau die Forscher, über die Goldhagen so nonchalant den Stab bricht, so lange (mit unterschiedlichem Erfolg) herumgeschlagen haben – nämlich was den Holocaust zu einem präzedenzlosen Ereignis gemacht hat, das *zugleich* wesentlicher Bestandteil der spezifischen historischen Bedingungen war, aus denen es sich entwickelte. Denn Völkermorde sind alles andere als ein neues Phänomen. Brutalität, Massenmorde, Folter, Sadismus und all das, was Goldhagen sich in allen blutigen Einzelheiten zu beschreiben so anstrengt, ist so alt wie die Menschheit selbst. Und so neu: Es genügt, sich die jüngsten Metzeleien in Ruanda und Bosnien in Erinnerung zu rufen, um zu begreifen, daß diese speziellen Aspekte des Holocaust alles andere als einzigartig sind. Was so beispiellos am Holocaust war – und bleibt –, ist etwas vollkommen anderes: der industrielle Mord an Millionen von menschlichen Wesen in Todesfabriken, angeordnet von einem modernen Staat, organisiert von einer gewissenhaften Bürokratie und unterstützt von einer gesetzestreuen, patriotischen, »zivilisierten« Gesellschaft.

Niemals zuvor oder danach hat ein Staat so viele seiner technologischen, organisatorischen und intellektuellen Ressourcen dem alleinigen Vorhaben gewidmet, jedes Individuum einer bestimmten Kategorie von Menschen mit Hilfe der Erfahrungen aus massenindustrieller Produktion und der Führung eines totalen Krieges zu ermorden. Das war ein neuartiges Phänomen: das Bestreben, mit den gleichen Methoden, die zur Warenherstellung verwandt wurden, Leichen zu produzieren. In diesem Fall war jedoch die Zerstörung das *Ziel* der Produktion, nicht ihr Gegenteil.

Unter den Bedingungen des Massenmordes gedeiht der Sadismus, doch Sadismus gab es nicht nur im Holocaust. Der Antisemitismus ist ein furchtbares Phänomen mit tiefen historischen Wurzeln, doch es bleibt die Frage, wieso er eher dazu benutzt wurde, Todeslager zu schaffen und zu legitimieren, als sich in wüsten Pogromen zu entladen. Wir müssen noch viel tiefer in die Kultur eindringen, die im Herzen der europäischen Zivilisation den Genozid produzierte. Was veranlaßte Nobelpreisträger, international anerkannte Rechtsgelehrte und Ärzte, die weltberühmt waren, weil sie die Geheimnisse des menschlichen Körpers entschlüsselten und der Menschheit das Leben erleichterten, nicht nur opportunistische Mittäter zu werden, sondern an der menschlichen Rasse mittels der Massenvernichtung ganzer Kategorien menschlicher Wesen einen massiven chirurgischen Eingriff vorzunehmen? Was in unserer Kultur läßt (oder ließ) das Konzept, die Menschheit mittels einer eugenisch und rassistisch motivierten Säuberung zu verändern, so praktisch und rational erscheinen? Und in welcher Beziehung stand all das zu den enormen Fortschritten der Wissenschaft im vorangegangenen Jahrhundert, der weitverbreiteten Ernüchterung über gewisse Aspekte der Modernisierung und nicht zuletzt den Gemetzeln an Massen von Europäern auf den Schlachtfeldern des Ersten Weltkrieges?

Das alles sind entscheidende Fragen, die Goldhagen nicht behandelt, und daher kann sein Buch beim besten Willen nicht den Anspruch erheben, eine neue Interpretation des Holocaust zu sein. Es ist eine brauchbare Studie über einige Aspekte des Genozids an den Juden, Aspekte, die vieles mit anderen Genoziden der Geschichte gemein haben. Indem er sich auf diese Geschehnisse konzentriert, unterminiert Goldhagen sogar seine eigene These von der Einzigartigkeit des Holocaust, denn sein Buch übergeht genau die Aspekte des Völkermordes, die ihn sogar in dem blutigsten Jahrhundert, das die Menschheit je gesehen hat, als beispielloses Ereignis auszeichnen. Somit hat es den Anschein, als begreife er gar nicht die enorme und fortdauernde Relevanz des von den Nazis perfektionierten industriellen Mordens für unsere heutige Gesellschaft.

Goldhagen glaubt, er habe die komplizierte und oft widersprüchliche Argumentation eines Großteils der Forschung überholt und uns die klare, einfache und seltsam tröstliche Antwort gegeben, nach der wir uns alle gesehnt haben. Falsch.

Indem er Feinheiten und Nuancen scheut und seine Ungeduld der Komplexität gegenüber für Leidenschaft hält, spricht Goldhagen in Wirklichkeit ein Publikum an, das hören will, was es bereits glaubt. Dadurch verschleiert er die Tatsache, daß der Holocaust ein zu dunkles und zu grauenhaftes Kapitel war, um auf vereinfachende Interpretationen reduziert zu werden, die ihn seiner Bedeutung für unsere heutige Zeit berauben.

Quelle: The New Republic, 29. April 1996 (Originaltitel: »Ordinary Monsters«)
Aus dem Amerikanischen von Tina Hohl

JERRY ADLER

Geschichtsstunde

Der Schnappschuß zeigt einen Soldaten und eine Frau, keine drei Meter voneinander entfernt; sie steht mit dem Rücken zu ihm, gebeugt von einer Last, die sie fest an ihre Brust drückt. Ein Kind. Seine nackten Beine baumeln weiß gegen das Dunkel ihres Kleides. Der Soldat posiert. In klassischer Schützenhaltung nimmt er die Frau ins Visier und läßt dem Fotografen reichlich Zeit zum Abdrücken, an diesem sonnigen Tag im Jahre 1942.

Es gibt keinen Zweifel über den Wert des Photos als Dokument. Doch die Rückseite ist aufschlußreicher: Ein namenloser Soldat hat sie beschriftet, bevor er das Photo als Erinnerung an die »jüdische Aktion« in der Ukraine an seine Familie in Deutschland schickte. Wie sehr wir auch den Holocaust zu begreifen glauben, es bleibt zu erklären, wie ein Soldat seiner Mutter *dieses Bild* schicken konnte. Auch wenn das Buch, in dem dieses Foto erscheint – *Hitlers willige Vollstrecker: ganz gewöhnliche Deutsche und der Holocaust* von dem amerikanischen Politologen Daniel Jonah Goldhagen – in Deutschland bereits die Gemüter in Wallung bringt, bevor es überhaupt übersetzt ist, ist es nur recht und billig, sich zu fragen, wie viele Deutsche solche Bilder früher im Schrank aufbewahrten.

Kaum ein Deutscher hat Goldhagens kürzlich in Amerika erschienenes Buch gelesen, das letzten Sonntag zum erstenmal in der Bestsellerliste der New York Times auftauchte. Dennoch wurden seiner britischer Verlegerin zufolge in Deutschland über eintausend englischsprachige Ausgaben in zwei Wochen verkauft – ein Rekord, den nur ein einziger amerikanischer Autor überbieten kann: Stephen King. Es spielte keine große Rolle, daß Goldhagens mit Fachjargon gespicktes, ungelenkes Englisch sich oft liest, als sei es eigentlich aus dem Deutschen übersetzt worden. Durch einen Leitartikel der liberalen Wochenzeitung *Die Zeit* wurde die interessierte Leserschaft auf das Buch aufmerksam. Da war zu lesen, es könne den Historikerstreit der achtziger Jahre über den Ursprung des Holocaust neu entfachen. Kurz darauf folgte *Der Spiegel*, das Nachrichtenmagazin für den Massenmarkt. Dessen Herausgeber Rudolf Augstein hat die Schlüsselthese des Buches, Deutschland sei, schon bevor Hitler an die Macht kam, von einem einzigartigen und mörderischen Antisemitismus beherrscht gewesen, als »puren Unsinn« und »ignorant, wenn nicht gar bösartig« bezeichnet. Josef Joffe, Auslandsredakteur der Süddeutschen Zeitung, beschreibt die Rezeption des Buches als »heftig, schrill und verächtlich« – vielleicht zum Teil deshalb, weil es weniger als ein Jahr nach den aufreibenden Gedenkfeiern zum 50. Jahrestag des Kriegsendes erscheint. Selbst die große Mehrheit der Deutschen, die ebenfalls findet, der Holocaust dürfe niemals in Vergessenheit geraten, muß sich fragen, ob sie ihn mit jeder neuen Buchsaison von einem anderen historischen Standpunkt aus betrachten soll. Eine 619seitige Mahnung daran, daß die »Endlösung« von Hunderttausenden »ganz normalen Deutschen« durchgeführt wurde, mit dem Wissen und der stillschweigenden Billigung von Millionen anderer, wollten sie bestimmt nicht hören.

Das soll nicht heißen, daß diese Fakten von den heutigen Deutschen geleugnet werden. Nur wenige Historiker kritisieren Goldhagens empirische Forschung, die sich nicht auf die bereits gründlich untersuchten Vernichtungslager konzentriert, sondern auf die relativ unbekannten Arbeitslager und die deutschen Polizeibataillone, die die Juden für die Deportation sammelten oder sie gleich an Ort und Stelle erschossen. Nach Christopher Brownings bahnbrechender Studie *Ganz normale Männer* (1992) veranschaulicht Goldhagen überzeugend, daß man kein Fanatiker sein mußte, um einen

Völkermord zu begehen. Auf jeden Angehörigen der brutalen Sturmtruppen, die durch einen persönlichen Treueeid an Adolf Hitler gebunden waren, kam ein Trupp gewöhnlicher Soldaten und Polizisten, die die alltägliche Arbeit des Holocaust erledigten.

Diese Feststellung, die unter den amerikanischen Kritikern soviel Aufsehen erregt hat, gilt in Deutschland als erwiesene historische Tatsache. Eine Wanderausstellung mit dem Titel »Der Vernichtungskrieg«, die eben diese These untermauerte, erhielt letztes Jahr auf ihrer Tournee durch größere deutsche und österreichische Städte viel Beifall. Folglich findet sich das, was die deutschen Intellektuellen an Goldhagens Buch ärgert, bereits im Klappentext des Buches, der es zu einem »Werk von äußerster Originalität und Bedeutung« erklärt – und in den Anfangskapiteln, in denen Goldhagen die Holocaust-Forschung der letzten 50 Jahre Revue passieren läßt und sie als unzulänglich kritisiert. »Goldhagen«, sagt Michael Wolffsohn, ein deutscher Jude und Historiker an der Bundeswehr-Universität in München, »tut so, als hätte er das Rad und Amerika auf einmal entdeckt.«

Die Deutschen sollten allerdings wissen, daß ein amerikanischer Verleger genau dasselbe behauptet hätte, hätte Goldhagen eine neue Biographie über Julia Roberts geschrieben. Dennoch staunen die deutschen Kritiker, mit welcher Ehrfurcht die amerikanische Presse, *Newsweek* eingeschlossen, das Buch aufgenommen hat. Die *New York Times* nannte Goldhagens Buch »eines dieser seltenen neuen Werke, die das Prädikat wegweisend verdienen«. Der Kolumnist A. M. Rosenthal verglich seine Lektüre von *Hitlers willige Vollstrecker* mit dem Moment seines ersten Besuches in Auschwitz. Solche Äußerungen veranlassen die Deutschen, sich zu fragen, wie oft die Amerikaner den Holocaust noch neu entdecken wollen. In der liberalen Wochenzeitung *Die Zeit* vermutete der Kolumnist Volker Ullrich, die amerikanische Begeisterung für Goldhagens Buch

reflektiere das amerikanische Unbehagen über ein wieder-
vereintes Deutschland.

Doch Goldhagens Buch ist auch aufgrund seiner Thesen
kontrovers. Die Behauptung, ganz normale Deutsche hätten
sich an der Durchführung der »Endlösung« beteiligt, wirft
die Frage nach ihrer Motivation auf: War es Fanatismus?
Man kann jedenfalls die Motive nicht mehr in der »blinden
Autoritätshörigkeit«, die einige Autoren im deutschen Charakter ausgemacht haben, sehen, denn: Goldhagen führt viele
Beispiele dafür an, daß die von ihm untersuchten Truppen
Befehle, die sie für rechtswidrig hielten, hinterfragten und
sogar verweigerten. Auch die Angst vor Strafe spielte keine
bedeutende Rolle; er zeigt, daß die Männer sich von den Ju-
dentötungen freistellen lassen konnten, obwohl nur sehr wenige das taten. Nein, Goldhagen ist der Meinung, daß die
ganz normalen Deutschen beim Thema Juden, und zwar nur
dabei, nicht mehr in der Lage waren, zwischen Fanatismus
und gesundem Menschenverstand zu unterscheiden. Im Holocaust, behauptet er, kulminierte eine 400jährige Geschichte
kulturell sanktionierter Judenhetze, die mit dem Ahnherrn
des deutschen Antisemitismus, Martin Luther persönlich, ihren Anfang nahm. Der Soldat, der die Frau erschoß, konnte
sein Foto an Mama schicken, meint Goldhagen, weil Mama
sehr stolz auf ihn sein würde.

Für gelernte Historiker stellt Goldhagens Buch eine neue
Version der »intentionalistischen« Interpretation des Holocaust dar, nach der Hitler und damit auch die Deutschen, die
ihn unterstützten, schon immer vorgehabt hatten, die Juden
letztlich umzubringen. Diese Theorie war bis in die siebziger
Jahre hinein vorherrschend. David Cesarani, ein führender
britischer Holocaust-Forscher, hält die »funktionalistische«
Interpretation dagegen, der zufolge die »Endlösung« ein Ne-
benprodukt anderer Faktoren war – der Machtkämpfe unter
Hitlers Genossen oder des Kriegs gegen eine Sowjetunion,
die in den Augen der Deutschen von Juden dominiert wurde

(worüber Stalin wohl erstaunt gewesen wäre). »Bis zum Erscheinen dieses Buchs«, sagt Cesarani, »war der Intentionalismus auf dem Rückzug; jetzt feiert er fröhliche Urständ.« So läßt sich die heftige Reaktion einiger Historiker auf die *Willigen Vollstrecker* zum Teil intellektueller Rivalität zuschreiben – ebenso wie Goldhagens Arroganz, die selbst die Fürsprecher des Buches nicht leugnen. Der Harvard-Historiker Stanley Hoffmann, Goldhagens Doktorvater, sagt, sein Protegé – dessen Vater, der jüdische Wissenschaftler Erich Goldhagen, in einem rumänischen Ghetto den Krieg fast nicht überlebt hätte – besitze »ein außergewöhnliches und seltenes Maß moralischer Leidenschaft«. Daher, fügt Hoffmann hinzu, »ist er nicht besonders nett zu Leuten, deren Ansichten er für falsch hält«.

Für deutsche Intellektuelle ist dieses jedoch nicht nur eine historiographische Debatte. Goldhagen lenkt den Blick genau auf den Punkt, den einige Deutsche nicht wahrhaben wollen: die Einzigartigkeit der »Endlösung« in einem Jahrhundert, in dem es an Beispielen für Völkermord nicht mangelt. Man muß sich doch nur Jugoslawien anschauen, wird es heißen, um zu beweisen, daß ein solch finsteres und mörderisches Potential in allen Menschen vorhanden ist. Doch die Völkermorde in Jugoslawien, der Türkei oder Ruanda entwickelten sich aus lange schwelenden Konflikten zwischen Gruppen mit unvereinbaren Ansprüchen auf Land oder politische Macht.

Die deutschen Juden, die nur eine kleine Minderheit im Lande waren, wünschten sich laut Goldhagen nichts sehnlicher, als von Deutschland akzeptiert zu werden, während den Juden in der Ukraine Deutschland wahrscheinlich herzlich egal war. Trotz aller Grausamkeit verfolgten die Serben ihre Eigeninteressen rationaler als Hitler, der, indem er sich der Juden entledigte, dafür sorgte, daß die Alliierten als erste die Atombombe bauen konnten.

Goldhagen betont, daß der Antisemitismus der Deutschen

ein kulturelles Phänomen war, kein vererbter Charakterzug. Dieser Unterschied ist jedoch manchen deutschen Kritikern nicht ganz klar. Goldhagen mache den Holocaust »praktisch zu einer Notwendigkeit der deutschen Geschichte«, schreibt Johannes Heil vom Zentrum für Antisemitismusforschung in Berlin. »Er sieht die Gründe für den Mord an sechs Millionen Juden nicht in den konkreten Bedingungen und den Zielen der deutschen Politik, sondern im ›deutschen Charakter‹ begründet.«

»Ich bin schon als Rassist bezeichnet worden«, gab Goldhagen letzte Woche zu, bevor er zum Start seiner Buchtournee nach Großbritannien flog (im August, wenn *Hitlers willige Vollstrecker* auf deutsch erscheint, will er auch Deutschland besuchen). »Doch dies ist kein Buch über den unwandelbaren deutschen Nationalcharakter oder die sogenannte deutsche Rasse. Wer das behauptet, interpretiert das Buch falsch.«

Nun ja, Fehlinterpretationen der Geschichte waren schon immer eine Lieblingsbeschäftigung aller Nationen, Deutsche (und Juden) eingeschlossen; die Leser werden selbst entscheiden müssen, wie überzeugend Goldhagens Thesen sind. Bereits bewiesen hat er jedoch den bedeutenden, aber kaum bekannten Folgesatz des Santayana-Zitats, wonach derjenige, der die Vergangenheit vergißt, dazu verdammt ist, sie zu wiederholen. Wer sich aber der Vergangenheit erinnert, wird um so mehr Streit auslösen.

Quelle: Newsweek, 29. April 1996 (Originaltext: »History Lesson«)
Aus dem Amerikanischen von Tina Hohl

II
Reaktionen in Deutschland

VOLKER ULLRICH

Hitlers willige Mordgesellen

Ein Buch provoziert einen neuen Historikerstreit:
Waren die Deutschen doch alle schuldig?

Die großen historischen Debatten beginnen immer mit einer Provokation. Das war Anfang der sechziger Jahre so, als der Hamburger Historiker Fritz Fischer mit seinem Buch »Griff nach der Weltmacht« die konservative Zunft herausforderte. Das war so Mitte der achtziger Jahre, als Jürgen Habermas in dieser Zeitung mit seiner Antwort auf Ernst Nolte und andere Geschichtswissenschaftler den Anstoß gab für den »Historikerstreit« um die Einmaligkeit und Vergleichbarkeit der nationalsozialistischen Verbrechen.

Zehn Jahre später ist nun der Auftakt gesetzt für den zweiten, für einen noch schärferen Historikerstreit. Das gerade erschienene Werk des jungen Harvard-Professors Daniel Jonah Goldhagen, »Hitler's Willing Executioners« (Hitlers willige Vollstrecker), ist eine der Provokationen, die mitten in die großen Debatten führen. Im August wird es bei Siedler in deutscher Übersetzung herauskommen. In den Vereinigten Staaten hat das Buch schon jetzt für Aufregung gesorgt. Kein Wunder, denn Goldhagen beansprucht, endlich eine schlüssige Antwort zu geben auf die beiden Fragen, die uns auch ein halbes Jahrhundert nach Ende des »Dritten Reiches« immer noch umtreiben: Wie konnte der Holocaust, dieses entsetzlichste aller Menschheitsverbrechen, geschehen? Und warum gerade in Deutschland?

Nach 1945 waren die Historiker schnell geneigt, alles auf Hitlers Wahnideen zu schieben und auf die kleine Clique fanatischer SS-Männer, die sie in die Tat umsetzte. Später, in den siebziger Jahren, erhielt die »intentionalistische« Deu-

89

tung Konkurrenz durch eine »funktionalistische«: Sie suchte den Schlüssel in den inneren Systembedingungen der NS-Herrschaft, in der unkontrollierten Dynamik eines Regimes, die in einem Prozeß »kumulativer Radikalisierung« (Hans Mommsen) den Völkermord gezeugt habe. Neuerdings ist versucht worden, die »Endlösung« in Zusammenhang zu bringen mit den ethnischen »Flurbereinigungen«, welche die Nazis in dem von ihnen beherrschten osteuropäischen Großraum planten und praktizierten.

Alle diese Interpretationen greifen nach Ansicht Goldhagens zu kurz: Der Holocaust – so sein Ansatz – könne nur erklärt werden, wenn er systematisch bezogen wird auf die Gesellschaft des »Dritten Reiches« und auf den Antisemitismus als ihren integralen Bestandteil.

Im Mittelpunkt des Buches stehen nicht die Opfer, sondern die Täter, und zwar nicht die »Schreibtischtäter«, sondern diejenigen, die als Mitglieder der Einsatzgruppen, der Polizeibataillone, des Wachpersonals in den Lagern und Ghettos, als Angehörige von Wehrmachteinheiten *direkt* an Tötungs- und Vernichtungsaktionen beteiligt waren. Ihre Zahl war viel größer als gemeinhin angenommen; der Autor schätzt sie auf mehrere hunderttausend. Es waren keine fanatischen SS-Leute, sondern freundliche Familienväter, gewöhnliche Deutsche, ein repräsentativer Querschnitt der Gesellschaft. Und sie mordeten laut Goldhagen nicht, weil sie dazu gezwungen waren, nicht aus blindem Gehorsam oder Angst vor Bestrafung, sondern aus freien Stücken, eifrig und ohne jede moralische Skrupel.

So ganz neu ist dieser Befund nicht. Vor einigen Jahren hat Goldhagens amerikanischer Kollege Christopher Browning am Beispiel des Reserve-Polizeibataillons 101 gezeigt, wie aus »ganz normalen Männern« (so der Titel seines Buches) Mörder wurden. Und nichts anderes hat die vielbesuchte und vieldiskutierte Ausstellung des Hamburger Instituts für Sozialforschung über den Vernichtungskrieg der Wehrmacht zutage gefördert. Doch Goldhagens Fallstudien über die Täter und ihre Motive sind breiter fundiert und gründlicher reflektiert als alle bisherigen Untersuchungen. Allein dies ist eine bedeutende Forschungsleistung.

Des Autors Ehrgeiz reicht jedoch weiter. Die Analyse der »gewöhnlichen« Täter dient ihm als Fenster zur Erkenntnis, warum in Deutschland, und nur in Deutschland, das monströse Verbrechen möglich war. Seine Kernthese lautet: Nirgendwo sonst hatte sich seit Ende des 19. Jahrhunderts der rassistisch motivierte Antisemitismus so tief in die politische Kultur und alle Poren der Gesellschaft eingefressen, nirgendwo sonst hatte er sich zu einem *eliminationist mind-set*, zu einer Ausgrenzungs- und Ausmerzungsmentalität verfestigt. Der Boden für das Vernichtungsprogramm wäre demnach längst bereitet gewesen, als Hitler an die Macht kam. Zwischen der Naziführung und einer großen Mehrheit des deutschen Volkes herrschte so gesehen ein stillschweigendes Einverständnis darüber, daß Deutschland und später Europa »judenrein« gemacht werden müsse. Goldhagen spricht von einem gemeinsamen »nationalen Projekt«. Das erklärt für ihn, warum es trotz sehr verbreiteter Kenntnis des Massenverbrechens keine größeren Proteste gab. Und darauf führt er schließlich auch zurück, daß die Mitglieder der Polizeibataillone ihr Mordhandwerk ohne jedes Unrechtsbewußtsein ausübten.

Kein Zweifel: Gegen diese These wird sich heftiger Widerspruch regen (er hat sich zum Teil schon in Amerika geregt). So muß man zum Beispiel fragen, ob der Antisemitismus im Kaiserreich sich tatsächlich so deutlich von dem anderer Länder unterschied. Und wenn man die jüngst veröffentlichten Tagebücher Victor Klemperers, dieses genauesten aller Beobachter des NS-Alltags, zum Vergleich heranzieht, dann wird man gegenüber dem Bild einer durch und durch antisemitisch infizierten Gesellschaft selbst für die Jahre der Diktatur Zweifel anmelden. Dann wird man auch allen Kollektivanschuldigungen gegenüber skeptisch bleiben. Von »Kollektivschuld« ist bei Goldhagen zwar nicht die Rede, doch in der Sache kommt seine Ableitung dem Vorwurf sehr nahe.

Wie manche Wissenschaftler, die glauben, alle gängigen Lehrmeinungen umstürzen zu können, neigt auch Goldhagen zur simplifizierenden Eindeutigkeit. Er argumentiert eher wie ein Staatsanwalt denn als Historiker. Für Gegenstimmen und Gegenkräfte, für Widersprüche und Widerstände ist in seinem düsteren Gemälde kaum Platz. So erweckt seine Darstellung den Eindruck, als habe sich das furchtbare Geschehen mit geradezu zwingender Logik vollzogen. Indes, so wichtig der Antisemitismus im Kaiserreich als gesellschaftliche Bedingung für den Holocaust war – von ihm führte kein gerader Weg nach Auschwitz.

Trotz aller Einwände handelt es sich um ein sehr wichtiges, diskussionswürdiges Buch. Die Radikalität, mit der Goldhagen seine These entfaltet, zwingt zum Überdenken bisheriger Sichtweisen. Die heftige Bewegung, die das Buch mit seinem Erscheinen in den Vereinigten Staaten ausgelöst hat, zeigt, daß es einen Nerv trifft. Vielleicht drückt sich darin auch ein Unbehagen vieler Amerikaner gegenüber dem wiedervereinigten Deutschland aus.

Und hierzulande? Da hatte sich so mancher schon in der Gewißheit gewiegt, nach den Gedenkfeiern zum 50. Jahrestag des Kriegsendes das leidige Thema endlich los zu sein und sich unbeschwert der neuen »Normalität« hingeben zu können. Und nun kommt ein brillanter Harvard-Dozent und belehrt uns, daß wir mit dem schrecklichsten Kapitel unserer Vergangenheit noch längst nicht fertig sein können. Wie sein aufstörendes, verstörendes Buch bei uns aufgenommen wird – daran wird sich viel ablesen lassen über das historische Bewußtsein dieser Republik.

Quelle: DIE ZEIT, 12. April 1996

NORBERT FREI

Ein Volk von »Endlösern«?

Daniel Goldhagen beschreibt die Deutschen als
»Hitlers willige Vollstrecker«

Wer auf dem hart umkämpften Medienmarkt der neunziger
Jahre Gehör finden will, braucht knallige Thesen. Längst ist
diese heillose Botschaft auch bei den Historikern angekom-
men, aber noch selten hat man sie so konsequent befolgt gesehen wie im Falle eines soeben in den USA erschienenen
Buches. Daniel Jonah Goldhagen, ein junger Forscher aus
Harvard, vertritt in seiner Dissertation *Hitler's Willing Execu-*
tioners die Auffassung, die Nationalsozialisten hätten den
Mord an den europäischen Juden im Zweiten Weltkrieg mit
Wissen und mit Billigung nahezu aller damals lebenden Deutschen ins Werk gesetzt. Nicht nur hätten Hunderttausende,
vielleicht Millionen aktiv am Holocaust mitgewirkt; praktisch
habe die gesamte deutsche Gesellschaft den Genozid gewollt.

Der Autor und sein Verlag (Alfred A. Knopf, New York)
sind sich des Spektakulären dieser These bewußt: »Ein Werk
von höchster Originalität und Bedeutung, ebenso autoritativ
wie explosiv, das unser Verständnis vom Holocaust und vom
Deutschland der Nazi-Zeit radikal verändern wird«, heißt es
im Klappentext. Im Buch stößt man fortwährend auf Formulierungen, die den Anspruch unterstreichen. Kein Zweifel:
Goldhagen sucht die Provokation. Nun hat die in den ersten
Nachkriegsjahrzehnten in Deutschland ja durchaus vernach-
lässigte Holocaust-Forschung spätestens seit den achtziger
Jahren eine Dichte und Komplexität erreicht, die individuelle
wissenschaftliche Profilierung nicht mehr ganz einfach
macht: Zentrale Fakten sind erforscht, der Ablauf des mon-
strösen Geschehens ist bekannt. Vormals heftige Debatten um

die Frage, wie die »Endlösung« begann und ob es dazu eines (lange vergeblich gesuchten) generellen »Befehls« Hitlers überhaupt bedurfte – also der vielzitierte Streit zwischen »Intentionalisten« und »Funktionalisten« –, sind angesichts einer differenzierten Detailforschung in den Hintergrund getreten. Und immer deutlicher stellt sich heraus, daß die Zahl derer, die von den Massenerschießungen und Vernichtungslagern wußte (ohne selbst beteiligt zu sein), trotz strikter Geheimhaltungs- und Tarnungsbemühungen nach Zehntausenden zählt und daß vermutlich Millionen die Möglichkeit hatten, sich dieses Wissen zu verschaffen.

Begünstigt durch neue Quellenfunde seit der Öffnung der Archive in Osteuropa, ist die Holocaust-Historiographie der neunziger Jahre im Begriff, eine Vielzahl von Umsiedlungs- und Mordaktionen akribisch nachzuzeichnen, aus denen sich der »im Osten« exekutierte Genozid an den Juden zusammensetzte. Nicht weniger als den Opfern widmet sich die neuere Forschung dabei den Tätern sowie den Institutionen, die an den Taten direkt oder indirekt beteiligt waren. Diese Untersuchungen werden unser Bild von dem Geschehen noch einmal deutlich schärfen und bereichern.

Für das Buch von Daniel Goldhagen läßt sich solches leider kaum behaupten. Die Arbeit, eine mit dem Preis der American Political Science Association gekrönte Dissertation, ist historisch-empirisch nur von geringem Ertrag. Goldhagens Darstellung des neueren deutschen Antisemitismus beruht hauptsächlich auf Sekundärliteratur; ähnliches gilt für seine eher grobe Schilderung der Etappen nationalsozialistischer Judenpolitik, die unseren Kenntnisstand in keinem Punkt erweitert. Aber auch seine vier Kapitel über die an den Massenexekutionen hinter der Ostfront beteiligten Polizeibataillone halten wenig Neuigkeiten für den bereit, der die 1992 erschienene Studie des amerikanischen Historikers Christopher R. Browning zu diesem Thema kennt. *(Ganz normale Männer. Das Reserve-Polizeibataillon 101 und die*

»Endlösung« in Polen.) Goldhagen hat für diese Abschnitte seines Werkes viel Zeit in einschlägigen Archiven verbracht, doch gemessen an seinem hohen Anspruch der Innovation kommt er damit zu spät.

Angesichts der positiven Aufnahme, die Brownings Buch gefunden hat, mag es zunächst unverständlich erscheinen, daß sich Goldhagen auf dieselbe Polizeieinheit konzentriert. Die besonders günstige Quellenlage – eine engagierte Staatsanwaltschaft in Hamburg hatte gegen Mitglieder des Bataillons von 1962 bis 1972 ermittelt und eine Fülle ungewöhnlich aufschlußreicher Vernehmungsprotokolle produziert – dürfte Goldhagens Entscheidung beeinflußt haben. Wichtiger aber war vermutlich anderes: Ihm ging es um einen Frontalangriff auf die »etablierte« Holocaust-Forschung.

Daniel Goldhagens umfangreiche Darstellung ist im Grunde geleitet von einem einzigen Gedanken, den er mit großem Scharfsinn, aber bisweilen auch mit geradezu beängstigender argumentativer Hermetik verfolgt: Alle Forschungen zur NS-Judenpolitik kranken an einer notorischen Unterschätzung der Wirkungsmacht antisemitischer Weltanschauung. Daraus resultierten grundlegende und zahlreiche interpretatorische Mängel sowie verhängnisvolle historiographische Irrwege.

Folgt man seiner ins Extrem getriebenen Sonderwegs-These, dann hat der Antisemitismus in Deutschland – anders als etwa in Frankreich oder England – bereits seit Ende des 18. Jahrhunderts eine »eliminatorische« Richtung eingeschlagen und schon lange vor Hitler eine »exterminatorische« Wende genommen. Als nach Jahrzehnten zügelloser antijüdischer Propaganda und nach Jahren perfidester antijüdischer Politik mit dem Krieg gegen die Sowjetunion endlich die Gelegenheit gekommen war, seien die Deutschen ihrem tief verankerten Vernichtungswunsch denn auch sofort erlegen.

In Anbetracht dieses »radikalen Bruchs mit allem aus der

menschlichen Geschichte Bekannten« erweise sich die Vorstellung als unzutreffend, die Deutschen des 19. und 20. Jahrhunderts seien Menschen »mehr oder weniger wie wir« gewesen. Wer das Deutschland des Holocaust verstehen wolle, möge sich ihm deshalb mit den Methoden des Anthropologen nähern. Damit freilich erscheinen die Deutschen, jedenfalls die der Hitler-Zeit, als eine eigene Spezies.

Es bedarf keiner besonderen Vorstellungskraft, um zu erahnen, daß solche Formulierungen und Insinuationen, die mit einem überheblichen Argumentationsstil einhergehen, die sachliche Auseinandersetzung mit Goldhagens Werk nicht eben erleichtern werden. Gleichwohl verbietet sich jede billige Polemik, denn einfach hat es sich der Autor nicht gemacht. Das gilt besonders im Blick auf jene Kapitel, in denen er uns in einer Eindringlichkeit und Anschaulichkeit mit den entsetzlichen Einzelheiten der Mordaktionen und der Todesmärsche kurz vor Ende des Krieges konfrontiert, wie man sie in der wissenschaftlichen Literatur bisher noch kaum gelesen hat.

Aber gerade hier zeigt sich auch die Schwäche eines Buches, das rigoros darauf angelegt ist, die »ganz normalen Männer«, deren massenhafte »Einsatzbereitschaft« den Holocaust zweifellos erst ermöglichte, ausschließlich als ideologische Überzeugungstäter zu porträtieren. Für Goldhagens Hauptargument ist diese Interpretation von essentieller Bedeutung. Doch sie steht, wie Browning anhand derselben Quellen gezeigt hat, empirisch auf schwachen Füßen. Browning arbeitet plausibel das Prozeßhafte und Situative heraus: ausgeprägte Gehorsamkeitsvorstellungen, Gruppendruck, emotionale Verrohung, Alkoholmißbrauch, Realitätsverlust, Aggressionsabfuhr. Er zeigt ein ganzes Bündel von Faktoren auf, die biedere Familienväter schließlich zu Massakern an jüdischen Frauen und Kindern veranlaßten. Dagegen behauptet Goldhagen die Monokausalität des »exterminatorischen Antisemitismus« – mit Vernichtungsorgien aus freien Stücken und aus voller Überzeugung.

Zur Absicherung seiner Grundthese ist Goldhagen natürlich gezwungen, nicht nur an den Erschießungsgräben allein gläubige Antisemiten am Werke zu sehen. Er erkennt auch in der Vor-Phase der Ausgrenzung und Entrechtung der Juden im »Altreich« nahezu ausschließlich eine massenhafte, ideologisch begründete Zustimmung der Deutschen. Damit aber verfehlt er eine Wirklichkeit, deren minutiöse – und gerade in ihrer Genauigkeit zutiefst deprimierende – Beschreibung wir einem Überlebenden wie Victor Klemperer verdanken.

Ein Beispiel dafür ist die Einführung des Davidsterns im September 1941, die Goldhagen lediglich mit der Bemerkung kommentiert, dies habe die Isolierung und Demütigung der Juden weiter verschärft und den Deutschen die Möglichkeit gegeben, den als »sozial tot« Markierten besser aus dem Weg zu gehen. In Klemperers Tagebüchern lesen wir noch anderes: Die bei ihm und in seiner Umgebung zunächst sehr große Angst, sich mit dem »gelben Fleck« auf die Straße zu wagen, erwies sich nur bedingt als begründet. So registriert Klemperer zwar auch, daß ihn verhetzte Jugendliche anpöbelten. Häufiger aber, und zunächst für ihn vollkommen überraschend, begegnete er Gesten der Freundlichkeit, auch der Beschämung. Nicht ganz wenige Dresdner gaben ihm nun zu erkennen, daß sie nicht einverstanden waren, wie man mit ihm und seinesgleichen verfuhr. Sie signalisierten freilich auch ihre Angst, wegen kleinster Andeutungen menschlicher Solidarität denunziert zu werden.

Zumindest zu Teilen wird man diese epidemische Denunziationsbereitschaft mit jener »Mentalität des Genozids« in Verbindung bringen müssen, von der Goldhagen zu Recht sagt, daß sie in Deutschland weit verbreitet war – wohl auch weiter, als eine Historiographie es zur Darstellung brachte, die das Faktum der hochgradigen Identifikation mit Hitler und dem NS-Regime lange Zeit eher zu verdrängen suchte. Aber richtig ist auch, daß diese Mentalität nicht alle Deutschen umfangen hatte, daß es eine Minderheit gab, die Juden half und dafür sorgte, daß Zehntausend von ihnen im Untergrund überleben konnten. Die bleibende Schande sind nicht nur die vielen, die sich als Hitlers eifrige Vollstrecker erwiesen, sondern auch die Millionen, die wegsahen, als noch Zeit war hinzusehen. In ihrer moralischen Indifferenz sind die Deutschen damals doch fast alle schuldig geworden – was allerdings nicht heißt, wie Goldhagen meint, der Holocaust sei ein »nationales Projekt« gewesen.

Ob uns angesichts dieser sensationsheischenden These ein neuer, »noch schärferer Historikerstreit« ins Haus steht als vor zehn Jahren, wie Volker Ullrich jetzt in der *Zeit* prognostiziert, darf immerhin bezweifelt werden. Letztlich ist zuwenig wirklich neu an Goldhagens Buch, und zu einhellig wird die Fachkritik wahrscheinlich ausfallen, wenn seine extrem deterministische Darstellung erst einmal sorgfältig gelesen worden ist. Vielleicht ist es kein Zufall, daß unter denen, die das Werk zum Zwecke seiner mediengerechten Einführung mit zitierfähigem Vorab-Lob bedachten, keine Fachleute sind.

Quelle: Süddeutsche Zeitung, 13./14. April 1996

FRANK SCHIRRMACHER

Hitlers Code

Holocaust aus faustischem Streben? Daniel Jonah
Goldhagens Remythisierung der Deutschen

Schon werden Pirouetten gedreht und neue Kämpfe ausgerufen, schon geht es darum, wer wen und wie ins Gespräch bringt. Elie Wiesel spricht von »unwiderleglichen Beweisen«, und eine deutsche Zeitung wähnt einen neuen Historikerstreit. Aber das Buch, um das es hier geht, liegt bisher nur auf englisch vor, und die Wirkung seiner in drei Monaten erscheinenden deutschen Übersetzung bleibt abzuwarten. Der junge amerikanische Historiker Daniel John Goldhagen hat eine Dissertation mit dem Titel »Hitlers willige Vollstrecker« (»Hitler's willing executioners«) geschrieben, die in Amerika zu Bewunderung und zu heftigen Kontroversen geführt hat und nun auch in Deutschland Streit und Bekenntniseifer auslöst. Das liegt nicht an der Komplexität des Buches, sondern vielmehr an der radikalen Einfachheit, mit der der Autor seine Thesen vorträgt.

Goldhagen glaubt, daß es eine tief in der Geschichte verankerte, spezifisch deutsche Form des Antisemitismus gibt, die in ihren Voraussetzungen und Zielen von allen anderen europäischen Antisemitismen abweiche. Ausführlich erörtert er die antisemitischen Strömungen, Programme und Zirkel des neunzehnten Jahrhunderts, um nachzuweisen, daß der »Antisemitismus der Nazis im neunzehnten Jahrhundert längst Gestalt angenommen hatte..., alle Schichten und Klassen erfaßte und tief im politischen und kulturellen Leben des Landes verwurzelt« gewesen sei. Bereits im neunzehnten Jahrhundert hätten große Teile der deutschen Gesellschaft die Juden auslöschen wollen, und diese zu-

99

nächst theoretische Vernichtungsphantasie sei von Anfang an das distinktive Merkmal des deutschen Judenhasses gewesen. Antisemitismus sei der »common sense« bereits des frühen neunzehnten Jahrhunderts gewesen. Der Nationalsozialismus habe sich lediglich eines in der Kultur bereits manifesten Verlangens zu bedienen brauchen. Die These – so einfach wiedergegeben, wie sie in dem Buch erscheint – hat weitreichende Folgen. Der Nationalsozialismus ist nur noch die Wunscherfüllung eines ambivalenten nationalen Selbst. Denn die Deutschen haben nach Auffassung Goldhagens seit mindestens 150 Jahren die Liquidierung des Judentums gewünscht oder zumindest für nötig gehalten.

Mit Bedacht spricht Goldhagen immer von »den Deutschen«. Das gibt seinem Buch eine fast pamphlethafte Intensität. Er weigert sich, soziale Gruppen innerhalb der Gesellschaft zu charakterisieren oder auch nur zu identifizieren. Antisemitische Äußerungen werden ihm so zum Ausdruck eines kollektiven, gleichsam nationalen Willens. Allem Anschein nach bricht er mit der Einsicht der modernen Antisemitismusforschung, die den Judenhaß immer auch auf sein jeweiliges soziales, ökonomisches und intellektuelles Milieu zurückführt. Am Horizont dieser Erörterung steht eine Art nachgetragener Geschichtsmetaphysik, wonach den Deutschen der Wunsch, die Juden zu vernichten, allmählich zur Zwangsvorstellung geriet.

Es waren wohl die unmittelbar politischen Konsequenzen dieser These, die das Buch in Amerika weit über die akademische Welt hinaus bekannt gemacht haben. An einer Stelle spricht Goldhagen explizit davon, daß es für eine fundamental antisemitische Gesellschaft irrelevant sei, ob der Antisemitismus fünfzig oder hundert Jahre schweige. Das ist mit Blick auf das achtzehnte Jahrhundert gesagt, läßt aber beunruhigende Fragen an die Gegenwart aufkommen. Wer Goldhagens Argumenten glaubt, muß annehmen, daß die deutsche Gesellschaft gleichsam einem geschichtsnotwendigen Antisemitismus folgt, einem Judenhaß auch ohne Juden.

Im zentralen Teil dieses Werks versucht der Verfasser, seine historisch abgeleitete These zu erhärten. Er analysiert nicht die SS oder Einsatzgruppen, nicht die Schreibtischtäter oder KZ-Wachmannschaften – mit dem durchaus einsichtigen Argument, hierdurch werde der Holocaust gleichsam an Institutionen delegiert und damit moralisch erträglich gemacht. In den Mittelpunkt seiner Recherche treten die Polizei-Bataillone, insbesondere das gründlich erforschte Bataillon 101, die Zivilisten, Industriellen und Beamten im Umkreis der Konzentrationslager und die Wachmannschaften der Todesmärsche, in denen die Ermordung der Juden noch im März 1945 bis buchstäblich zum Kriegsende fortgeführt wurde. Das Ergebnis lautet in allen Fällen, daß es keineswegs nur oder auch nur überwiegend überzeugte Nationalsozialisten waren, welche die Vernichtungsmaschinerie bedienten und zu unvorstellbaren Grausamkeiten fähig waren. Hitlers willige Vollstrecker waren durchschnittliche Deutsche aus allen sozialen Schichten und mit einem durchaus bürgerlichen Repertoire an Moral- und Sittlichkeitsvorstellungen. Der Nationalsozialismus verschaffte ihnen nur die juristische Unantastbarkeit. Die Vernichtungsorgie aber war in ihnen längst kulturell programmiert.

Als eines der sprechendsten Beispiele für seine These von dem inhärenten Mordbetrieb der Deutschen gilt Goldhagen die Ermordung der Juden während der Todesmärsche, die noch erfolgten, nachdem Himmler sie aus taktischen Gründen gegen Kriegsende untersagt hatte. In der Synthese des empirischen Befunds mit seiner Kulturtheorie gelangt der Historiker schließlich zu der Vermutung, daß über eine Million Deutsche aktiv an der Vernichtung der Juden beteiligt gewesen seien oder sie zumindest für notwendig hielten. Alles in allem bildet die Kollektiv-Schuld-These den Kern dieses Buches, und bemerkenswert ist nur, daß Goldhagen sie historisch und soziologisch radikalisiert. Er ergänzt sie um die These vom eminent antisemitischen und vernichtungsbereiten Nationalcharakter der Deutschen.

Das alles ist nicht neu und könnte aus dem Arsenal der Belehrungs- und Selbstbezichtigungsliteratur der frühen fünfziger Jahre stammen. Die einst gängigen Thesen, die von Luther bis Hitler einen direkten Weg nach Auschwitz zogen und den »Hitler in uns« beschworen, gehören hierher ebenso wie die Befürchtung des Schriftstellers Günter Grass, in einem nationalstaatlichen Deutschland sei Auschwitz wieder möglich. Erstaunlich ist die Chuzpe, mit der Goldhagen einen umfangreichen Bestand geisteswissenschaftlicher Literatur allein schon methodologisch ignoriert. Gordon Craig und Simon Schama haben in einer zustimmenden Rezension die »wissenschaftliche Forschungsleistung« des Buches gerühmt und damit offensichtlich die Recherchen gemeint, die der Autor in der Zentralstelle der Landesjustizverwaltungen in Ludwigsburg geführt hat.

Denn seine Thesen über den antisemitischen Affekt der Deutschen basieren keineswegs auf den Quellen, sondern fast ausschließlich auf einigen anerkannten Standard- und Sammelwerken, denen er die Zitate für seine Argumente entlehnt. Aber auch die Lebensläufe und Biographien, die er in Ludwigsburg einsehen konnte, können das hohe Lob nicht rechtfertigen. Die entscheidenden Forschungen zu den Polizei-Bataillonen sind in einem vielbesprochenen und von Goldhagen ausgiebig benutzten Band längst geleistet. So bleiben letztlich nur die eindrücklichen Porträts einiger Täter, die Goldhagen selbständig recherchiert hat und die das Bild auf tierliebende, antisemitische Sadisten freigeben. Sie müssen die Last der These von der Gesamttäterschaft der Deutschen tragen.

Jede Stimme, die den Nachgeborenen eine Ahnung von dem Leid der Opfer gibt, muß dokumentiert und gehört werden. Deshalb ist Goldhagens spärliches Quellenstudium auch dort sinnvoll, wo es nur gespenstische Gedichte der Täter zum Vorschein bringt. Seine Darstellung der Todesmärsche ist erschütternd und vermutlich das eindrucksvollste Kapitel des ganzen Buches. Zuweilen gelingt es ihm, den Schleier zu zerreißen und über den Abstand eines halben Jahrhunderts hinweg das Entsetzen spürbar zu machen.

Aber reicht das für das Lob, hier würde auf wissenschaftlichem Wege bewiesen, daß die Deutschen seit Jahrhunderten den Wunsch und das Ziel hatten, die Juden zu vernichten? Reicht das für die Überzeugung, die Deutschen wären kulturell antisemitisch konditioniert und dazu bereit, noch über den Nationalsozialismus hinaus (nur so ist die Erläuterung des Himmlerschen Rücknahmebefehls zu verstehen) die Juden zu vernichten? Es mag noch verständlich sein, daß in einem Buch über die antisemitische Tiefenkultur der Deutschen die Namen Mendelssohn und Heine nicht fallen. Daß aber bei der Vorgeschichte des Dritten Reichs weder von Lueger noch von Schönerer, nicht von Bismarck und nicht von Rathenau die Rede ist, muß befremden.

Der Debatte um die Emanzipation der Juden widmet der Autor kaum einen Absatz; deren Anwälte tauchen nicht auf. Der Erste Weltkrieg findet nicht statt, eine Soziologie der NSDAP wird nicht einmal gestreift, und der Autor ist der Meinung, Hitler sei von den Deutschen parlamentarisch gewählt worden. Auch andere seiner Thesen über die Geschichte des Nationalsozialismus sind zumindest fragwürdig. So glaubt er, Hitler habe mit der Vernichtung der Juden deshalb bis 1941 gewartet, weil er den deutsch-sowjetischen Pakt nicht gefährden wollte. Das ist, um das mindeste zu sagen, eine eigenwillige Interpretation historischer Tatbestände. Quellen aus der Alltagsgeschichte des Dritten Reichs sind fast nicht vorhanden, wobei doch sie auch etwas über den angeblich antisemitischen Eifer der Bevölkerung aussagen könnten. Die Bedeutung einer Parteimitgliedschaft entgeht dem Autor ganz, weil er offensichtlich nichts über die mehrfachen Unterbrechungen im Aufnahmeverfahren in die

NSDAP weiß. Dazu paßt, daß bereits in der Disposition der These ein Dokument offensichtlich falsch interpretiert wird. Kaum noch verwundert die Hartnäckigkeit, mit der der Name eines der bedeutendsten deutschen Historiker des SS-Staates kontinuierlich falsch geschrieben wird.

Irritierend ist vor allem die mechanistische Psychologie, der Goldhagen sich verschrieben hat. In den Quellen des neunzehnten Jahrhunderts sieht er nicht nur Dokumente des Rassenwahns, sondern Handlungsanweisungen für einen sich kollektiv ausprägenden Willen. Oft hat man den Eindruck, hier spräche kein Historiker, sondern ein Informatiker, der historische Prozesse und Dokumente wie Bestandteile einer gigantischen Software liest. Sie gibt mit mathematischer Präzision Befehle, denen sich die Akteure nicht entziehen können. In einem kuriosen Schema der »vorherrschenden Ansichten der Deutschen über Juden, Geisteskranke und Slawen«, das dem Anhang des Buches beigefügt ist, bietet er die Grunddaten dieses Programms. Sie bilden nicht nur Hitlers Code, sondern nach Ansicht Goldhagens den der Deutschen.

Es ist also Vorsicht geboten, wenn von Goldhagens Forschungsleistung die Rede ist. Sein Buch beweist nichts. Es exekutiert wie ein Computerprogramm nur eine Reihe von Setzungen und Anweisungen, die ein logisch einwandfreies, aber faktisch fragwürdiges Ergebnis produzieren. Was bleibt, ist die Verwunderung darüber, daß sich im Jahre 1996 Geschichtsschreibung wieder als Anthropologie präsentieren und mit großzügiger Gebärde vier Jahrzehnte Forschungsarbeit ignorieren kann. In den fünfziger Jahren, deren Luft das Buch atmet, hätten »Hitlers willige Vollstrecker« gewiß weniger Aufsehen und weit mehr betretenes Schweigen hervorgerufen. Heute läßt sich der eminent politische Aspekt des Vorgangs nicht übersehen. In mehrfacher Hinsicht betreibt Goldhagen eine Remythisierung des Holocaust. Er führt ihn in die faustischen Tiefen des deutschen Bewußtseins zurück und entzieht ihn damit dem rationalen Zugriff. Glaubt man den Thesen des Buches, kann der Weg der Deutschen ins einundzwanzigste Jahrhundert nur mit Skepsis und Furcht betrachtet werden.

Das alles sind, um es deutlich zu sagen, lediglich Meinungen. Mit Wissenschaft und mit Beweisfähigkeit hat Goldhagens Buch wenig zu tun. Es ist ein merkwürdiges Gegen-Manifest gegen die zivilisatorischen Anstrengungen, denen sich die Deutschen seit 1945 unterworfen haben, und in Haltung und Sprache erinnert es an die Vielzahl psychologischer Berichte, die die Alliierten von März 1945 bis in den Sommer 1947 über das Land anfertigen ließen. Es gibt Anlaß zu jener Art folgenloser Selbstbezichtigung, die in Wahrheit nichts anderes als eine umfassende Form der Selbstbeschwichtigung ist. Statt etwas zu erklären, entläuft es ins Allgemeine, in dem alle Verhältnisse grau und zu Äußerungsformen eines mythischen Selbst werden.

Fraglich, ob Goldhagen an einer wirklichen Forschungsleistung überhaupt interessiert war. Er hat sein Buch wohl vor allen Dingen mit Blick auf ein amerikanisches Publikum geschrieben. Anders lassen sich die Abbreviaturen, Worterklärungen und Schemata nicht erklären. Versteht man recht, was sich hier abspielt, dann geht es darum, die Deutschen für das kommende Jahrhundert wieder auf einen Sonderweg festzulegen. Der amerikanische Leser, der von der deutschen Geschichte der Neuzeit wenig weiß, findet hier die Ethnologie eines nie ganz aus dem Mittelalter entlassenen Volkes, für das der Antisemitismus eine eigene, perverse Form des »pursuit of happiness« war. Dergleichen gehört zu jener Art Thesen, von denen Karl Kraus einmal sagte, man könne ihnen nicht widersprechen, ohne sich dumm zu machen. Goldhagens Buch läßt Fragen offen. Darunter die nach dem intellektuellen Zustand einer Gesellschaft, die solche Thesen für einen gedanklichen Fortschritt hält.

Quelle: Frankfurter Allgemeine Zeitung, 15. April 1996

RUDOLF AUGSTEIN

Der Soziologe als Scharfrichter

Ein Bild geht um die Welt. Ein bulliger und feister SS-Mann im Vordergrund ist Glied einer SS-Kette, hinter der schmucke Jungbäuerinnen 1935 beim Erntedankfest auf dem Bückeberg bei Hameln ihrem »Führer« entgegenstürzen wollen. Die Botschaft des Bildes sagt: So sehen sie aus, die Judenmörder von morgen.

Das Bild dient zur Einstimmung auf das neue Buch von Daniel Jonah Goldhagen, 35, Junior-Professor für Soziologie an der Universität Harvard. Sein deutscher Titel könnte heißen: »Hitlers willige Vollstrecker«. Bisher dürfen Autor und Verlag zufrieden sein, die sich schon auf einen neuen »Historikerstreit« rüsten.

Daraus wird sicherlich etwas werden. Der Nicht-Historiker Goldhagen blendet aus, was ihm an bisheriger Forschung nicht paßt. Er will die Holocaust-Deutschen insgesamt als schlimmste und einmalige Antisemiten denunzieren – »eine auf Empörung schielende Provokation«, wie die *Frankfurter Rundschau* recht schonungslos behauptet.

Man muß so polemisch nicht urteilen. Man sollte aber fragen dürfen, was wir dem Buch denn Neues entnehmen sollen. Das Ergebnis ist mager, man kann auch sagen, es ist gleich Null. Das glaubt der einschlägige israelische Fachhistoriker Raul Hilberg ebenso wie der britische Historiker Paul Johnson. Der beklagt den »unhistorischen« Ausflug des charmanten Überzeugungstäters, mit dessen »sociobabble« (Soziologenjargon) er sich nicht anfreunden kann.

Es wäre aber irrig, die amerikanische Debatte einzig den meist jüdischen Kolumnisten, Nichthistorikern also, zuzuschreiben. Sogar der große alte Gordon A. Craig lobt den »frischen Blick auf die Natur des deutschen Antisemitismus«. Craig ist ein profunder Deutschlandkenner und ein hochangesehener Historiker. Einen Fachmann für den Holocaust kann man ihn indessen nicht nennen.

Johannes Heil, Wissenschaftler am Zentrum für Antisemitismusforschung an der TU Berlin, kann mit der »eingleisigen Erklärung« Goldhagens nichts anfangen und hält sie »keines Streits wert«. Darauf, auf den (unergiebigen) Streit zielt aber dieses manierliche Pamphlet ab.

Ich weiß, was es gekostet hat, die Wehrmacht rückblickend in die Verantwortung für die Verbrechen des Nazi-Diktators mit einzubeziehen. Gelungen ist es. Das war ein Durchbruch nach vorn.

Welcher Durchbruch soll aber hier von Goldhagen erzielt worden sein? Berichte über die Mord- und Unrechtstaten der Nazis lesen sich immer wieder gräßlich. Daß es Polizeibataillone gab – mindestens 15000 Personen –, hat der SPIEGEL, fußend auf dem Standardbuch des amerikanischen Historikers Christopher R. Browning, vor drei Jahren in zwei Folgen ausgebreitet. Dies ist der wichtigste Teil des Goldhagen-Buches. Nichts Neues also.

Für den an der Universität Harvard lehrenden Soziologen steht im Hinblick auf die systematische Vernichtung der europäischen Juden außer Frage:

Das Selbstverständnis der Deutschen lief keineswegs darauf hinaus, daß sie die Wahnsinnspläne eines kriminellen Verrückten durchsetzten; sie sahen vielmehr die Notwendigkeit eines derart radikalen Handelns ein; um die Existenz ihres Volkes zu sichern, schien ihnen die Vernichtung der Juden ein notwendiges nationales Projekt zu sein.

Es ist klar, daß diese niederen Polizeibataillone nicht die Elite der Nation, nicht die Elite von Partei, Staat und Wehrmacht verkörperten; daß sie brave, ideologisch uninteressierte Biertrinker und Skatspieler waren, keine irgend erheblichen Aktivisten. Wer tapfer und klug genug war, konnte sich um das Morden auch herumdrücken.

Aber hier waren nicht die Tapfersten und die Klügsten versammelt, sondern, sit venia verbo, der Bodensatz von Leuten mit Familie, die in diesen Bataillonen noch aufgefangen werden konnten. Wenn sie »freiwillig« mordeten, so hatten sie doch im Kopf: Was soll ich tun, wenn ich das hier nicht tue?

Das alles wissen wir nicht erst, seit Goldhagen forscht. Wir wußten es, während es ihn als akademische Größe noch gar nicht gab.

Seine Erfindung ist, daß die Banalität des Bösen sich damals auf die Deutschen beschränkt hat. Solch eine »reichlich absurde« Vorstellung (Fachmann Walter Pehle), solch ein »naives Konstrukt« (Historiker Johannes Heil) kann zwar die angepeilte Debatte unvermeidlich machen.

Das Ergebnis ist aber auch schon in Sicht: »Tant de bruit pour une omelette.« Man wird Goldhagen am Ende nur bescheinigen, daß er gut schreibt, aber ahistorisch denkt. Die Debatte, ob Auschwitz nun ein einmaliges Verbrechen war, kann doch nun, weil erledigt, nicht jedes Jahr neu aufgerollt werden.

Wir müssen von Leuten, die davon nun wirklich nichts verstehen, lernen: »Vorkriegsdeutschland war ein Land sui generis, das Produkt einer einmaligen Geschichte des Antisemitismus« *(Newsweek)*. Alle unsere Bundespräsidenten, den heutigen kraft Geburt ausgenommen, und all unsere Bundeskanzler – den jetzigen wiederum ausgenommen – müßten demgemäß in einem Sumpf von potentiellen Judenkillern aufgewachsen sein.

»Die Deutschen waren Antisemiten, und darum ermordeten sie die Juden.« Wenn das so ist, meint Conrad Kwiet, »müssen wir keine Geschichte mehr lehren«. Kwiet ist Professor an Australiens Macquarie-Universität, sein Fach: »Vergleichende Genozid-Forschung«. Tatsächlich, sein Lehrstuhl würde überflüssig, wenn Kwiet sich auf Hitler-Deutschland beschränken müßte.

Daß die Deutschen »die Juden wirklich mit einer Leidenschaft gehaßt haben, die sich zu einer nationalen Psychose hochschaukelte«; diese Behauptung Goldhagens ist natürlich purer Unsinn.

Der verhinderte Historiker hätte 1572 bei der Bartholomäus-Nacht in Paris Mäuschen spielen sollen. Dann wüßte er, daß »Befehle« zur Grausamkeit sich selbständig machen. Der Sadismus ist ja keine rein deutsche Erfindung. Gleichwohl, Richard Bernstein in der *New York Times* meint, Goldhagens Buch verdiene das Prädikat »wegweisend«.

Wir bestreiten die Grausamkeiten nicht, wir haben sie nie bestritten, seit wir davon wußten. Wir bestreiten aber, daß in Deutschland vor Hitler (»pre-Hitler Germany«) der ohne Zweifel vorhandene Antisemitismus so »bösartig auf Ausrottung bedacht« war; wir bestreiten das nicht nur, wir finden die Behauptung allenfalls ignorant, wenn nicht gar bösartig. Es versteht sich, daß der Nobelpreisträger Elie Wiesel Goldhagens Buch für einen »riesigen Beitrag zum Verständnis des Holocaust« erklärt. Wiesel erforscht nichts anderes.

Ein anderer Nobelpreisträger, Henry Kissinger, dürfte Wiesels Meinung nicht teilen. Ja sogar für gefährlich halten. Kissinger: »Die Deutschen waren nicht antisemitischer als andere auch.« Dies sagt er nicht jetzt. Dies sagt er auch jetzt, im übrigen aber seit 30 Jahren.

Ein Historiker, soll Lord Acton im vorigen Jahrhundert bemerkt haben, müsse sich als einen »hanging judge« betrachten, dazu bestimmt, die Sünden der Vergangenheit zu verdammen. »Hanging judge« steht denn auch unter Goldhagens Bild in *Time*. Der Historiker sollte aber sein Handwerkszeug beisammenhaben: es genügt nicht, wie *Time* schreibt, »in der einen Hand die Feder, in der anderen die Schlinge«.

Quelle: DER SPIEGEL, 15. April 1996

JOST NOLTE

Sisyphos ist Deutscher

Wie es heißt, schien Sisyphos zu gelingen, was allen Sterblichen versagt ist. Jedenfalls zeitweise überlistete er Thanatos, den Herrscher des Totenreichs. Um den Frevler für diese und andere Frechheiten zu strafen, verurteilten ihn die Götter schließlich dazu, im Jenseits mit bloßen Händen einen gewaltigen Stein auf einen Hügel hinaufzuschaffen. Dabei sollte ihm die Last jedesmal kurz vor dem Ziel entgleiten und seine Qual folglich ewig währen. Ihretwegen ist der Mann bis heute im Gedächtnis der Menschen präsent.

Das 20. Jahrhundert hat andere und härtere Foltern erfunden, diese hat es trotzdem nicht vergessen. Im Konzentrationslager von Neuengamme gab es eine steile Rampe, über die Häftlinge unter den Schlägen der Kapos eiserne Loren voller Ton in eine Klinkerfabrik transportieren mußten. Drinnen lief die Herstellung der Steine mit moderner Technik; draußen diente primitivste und härteste Arbeit dazu, die Gefangenen umzubringen. Die Arbeit befreite nicht die Menschen, sie vernichtete sie. Die SS hatte an den Leiden des Sisyphos Maß genommen.

Doch in einem Mythos, der den Namen verdient, läßt sich mehr als eine Wahrheit unterbringen. Richtig ist auch, daß sich vor den Deutschen immer wieder jene Vergangenheit auftürmt, in der ihre Leute Hitler nachgerannt sind. Anders gesagt gibt es da eine Art Kreislauf der Argumente. Es fehlte nicht viel, und der frühe Vorwurf der Kollektivschuld an den Verbrechen der Nazi-Jahre hätte sich im Laufe der Zeit bis zu der absurden Behauptung differenziert, an allem sei Hitler allein schuld gewesen. Irgendwann verbreitete sich dann die Annahme, das Unheil der NS-Zeit sei aus einem nahezu anarchischen System diverser Befehlsebenen hervorgegangen, und schließlich sollte alles an »Strukturen« gelegen haben, in die so etwas wie Verantwortung schlecht paßte. Danach durfte es nicht ausbleiben, daß früher oder später jemand den Deutschen wieder bis ins letzte Glied die Untaten ihrer Geschichte zuschob.

Als jüngster Interpret deutscher Schuld ist jetzt der amerikanische Soziologe Daniel Jonah Goldhagen aufgetreten – mit einem Buch, das »Hitler's Willing Executioners« heißt und also von Hitlers willigen Vollstreckern oder besser: von seinen gehorsamen Henkern spricht. Drüben in den Vereinigten Staaten hat Goldhagen damit à tempo ebenso leidenschaftliche Zustimmung wie heftigen Protest geerntet. Wenn sein Pamphlet im August auf deutsch herauskommt, kann es bei uns für einen neuen Historikerstreit sorgen. Dabei beschert dem Autor weniger ein begreiflicher Zorn von alttestamentarischem Atem den Erfolg, das Aufsehen sichert ihm seine Technik der Vereinfachung und der Verallgemeinerung.

Zum Beispiel folgt er seinem Landsmann Christopher Browning, der untersucht hat, wie auf Hitlers Siegeszug nach Osten das Hamburger Polizeibataillon 101 tausendfachen Judenmord begangen hat. In diesen Polizisten sah Browning »ganz normale Deutsche«, denen der Antisemitismus ihres Milieus das blutige Geschäft erleichterte. Nun zitiert Goldhagen einen von ihnen mit scheußlichen Äußerungen und schreibt diese – als Beweis für eine allgemeine Geistesverfassung – ohne große Umstände allen Deutschen zu, die auf Hitlers Befehl nach Osten marschiert sind. Angeblich haben sie alle nicht nur zu jeder Zeit alles gewußt, was in den eroberten Gebieten geschah; sie haben es auch gebilligt. Obendrein ist Goldhagen überzeugt, daß sie es weitergesagt haben, wobei sie nirgendwo auf Protest gestoßen seien. Auf direktem Weg wird so der Völkermord wieder zur Kollektivschuld und darüber hinaus unversehens zur Erbsünde. Denn wie Goldhagen wissen will, hat sich bei den Deutschen längst vor 1933, spätestens im 19. Jahrhundert und wahrscheinlich von noch früher her ein Judenhaß fortgezeugt, der sich von jedem anderen Antisemitismus durch seine Blutgier unterscheidet. Auschwitz konnte danach weder in polnischen noch französischen, es konnte nur in deutschen Köpfen heranreifen.

Wahr bleibt, daß es in ihnen herangereift ist. Wahr ist aber ebenso, daß Todeslager in Deutschland vor 1933 unvorstellbar waren und daß sie hier seit 1945 undenkbar sind. Damit erweisen sich Goldhagens Spekulationen über die mörderische deutsche Seele ihrerseits als rassistisch. Wir müssen nicht Rudolf Augstein beipflichten, der im »Spiegel« neuerdings die Ausführung der deutschen Verbrechen im Zweiten Weltkrieg einem »Bodensatz« von Biertrinkern und Skatspielern zuschreiben möchte. Für diese Untaten haftbar sind gewiß mehr Deutsche jener Generation – auch Wehrmachts-Befehlshaber und ihre Untergebenen von den Stäben abwärts bis zu den Genickschuß-Kommandos. Der Beweis eines angestammten kriminellen Charakters der Deutschen aber ergibt sich daraus keineswegs.

So nüchtern wie möglich gesagt: Der Pamphletist Daniel Goldhagen lädt bei den Deutschen ein Problem ab, das leider Gottes menschheitliche Dimensionen hat. So dumm ist, wer mit dem Zweck der Entlastung etwa Hitlers Auschwitz gegen Stalins Workuta aufrechnen will, so blind ist, wer übersehen möchte, was das eine wie das andere ermöglichte. Es gibt da nämlich einen Mechanismus der Rechtfertigung für Folterknechte, der weltweit intakt ist. Ihr banales Betriebsgeheimnis besteht darin, sich jedem Anflug von störendem Gewissen zu entziehen, indem sie sich einreden lassen, daß sie die vom Schicksal bestimmten Gewinner und ihre Opfer die ihnen ausgelieferten Verlierer sind.

Mehr als ein halbes Jahrhundert nach Hitlers Tod und nach der Wende von 1989/90, die an den Ergebnissen des Zweiten

Weltkriegs rüttelte, sah es endlich so aus, als habe die Geschichte die Deutschen vom Schicksal des Sisyphos erlöst. Goldhagen hat sich alle Mühe gegeben, sie in die Verdammnis zurückzustoßen.

Quelle: Die Welt, 16. April 1996

MANFRED ROWOLD

Herausforderung an die Historiker

Im Juni 1941, wenige Tage nach dem deutschen Angriff auf die Sowjetunion, kommt es in der nordostpolnischen Stadt Bialystok zu einem Massaker. Deutsche – welche Deutschen, mag aus später einsehbaren Gründen an dieser Stelle noch nicht gesagt werden – terrorisieren die kampflos besetzte Stadt. Sie durchkämmen die jüdischen Wohngebiete, schießen einen Tag lang wahllos in Fenster, brechen Haustüren auf und treiben die Bewohner zusammen. Sie schlagen sie mit Gewehrkolben und erschießen einige sofort, andere später an Sammelplätzen.

Die Horde läßt alte jüdische Männer tanzen. Doch weil diese nach ihrem Geschmack zu langsam tanzen, setzen sie deren Bärte in Brand und ergötzen sich daran. Als zwei Juden vor einem deutschen General auf Knien um Gnade bitten, tritt ein untergebener Besatzer hinzu und uriniert auf die beiden. Niemand gebietet ihm Einhalt. Die Deutschen treiben 700 Menschen in die Synagoge der Stadt, die größte Polens, und setzen sie in Brand. Ihre Opfer sterben wie auf dem Scheiterhaufen, einige, die dem Feuer zu entkommen versuchen, durch Kugeln. Am Ende sind mehr als 2000 jüdische Menschen Bialystoks ermordet.

Durch historisches Zeugnis belegte Greuel wie diese aus dem soeben in den USA erschienenen Buch »Hitler's Willing Executioners« sind nicht neu in der Geschichtsschreibung über den Völkermord an den Juden. Wohl noch nie aber in einem wissenschaftlichen Werk ist *den* Deutschen als Volk so schonungslos die geistige, politische und physische Bereitschaft zur Vernichtung der Juden attestiert worden wie in dem Werk des jungen Harvard-Assistenzprofessors Daniel Jonah Goldhagen. »Die Vorstellung, daß Deutschland während der Nazi-Zeit eine ›gewöhnliche‹, ›normale‹ Gesellschaft war, die das Unglück hatte, von erbarmungslosen Herrschern regiert zu werden, welche die Menschen unter Einsatz der Institutionen moderner Gesellschaften zwang, Dinge zu tun, die sie verabscheuten, ist in ihrem Kern falsch«, urteilt Goldhagen und fordert damit weite Kreise der Historikerzunft heraus.

Jene zu Beginn beschriebenen mordenden und marodierenden Deutschen in Bialystok waren Angehörige des Polizeibataillons 309. Goldhagen versucht anhand der Rolle, die zahlreiche dieser weit weniger ideologisch getrimmten Polizeibataillone im Rahmen der SS-Einsatzgruppen vor allem nach Beginn der »Operation Barbarossa« spielten, die Ansicht zu widerlegen, der Massenmord an den Juden sei die exklusive Angelegenheit einer abartigen Nazi-Elite gewesen. Die Polizeieinheiten, Bestandteil der gewöhnlichen Ordnungspolizei, waren, so betont der Autor, eher schlecht ausgebildete und keineswegs besonders indoktrinierte Nazi-Truppen. »Doch das Regime schickte sie schon bald zum Töten und stellte, wie erwartet, fest, daß die gewöhnlichen Deutschen, die die Ordnungspolizei bildeten, ausgestattet mit kaum mehr als den in Deutschland vorherrschenden Wertvorstellungen, leicht zu Völkermördern wurden.«

Goldhagens oft scharfe Diktion wirkt wie ein bewußt provozierender Frontalangriff auf Vorstellungen, wonach die Verbrechen an den Juden unter Ausschluß einer ahnungslosen deutschen Öffentlichkeit stattfanden. Der Nazi-Ungeist ist für ihn vielmehr weitgehend identisch mit dem deutschen Zeitgeist jener Jahre. Goldhagen beschuldigt dabei die Deutschen nicht nur einer fehlenden Bereitschaft, dem Judenhaß Widerstand zu leisten, sondern er bescheinigt ihnen eine weitverbreitete Bereitschaft, gewaltsamen Judenhaß zu praktizieren. Die Erniedrigung, Folter und Vernichtung von Juden in Arbeitslagern und auf den sogenannten Todesmärschen sind ihm weitere Belege für diese These.

Auf diese Weise argumentiert er nicht nur hart am Rande

einer Kollektivschuld, ohne den Begriff selbst zu benutzen, sondern stellt auch rigoros einen Befehlsnotstand in Frage: »Es läßt sich mit Sicherheit sagen, daß niemals in der Geschichte des Holocaust ein Deutscher, sei er SS-Mann oder ein anderer, getötet, in ein Konzentrationslager geschickt, eingekerkert oder sonstwie ernsthaft bestraft wurde, weil er sich weigerte, Juden zu töten.« Goldhagens klares Urteil: »Deutsche konnten nein sagen zum Massenmord. Sie entschieden sich für das Ja.«

Der gewaltbereite politische Antisemitismus ist in der Analyse Goldhagens ein deutsches Spezifikum. Interessanterweise nähert er sich der Frage aus der Perspektive des Anthropologen und erklärt ausdrücklich nicht nur die Nazis, sondern die Deutschen zum Objekt seiner Forschung. Der deutsche Antisemitismus beginnt für Goldhagen weit vor Hitler, der nach seiner Ansicht nur den praktischen Antisemitismus vollendete, indem der jüdische Rasse- und Volksfeind nicht nur intellektuell, psychologisch und gesellschaftlich, sondern mit mörderischer Konsequenz politisch, wirtschaftlich und physisch bekämpft wurde. Geboren aus einem christlichen theologischen Feindbild vom Juden, wurde die »Judenfrage«, so Goldhagen, seit dem Ende des 18. Jahrhunderts in Deutschland zunehmend zum Politikum gemacht, das einer »Lösung« harrte. Der Antisemitismus wurde zum Vehikel einer nationalen und völkischen deutschen Identität, war schon im 19. Jahrhundert in allen Schichten Deutschlands »extrem weit verbreitet«.

»Die unausweichliche Wahrheit ist, daß die deutsche politische Kultur, in bezug auf Juden, sich an einen Punkt entwickelt hatte, an dem eine enorme Zahl gewöhnlicher, durchschnittlicher Deutscher zu Hitlers willigen Scharfrichtern wurde – und die meisten ihrer Landsleute waren bereit dazu.« Relativierungen und Zweifel finden in Goldhagens Analyse kaum Platz. Sie sind einer Diskussion vorbehalten, zu der Goldhagen zwingt. Denn seine Thesen verdienen nicht, ignoriert zu werden. Zumal sie die Frage offenlassen, ob der historisch gewachsene, spezifisch deutsche Antisemitismus – einen anderen erwähnt er nicht – mit dem Nazi-Regime endete oder fortlebt.

Quelle: Die Welt, 17. April 1996

CHRISTOPHER R. BROWNING

Dämonisierung erklärt nichts

Nicht alle, die den Holocaust exekutieren
sollten, mordeten ohne Skrupel. Viele machten feige mit.
Einige weigerten sich zu töten

In zwei Fragen sind Daniel Goldhagen und ich der gleichen Ansicht: was die weitreichende Teilnahme zahlreicher gewöhnlicher Deutscher an der massenhaften Ermordung von Juden angeht und das hohe Maß an Freiwilligkeit, das sie dabei bewiesen. Unterschiedliche Standpunkte vertreten wir jedoch in der Erklärung der Motive für die Teilnahme und Freiwilligkeit dieser Deutschen. Wo liegt der Kern dieser Unterschiede?

Weil wir nur wenig über die Motive nicht-deutscher Kollaborateure wissen, insbesondere der osteuropäischen Schutzmänner, fordert Daniel Goldhagen die Untersuchung einer »Kombination aus kognitiven und situationsbedingten Faktoren«, die solche Täter dazu bewegten, sich am Holocaust zu beteiligen. Diese Forderung würde ich unterstützen. Aber Goldhagen wendet keinen solchen kombinierten Ansatz bei der Untersuchung der deutschen Vollstrecker des Holocaust an. Er schreibt emphatisch, hinsichtlich der ursächlichen Motive für den Holocaust reiche für die übergroße Mehrheit der Täter eine »monokausale Erklärung« aus. Diese liegt für ihn in dem »dämonisierenden Antisemitismus«, der »die gemeinsame Wahrnehmungsstruktur der Täter und der deutschen Gesellschaft allgemein bildet«.

Goldhagen zufolge sollten Historiker wie ich eine Frage nicht stellen und brauchten sie auch nicht zu beantworten: Wie überwanden gewöhnliche Deutsche ihren Widerwillen und ihre Hemmungen, und wie wurden sie zu professionellen Mördern? Es habe keinen Widerwillen gegeben, wenn man von bloßer Empfindlichkeit beim Anblick von allzuviel Blut absehen will, weil gewöhnliche Deutsche »Vollstrecker des Genozids sein wollten«. Wenn sie die Chance bekam, tötete die übergroße Mehrheit ohne Skrupel, sogar mit Lust.

Ich sei, schreibt Goldhagen, aus mindestens zwei Gründen auf die falsche Spur geraten. Erstens habe ich die verlogenen, exkulpierenden Zeugenaussagen der Täter nach dem Kriege nicht genügend kritisch hinterfragt; zweitens betrachtete ich diese Ereignisse naiv in meiner eigenen nicht-deutschen Wahrnehmung, statt – wie ein Anthropologe – die ganz andere kognitive Welt der Deutschen zu entdecken, die von Antisemitismus so durchdrungen war, daß dieser zu einem Bestandteil des damaligen Common sense wurde.

Eine Möglichkeit, unsere unterschiedlichen Ansichten zu überprüfen, bietet ein Blick auf die seltenen Zeugnisse jüdischer Überlebender, die längere Zeit unter deutschen Reservepolizisten arbeiteten. Über solche Zeugen läßt sich dreierlei sagen: Erstens waren sie in einer Position, in der sie Einblick in die Atmosphäre und Dynamik solcher Einheiten gewinnen konnten. Zweitens hatten sie im Unterschied zur deutschen Polizei keinen Grund, ihre Zeugenaussagen später zu fälschen. Und drittens dürften sie Ausmaß und Intensität des Antisemitismus der Polizisten besonders aufmerksam wahrgenommen haben.

Wir wissen zum Beispiel, wie sich eine Gruppe von Reservepolizisten mittleren Alters verhielt, die in der weißrussischen Stadt Mir stationiert waren, als sie aufgefordert wurden, Juden zu töten. Im Winter 1941/42, kurz nach ihrer Ankunft, führten diese deutschen Polizisten weißrussische Schutzmänner in die Umgebung der Stadt, um zerstreute jüdische Gemeinschaften zu ermorden – »Säuberung des flachen Landes« –, wie es in den deutschen Dokumenten heißt. Im August 1942 halfen sie bei der Liquidierung des jüdischen Ghettos in Mir. Und im Herbst darauf beteiligten sie sich an den berüchtigten »Judenjagden«, spürten Juden auf, die den früheren Massakern entkommen waren, und brachten sie um.

Außergewöhnlich an dieser Polizeieinheit ist weder ihr Personal, routinemäßig eingezogene Reservisten mittleren Alters, noch ihr Handeln – der systematische Mord an Juden –, sondern die Tatsache, daß ein jüdischer Überlebender, Oswald Rufeisen, der sich als Pole ausgab, acht Monate lang in dieser Gendarmerie-Station als Übersetzer arbeitete. Wie hat er die Atmosphäre und Dynamik beschrieben? Nechama Tec berichtet in ihrem Buch »In the Lion's Den« (In der Höhle des Löwen), daß es laut Rufeisen dort »einen sichtbaren Unterschied in der Beteiligung der Deutschen an den Einsätzen gegen Juden und gegen Partisanen gab. Einige Deutsche, drei von dreizehn, hielten sich durchgehend von allen Einsätzen gegen Juden fern... Niemand schien sie deshalb zu behelligen. Niemand sprach über ihr Fehlen. Es war, als hätten sie ein Recht, sich fernzuhalten.«

Unter diesen Gendarmen mittleren Alters, die zu alt waren, als daß die Armee sich für sie interessiert hätte, traf Rufeisen auf begeisterte und sadistische Mörder, darunter auch den stellvertretenden Kommandeur Bruno Schultz, der »als Bestie in Menschengestalt« beschrieben wurde. »Nicht alle Gendarmen jedoch machten so begeistert beim Judenmord mit wie Schultz«, hält Tec fest. Was die Einstellung der Polizisten zum Mord an Juden angeht, zitiert sie Rufeisen direkt:

»Es war deutlich, daß es Unterschiede in ihren Ansichten gab. Ich glaube, die ganze Geschichte mit den Einsätzen gegen die Juden, die ganze Geschichte der Judenvernichtung hielten sie für unsauber. Die Operationen gegen die Partisanen gehörten in eine andere Kategorie. Eine Konfrontation mit Partisanen erschien ihnen als ein Kampf, als militärischer Einsatz. Aber ein Einsatz gegen die Juden war etwas, das sie als »schmutzig« erlebt haben dürften. Ich glaube, sie hatten das Gefühl, es wäre besser, nicht darüber zu sprechen.«

Rufeisens Zeugnis über den Gendarmerie-Außenposten in Mir bestätigt nicht das Bild von Menschen, die unterschiedslos von einem »tödlichen, halluzinatorischen Blick auf die Juden« besessen waren, die ihre Morde an Juden als »befreiende Handlung« betrachteten.

Die Zahl derjenigen, die nicht schossen, war vielleicht nicht groß. Es gab eine noch größere Gruppe von Anpassern, die aus der gleichgültigen Mehrheit der deutschen Gesellschaft stammten, nicht die ideologischen Prioritäten des Regimes teilten, aber trotz ursprünglichen Zögerns und mangelnder Begeisterung zu Mördern wurden.

Wenn eine solche Gruppe gleichgültiger Deutscher dem Regime nicht nur die Möglichkeit gab, eine Politik des Völkermords durchzusetzen, sondern aus ihrer Mitte auch viele Mörder zu rekrutieren, dann müßte sich der Kern der Erklärung verlagern: von Goldhagens einzigem kognitiven Modell einer uniformen Gruppe bereitwilliger Vollstrecker zu einer Kombination ideologischer und situationsbedingter Faktoren, die es einem populären, diktatorischen Regime und dem harten Kern seiner Gefolgsleute ermöglichten, den Rest der Gesellschaft für ihre Zwecke zu mobilisieren und einzuspannen. In einem solchen Ansatz dürfte Antisemitismus mit Sicherheit nicht fehlen, aber er wäre als Erklärung nicht ausreichend.

Ich möchte mich einer zweiten Frage zuwenden, nämlich dem Vergleich der Behandlung von jüdischen und nicht-jüdischen Opfern. Goldhagen weist wiederholt – und wie ich glaube, meistens zu Recht – darauf hin, daß Juden systematisch schlechter behandelt wurden als andere Opfer der Nazis. Er führt diesen Unterschied nicht so sehr auf Hitlers Prioritäten und die Politik des Regimes zurück, sondern wiederum eher auf den durchgängigen tödlichen Antisemitismus gewöhnlicher Deutscher.

Als Beispiel nennt Goldhagen die erste Massenerschießung von Polen durch das Polizeibataillon 101 in dem Dorf

Talcyn im September 1942, bei der Major Trapp geweint habe. Zur gleichen Zeit, hebt er hervor, deportierten und ermordeten die Polizisten erbarmungslos die gesamte jüdische Bevölkerung der Gegend an Ort und Stelle. Aber Trapp weinte auch vor und während seines ersten Massakers an Juden in Jozefow.

Mehr verrät uns jedoch das Verhalten der Reservepolizisten mittleren Alters bei einer späteren Vergeltungsaktion gegen Polen, die Goldhagen nicht erwähnt. Im Januar 1943 saß eine Gruppe von Reservepolizisten im Kino, als sie erfuhren, ein deutscher Polizist sei von polnischen Angreifern erschossen worden. Die Männer eilten zu einer Vergeltungsaktion in das Dorf Niezdow, mußten aber entdecken, daß in Vorahnung der Deutschen alle außer den ältesten Einwohnern geflohen waren. Obwohl noch während des Einsatzes bekannt wurde, daß der deutsche Polizist nur verwundet worden war, erschossen die Deutschen alle zwölf bis fünfzehn älteren Polen – vorwiegend Frauen – und brannten das Dorf nieder, bevor sie ins Kino zurückkehrten.

Kann man ebenso sicher sein wie Goldhagen, daß diese Männer nicht ebenso systematisch polnische Männer, Frauen und Kinder ermordet hätten, wenn das die Politik des Regimes gewesen wäre? Goldhagen ignoriert nicht die Tatsache, daß Millionen russischer Kriegsgefangener in deutschen Lagern zugrunde gingen, daß es routinemäßig Massaker unter slawischen Völkern gab und daß »Zigeuner« und geistig und körperliche behinderte Deutsche systematisch ermordet wurden. Jeder dieser Massenmorde, schreibt er, hatte seine eigene ideologische Grundlage. Dennoch dürften die Massaker der Wehrmacht an italienischen Kriegsgefangenen (nur wenige Tage zuvor noch Verbündete der Deutschen) 1943 und an Dorfbewohnern in Mittelitalien im Sommer 1944 ebenso wie der Mord an griechischen Männern, Frauen und Kindern im Dorf Komeno darauf hinweisen, daß es weder einer besonderen Art des deutschen Antisemitismus noch überkommener deutscher Ansichten über die Minderwertigkeit der Slawen oder die »Eugenik« bedurfte, um Deutschen ein Motiv für Massaker im Kriege zu liefern, wenn sie vom Regime legitimiert waren.

Eine dritte Frage betrifft die nichtdeutschen Täter und die Bedeutung situationsbedingter Faktoren. Neben den Reservisten mittleren Alters aus Norddeutschland gab es im Reservepolizei-Bataillon 101 ein Kontingent junger Männer aus Luxemburg, das 1940 vom »Dritten Reich« annektiert worden war. Zwei von den Luxemburgern, Jean Heinen und Roger Wietor, schrieben über ihren Kriegsdienst bei der deutschen Polizei kurze Berichte, die 1986 in ihrer Heimat veröffentlicht wurden. Nach diesen Zeugnissen waren die Luxemburger keine Polizeibeamten, sondern Vorkriegsfreiwillige der luxemburgischen Armee. Fünfzehn dieser Luxemburger, zwischen 20 und 24 Jahre alt, wurden Anfang Juni 1942 nach Hamburg geschickt. Einer wurde dort krank, aber vierzehn rückten am 21. Juni mit dem Reservepolizei-Bataillon 101 in den Distrikt Lublin aus. Zwei Aspekte der Berichte von Heinen und Wietor fallen auf. Zunächst stellten sie sich selbst als Opfer der deutschen Einberufung wie auch des Krieges dar. Zweitens schilderten beide Männer die Aktionen der Luxemburger durchgehend als der deutschen Sache nicht dienlich.

Besonders bemerkenswert aber ist, angesichts all dessen, was wir über den Auftrag des Bataillons in Polen wissen, daß keiner der Berichte auch nur die Existenz von Juden erwähnt, ganz zu schweigen von der Teilnahme des Bataillons an ihrer massenhaften Ermordung. Bestenfalls verbirgt sich hinter Bemerkungen Heinens ein schwacher Hinweis. Er vermerkt, obwohl das Bataillon an zahlreichen Einsätzen teilgenommen habe, hätten die Luxemburger ihren ersten Verlust erst Mitte 1943 erlitten. Daher kann es bei den frühen Einsätzen nicht zu schweren Kämpfen mit den Partisanen gekommen sein. Und er schließt, nach dem Krieg sei unter ihnen ein stillschweigender Konsensus zum Schweigen entstanden. »Wenn wir uns heute zufällig begegnen, sprechen wir nicht mehr von unserer Dienstzeit in Polen, oder bestenfalls von den großen Mengen Wodka, der uns viele schwierige Zeiten erträglich machte.«

Die Luxemburger zählten jeden nur möglichen Aspekt abweichenden Verhaltens auf. Hätten sie bei Einsätzen gegen Juden zu denen gehört, die nicht schossen, hätten sie sich das dann nicht auch in den Nachkriegsberichten angerechnet? Viele deutsche Zeugen konnten sich noch zwanzig Jahre später erinnern, wer im Bataillon nicht geschossen hatte, aber die Luxemburger wurden in dieser Hinsicht nie erwähnt. Spielten die Luxemburger in der Erinnerung der deutschen Zeugen in den sechziger Jahren vor allem deswegen keine Rolle, weil sie sich 1942 wie die meisten ihrer deutschen Kameraden verhielten?

Für mich lautet die grundlegende Frage nach wie vor: Wie und warum konnten gewöhnliche Männer wie die Schutzpolizei in Auschwitz – Männer, die »keiner Fliege etwas zuleide tun konnten« – und die Gendarmen in Mir, die Einsätze gegen die Juden als »schmutzig« empfanden, und die Luxemburger im Reservepolizei-Bataillon 101 zu Holocaust-Mördern werden? Ich sehe die Antwort nicht darin, daß sie »Vollstrecker des Genozids sein wollten«, weil sie gegenüber den Juden »eines Sinnes« mit Adolf Hitler waren. Ein dämonisierender deutscher Antisemitismus reicht als Erklärung dafür wirklich nicht aus.

Quelle: DIE ZEIT, 19. April 1996

PETER GLOTZ

Nation der Killer?

Schon wieder ein Historikerstreit in Deutschland? Aus einer
der feinsten Stuben der Vereinigten Staaten, aus Harvard,
kommt ein Buch, das mit dem Anspruch auftritt, einen radikalen Bruch in der historischen Forschung bewirken zu können. Der Autor, Daniel Jonah Goldhagen, Sohn eines aus
Rumänien stammenden jüdischen Historikers, der auch in
Harvard lehrte, verficht in seiner einschüchternd materialrei-
chen, im renommierten Alfred Knopf Verlag erschienenen
Dissertation drei Kernthesen: Die deutschen Massenmörder
der Nazizeit seien nicht SS-Fanatiker gewesen, sondern
»normale Deutsche«. Sie hätten ihre Untaten keineswegs als
Geheimnis behandelt; Millionen hätten davon gewußt. Und
die Treibkraft für das Genozid sei ein spezifisch deutscher
Antisemitismus gewesen, der in Deutschland schon lange
vor Hitler tief verwurzelt gewesen sei. Ein amerikanisches
Magazin überschrieb die Rezension von Goldhagens Buch
mit der Headline: »A Nation of Killers«. Wolf Jobst Siedler
publiziert den brillant geschriebenen, durchgängig in anklä-
gerischem Ton gehaltenen Wälzer zum Herbst in Deutschland; und schon wispern die Auguren von einer neuen,
großen Debatte um die deutsche Schuld, einem »Historikerstreit« eben.

Das sagt mehr über uns, die Deutschen, als über einen
jungen Assistenzprofessor aus Neuengland. Wir haben gemordet, und zwar systematisch, massenhaft und aufgrund
eines ideologischen Wahns. Deshalb sind auch die Nach-
kommen der Mörder oft genug unsicher, liebedienerisch, feige. Könnte uns die kühle, fachgerecht nüchterne Kritik des
Erstlings aus der Feder eines jungen jüdischen Gelehrten
nicht als unsensibles Leugnen ausgelegt werden? Auf dem

Feld der Holocaust-Forschung, so denken viele, ist ein rasches »Jaja« ungefährlicher als trockene Abwägung. So stolpern wir von einer Selbstverständnis-Debatte in die nächste, mit der Gefahr, daß das erstarkende nationale Lager immer plausiblere Argumente zugespielt bekommt. Der nächsten oder übernächsten Generation könnte ihr Gerede vom »deutschen Selbsthaß« glaubwürdig vorkommen.

Kein Zweifel, die Formel von den Morden »im deutschen Namen« ist Geschichtsklitterung. Gemordet haben in der Tat »normale Deutsche«, nicht satanische Orden »im Namen« der Deutschen. Fragt sich nur, ob wir Daniel Goldhagen brauchten, um das herauszufinden. Den entscheidenden Grundtatbestand, nämlich die Einzigartigkeit des Judenmordes im Zweiten Weltkrieg, haben deutsche Historiker immer wieder klar herausgearbeitet. Man sollte sie – zu Ehren von Goldhagen, auch zur unmißverständlichen Klarstellung – ausführlich zitieren, zum Beispiel Hermann Graml: »Erstens hatte die Regierung eines sogenannten Kulturstaats den Massenmord befohlen, es handelte sich mitnichten um Ausschreitungen. Zweitens folgte diese Regierung keineswegs einem Impuls, sie verfolgte vielmehr einen ohne Provokation ausgedachten Plan. Drittens sah der Plan vor, eine nach stark russischen Kriterien definierte Großgruppe der europäischen Bevölkerung auszutilgen (…) Viertens ergab sich aus solchen Elementen eine wahrhaft schreckliche quantitative Dimension des qualitativ furchtbaren Unternehmens. Fünftens wurden die über 5 Millionen Toten der europäischen Judenheit weder politischen noch ökonomischen Interessen der Mörder geopfert, sondern einem ideologischen Wahn.«

Das heißt: Martin Broszats Schule beim Münchner Institut für Zeitgeschichte (aus der Graml stammt), Hans Mommsen, Klaus Tenfelde, aber auch Jüngere wie Götz Aly, Susanne Heim, Hannes Heer und andere argumentieren seit Jahren und Jahrzehnten gegen die vereinfachende Aufteilung der Deutschen in eine kleine Verbrecherbande und eine Mehrheit

»anständiger« Menschen. Goldhagen hat dankenswerterweise länger als ein Jahr Zeugenaussagen ausgewertet, die in der Zentralen Stelle der Landesjustizverwaltung in Ludwigsburg archiviert sind. Deswegen kann er höchst eindrucksvolle Beispiele bedenkenloser und brutaler Mordtaten vorführen; gut, daß diese Geschichten einem größeren Kreis von Lesern bekannt werden. Sensationelle Neubewertungen folgen daraus nicht. Goldhagens Schlußfolgerungen sind teils richtig, aber bekannt, teils richtig, aber überzogen, teils auch falsch. Der Band lohnt die Lektüre; aber nicht, weil sich mit ihm »das Rad der Historiographie um 360 Grad« drehen würde, wie Josef Joffe in der »Süddeutschen Zeitung« meint, sondern weil er die erschütternde Bestialität »normaler« Menschen detailgenau belegt und vielen namenlosen Opfern ein eindrucksvolles Denkmal setzt.

Goldhagens am sensationellsten aufgemachte Enthüllung ist keine. Er schätzt die Zahl der Deutschen, die man als »Vollstrecker des Holocaust« bezeichnen kann, auf mindestens einhunderttausend. »Es wäre aber auch nicht überraschend, wenn es sich um mehr als eine halbe Million handelte.« Diese Hochrechnung ist plausibel, allerdings nicht originell. Natürlich hatten diese SS-Leute, Soldaten, Polizisten, Eisenbahner oder Beamte auch noch Mitwisser; also dürfte es stimmen, daß die Zahl derer, die sich der Komplizenschaft zum Völkermord schuldig gemacht haben, »in die Millionen« geht. Wer die Studien von Hannes Heer zur Wehrmacht oder von Christopher Browning zur Polizei kennt, wird darüber nicht erstaunt sein. Von »Umwertung« keine Rede.

Fragwürdiger ist schon Goldhagens These, die Täter seien an einer Geheimhaltung ihrer Verbrechen gar nicht interessiert gewesen, weil sie so von ihrer entsetzlichen Mission überzeugt waren. Die Nazis haben durchaus versucht, das Ausmaß ihrer Morde und Folterungen auch vor der eigenen Bevölkerung zu verschleiern. Das sieht man schon daran, daß sich jeder, der aus einem KZ entlassen wurde, verpflichten mußte, über das, was er erlebt hatte, strikt zu schweigen. Natürlich wollten viele, die »von nichts gewußt hatten«, auch nichts wissen. Aber es gibt einen Unterschied zwischen Wissen, Ahnung und Vermutung. Selbst Marion Gräfin Dönhoff, eine Beteiligte des Widerstands, gut bekannt mit vielen Mitgliedern des Kreisauer Kreises, hat den Namen Auschwitz erst nach dem Krieg zum ersten Mal gehört, wie ihre Biographin Alice Schwarzer darstellt.

»Man wußte, die Leute werden weggeschafft, in den Osten. Aber daß es keine Arbeitslager, sondern Vernichtungslager waren, das habe ich erst nach dem Krieg erfahren.« Solche Erkenntnisse werden nicht durch Akten widerlegt, die zeigen, daß es einzelne Kompaniechefs im Osten gab, deren Frauen sich Mordaktionen ihrer Männer mit ansehen durften.

Wirklich falsch ist Goldhagens Variante vom »deutschen Sonderweg«. Der deutsche Klappentext, den man sich beim Siedler Verlag besorgen kann, vergröbert diese These noch zu einem »spezifisch deutschen Antisemitismus«. Die antisemitische Ideologie war in Deutschland schon im 19. Jahrhundert weit verbreitet, das ist wahr; Hitler und Goebbels haben sie ab 1933 in Deutschland stärker als anderswo kommunikativ durchgesetzt. Aber spezifisch deutsch? David Goldhagen sollte seine nächste Arbeit über Ante Pavelics kroatische Diktatur schreiben; das könnte auch die amerikanische Kroatienpolitik sinnvoll beeinflussen. Auch in Polen, Litauen, Lettland oder der Ukraine wurzelte ein gnadenloser Judenhaß. Goldhagen distanziert sich zwar in einer Anmerkung von der Idee eines »zeitlosen« deutschen Charakters; über weite Strecken klingt sein Buch aber so, als ob die Deutschen eine besonders imprägnierte, eben deutsche Form des »Auslöschungs-Antisemitismus« entwickelt hätten. Das ist eine »völkerpsychologische Verharmlosung«. In Wirklichkeit tendierte der Judenhaß häufig zur »Auslöschung«, nicht nur in Deutschland; übrigens nicht nur der Haß auf

Juden, auch der auf Muslime, Serben, Tschetschenen, Hutus, Tutsis …

Hier sind wir beim Kern der Kontroverse mit Goldhagen. Ja, Völkermord ist das normale Werk normaler Leute. Es ist aber keine »deutsche Krankheit«, die anderswo nicht auftreten könnte. Es ist überhaupt keine »Krankheit«, die einen befällt, wie ein Virus und von der man ein für allemal geheilt werden könnte. Ganz absurd, wenn Goldhagen die Deutschen von heute pauschal freispricht. »Sie haben sich umerzogen.« Wenn das so einfach wäre! Völkermord ist die Folge von systematisch erzeugtem Haß. Schon richtig, daß seit Jahrhunderten niemand seinen Haß so perfekt ausgelebt hat wie die Deutschen zur Zeit des Nationalsozialismus. Aber der Schoß ist fruchtbar noch, aus dem das kroch – in Jugoslawien, Ruanda, Afghanistan, Tschetschenien, beim Extremismus der Hamas, an 15 oder 20 Brennpunkten dieser Welt.

Die Deutschen werden ihre Zukunft nur bestehen, wenn sie ihre Vergangenheit nicht verdrängen. Sie sollten ein paar von den von Daniel Goldhagen ausgegrabenen Geschichten in ihre Lesebücher übernehmen, sich im übrigen aber nicht in einem unfruchtbaren Streit über schiefe Thesen erhitzen. Keine künstlichen Debatten, wo echte nötig sind.

Quelle: Die Woche, 19. April 1996

MICHAEL WOLFSSOHN

»Die Deutschen« – ein Volk von willigen Judenmördern?

Waren »die Deutschen« im »Dritten Reich« ein Volk überzeugter Judenmörder? Ja, sagt Harvard-Professor Daniel J. Goldhagen. Sie waren (so der Titel seines Buches) »Hitlers willige Vollstrecker«.

Groß, viel größer als bisher allgemein und von der Wissenschaft behauptet, sei die Zahl dieser »willigen Vollstrecker« gewesen, fügt Goldhagen hinzu. »In die Millionen« gehe sie in bezug auf Täter und Komplizen. Der judenmörderische Wille und Wahn »der Deutschen« habe weit in die Vergangenheit zurückreichende, tiefe Wurzeln. Tiefer als in anderen Völkern. Seit dem Mittelalter, besonders vom 19. Jahrhundert bis zur Moderne sei die deutsche Kultur vom mörderischen Antisemitismus überzogen gewesen.

»Nichts Neues unter der Sonne«, hätte Prediger Salomonis dazu gesagt, Déjà vu, déjà lu. Schon gesehen, schon gelesen und inzwischen längst in der Mottenkiste historischer Forschung gelandet.

Goldhagen: »Die meisten anderen Antisemiten wollten die Juden nur aus ihrem Land vertreiben, für die Deutschen waren die Juden metaphysische Feinde.« Lange vor der Nazizeit sei Deutschland »mit Mordgedanken (an Juden) schwanger« gewesen.

Kurzum: Der millionenfache Judenmord gehört für Goldhagen sozusagen zum deutschen Nationalcharakter. Soweit Teil eins seiner Botschaft.

Teil zwei, eher in den vielen Interviews als im Buch verkündet, klingt versöhnlicher, wenngleich aus Goldhagens Mund aufgrund von Teil eins nicht gerade überzeugend und deshalb von der deutschen Öffentlichkeit weniger wahrgenommen.

Falsch ist diese zweite Botschaft wahrlich nicht; ebensowenig wie ganz neu: Nach dem Zweiten Weltkrieg »ist Deutschland ein völlig verändertes Land«. Das moderne Deutschland sei »die Erfolgsgeschichte der Nachkriegszeit. Die Deutschen haben sich zu liberalen Demokraten gewandelt.«

Goldhagen muß es wissen. Erstens hat er im heutigen Deutschland mehrere Monate geforscht. Zweitens zählt die Bundesrepublik Deutschland zu den Geldgebern des »Center for European Studies«. Verbohrte, vermeintlich ewige Antisemiten täten dies wohl nicht.

Alles für die Katz? 50 Jahre zeitgeschichtlicher Forschung, sozialwissenschaftlicher Aufklärung darüber, daß Kollektivaussagen wie »die Juden« oder »die Deutschen« falsch, irreführend und gefährlich sind. Auch die Vorurteilsforschung der letzten fünfzig Jahre scheint an Goldhagen wirkungslos verpufft zu sein.

Deutsche und Deutschland, nicht Eskimos oder Marsmenschen tragen die Verantwortung für den millionenfachen Judenmord (»Holocaust«) und haften für ihn. Soll das (polemisch überzogen) die Botschaft sein? Wer, außer gefährlicher und aggressiver gewordenen Randgruppen, bestreitet sie hierzulande ernsthaft? Die Türen, die aufgerissen werden sollen, sind sperrangelweit offen. Sie wurden nach dem »Gedenkjahr« 1995 keineswegs geschlossen. Sie werden offen bleiben. Die überwältigende Mehrheit »der Deutschen«, »die Juden« und die Welt werden dafür sorgen. Das ist gut und richtig. Schon vor Goldhagen wußten wir: »Der Tod ist ein Meister aus Deutschland.« Paul Celan hat das in seiner »Todesfuge« zeitlos formuliert. Der Bestseller und die TV-Dokumentation von Lea Rosh und Eberhard Jäckel machten jenseits der Lyrikleser These, Titel und Fakten einem Millionenpublikum hierzulande bekannt. Sie waren nicht die ersten und bleiben nicht die letzten. Legion sind im In- und Ausland die wissenschaftlichen und einem breiten Publikum seit Jahrzehnten präsentierten Bücher, Aufsätze und Filme, die eben dies gezeigt haben.

Hier und da ergänzt Goldhagen unser Wissen. Im Bild ausgedrückt: Das Rad ist schon erfunden, und auch Amerika ist bereits entdeckt. Nicht der Ablauf der Geschichte, sondern die Entwicklung der zeitgeschichtlichen Forschung scheint sich wie ein Rad zu drehen – wenn Goldhagens Buch wegweisend wirken sollte, wie es Gordon A. Craig empfiehlt.

Scheinbar angezogen wie der nackte Kaiser mit seinen angeblich neuen Kleidern stolziert Goldhagen mit seinem Buch einher. Anders als in Andersens Märchen »Des Kaisers neue Kleider« fand sich recht schnell mehr als nur ein Bube, der die Nacktheit des Kaisers nicht nur sah, sondern auch an- und aussprach. Das Lob von Craig oder Elie Wiesel ändert nichts an diesem Sachverhalt.

Auf der letzten Tagung der »German Studies Association« wurde Goldhagen von namhaften Kennern und Kollegen in Chicago geradezu verhöhnt. Bedeutende Holocaustforscher wie der Israeli Jehuda Bauer oder der Weltbürger Walter Laqueur haben Goldhagens Buch weggewischt: Inhaltlich und methodisch sei es unbefriedigend.

Das betrifft sowohl die Vorgeschichte als auch die Geschichte des Holocaust. Wie schön wäre es für meine jüdischen Vorfahren gewesen, wenn der mörderische Antisemitismus »nur« auf Deutschland begrenzt geblieben wäre. Millionen hätten die Verfolgungen überlebt.

Goldhagens germanozentrische Sicht ist zutiefst unhistorisch und zudem unjüdisch. In der Pessachgeschichte (»Haggada«), dem jüdischen Erinnerungsbuch schlechthin, heißt es wörtlich: »Nicht nur einmal (nämlich in Pharaos Ägypten) wollte man uns (Juden) vernichten, sondern in jeder Generation gibt es solche, die uns vernichten wollten. Aber der Ewige, gelobt sei Er, rettet uns vor ihnen.« Letzteres war selten der Fall. Entsetzlich; doch eher ein theologisches als historisches Problem.

Auch der Rassenantisemitismus war weder auf Deutschland noch auf das 19. und 20. Jahrhundert beschränkt. »Reinheit des Blutes« forderte die spanische Inquisition schon im 16. Jahrhundert. Für die Juden war Deutschland auch im 19. und frühen 20. Jahrhundert alles andere als ein Paradies.

Aber gerade weil es trotz allem toleranter als andere Staaten war, entflohen die Juden Osteuropas zur Jahrhundertwende dem mörderischen Antisemitismus millionenfach in die USA und vieltausendfach nach Deutschland. Das gehört zum historischen Grundwissen. Als Professor, zumal in Harvard, sollte Goldhagen das wissen. »Ich lese den Sportteil (der Zeitung) immer zuerst«, gestand Goldhagen in einem Interview. Man merkt's.

Während des Holocaust waren zahlreiche Völker Ost- und Westeuropas willige Helfer und Gesellen der deutschen Mordmeister. Das kann keinen deutschen Täter entlasten und deutsche Haftung verringern, aber es gehört zur historischen Wahrheit und eben zum Problem, das Goldhagen zu lösen vorgibt: Weshalb waren Menschen zu diesen Mordtaten bereit? Wie konnte man Täter werden?

Selbst in den Niederlanden ist das seit einigen Jahren eine quälende Frage, obwohl dort Anne Frank und ihre Familie versteckt wurden. Von einer mutigen Minderheit. Die Mehrheit lief mit, und viele machten mit. Diese schmerzliche Wahrheit verkündete Königin Beatrix ihren Landsleuten 1995 in aller Deutlichkeit. Viele hörten es nicht gerne, aber noch mehr setzen sich damit auseinander und lesen nicht zuletzt »Das Attentat« von Harry Mulisch.

Daß und wie sich entsetzlich viele Menschen in Europa mit den deutschen Mordmeistern im Judenmord in fürchterlicher Weise geradezu verbrüderten, haben uns in den letzten Jahren Sachbücher und Romane zuhauf gezeigt. Einige aus meiner Sicht herausragende Namen seien genannt: Als Sachbuch Jörg Friedrich (»Das Gesetz des Krieges«); als Romane Louis Begley (»Lügen in den Zeiten des Krieges«), Robert Bober (»Was gibt's Neues vom Krieg«), Alexander Tisma (»Das Buch Blam«), Janos Niyri (»Die Judenschule«). Beschöniger deutscher Schuld? »Das sei ferne!« um die Worte des Apostel Paulus zu zitieren.

Anders als im Kalten Krieg braucht Goldhagen Deutschland und »die Deutschen« aus blockpolitischen Gründen nicht mehr zu »schonen«. Das enthebt ihn nicht der Pflicht, als Wissenschaftler sorgfältig zu arbeiten.

Unerklärlich ist die Haltung der Leitung des Holocaust-Memorial in Washington DC. Ihr wurde vorgeschlagen, ein dreitägiges Symposium über Goldhagens Buch zu veranstalten. Auch Richard von Weizsäcker, Jürgen Habermas und Günter Grass sollten dabeisein. Daß sie deutsche Schuld relativieren oder aber die Kollektivschuldthese vortragen würden, war nicht anzunehmen. Eingeladen wurden sie jedenfalls nicht.

Daniel Goldhagen ist der Sohn von Erich Goldhagen, der bis vor kurzem Religionssoziologie an der Divinity School (Theologische Fakultät) der Harvard Universität lehrte. Seinem Vater Erich hat Daniel Goldhagen das Buch »Hitlers willige Vollstrecker« gewidmet. Sein Vater Erich sei nämlich sein »ständiger Diskussionspartner« gewesen. Auch das merkt man.

Vor drei Jahren habe ich Erich Goldhagen in Harvard erlebt. Ich stellte Teile meines kürzlich erschienenen Buches »Die Deutschland-Akte« vor.

»Ich glaube das alles nicht.« So kommentierte Erich Goldhagen die Fülle der von mir vorgelegten Tatsachen über »US-Juden und DDR«. Man sollte Vater und Sohn vielleicht doch daran erinnern, daß Geschichte weniger mit Glaubensfragen, Vor- oder Kollektivurteilen und Legenden als mit Tatsachen zu tun hat.

Quelle: Berliner Morgenpost, 24. April 1996, und Rheinischer Merkur, 26. April 1996

JULIUS H. SCHOEPS

Vom Rufmord zum Massenmord

Die Nazis mußten den
Vernichtungsantisemitismus nicht erfinden

So ganz ist die Aufregung nicht zu verstehen. Daniel Goldhagen formuliert in seinem Buch »Hitler's Willing Executioners« (»Hitlers willfährige Vollstrecker«) schließlich manches, was den Fachleuten längst bekannt ist. Alex Bein, Helmut Berding, Werner Jochmann, Wolfgang Benz, Leon Poliakov und viele andere namhafte Antisemitismus-Forscher haben schon vor Jahren Bücher und Abhandlungen zu den Bedingungen und dem Verlauf des Holocaust sowie zu den Motiven der Täter vorgelegt und auf den Zusammenhang von tradiertem antisemitischen Vorurteil und NS-Judenmord hingewiesen. Größere Debatten lösten sie damit nicht aus.

Anders verhält es sich jetzt mit dem Buch von Goldhagen. Seine Thesen sind darauf angelegt, öffentlichen Widerspruch zu erregen. Sind, so sollen wir uns wohl nach der Lektüre seines Buches fragen, tatsächlich alle Deutschen geborene Antisemiten? Und sind die Deutschen für den organisierten Judenmord kollektiv verantwortlich zu machen?

Es ist absurd, »den« Deutschen in ihrer Gesamtheit die Schuld an den NS-Verbrechen anzulasten. Der Vorwurf der Kollektivschuld, der bereits unmittelbar nach 1945 erhoben wurde und damals heftig die Gemüter erregte, wird nicht dadurch einsichtiger, daß man ihn 1996 wieder aufnimmt.

Andererseits waren, wie wir heute wissen, viel mehr Menschen an den Deportationen und Mordaktionen im Osten beteiligt, als zunächst angenommen wurde. Erschreckend an dieser Erkenntnis ist nicht so sehr die Tatsache an sich. Erschreckend ist, daß es nicht nur SS-Männer und NS-Bürokraten waren, die sich aktiv oder passiv an den Morden beteiligten, sondern daß eben auch ganz normale Bürger mitwirkten, Menschen aus allen Schichten, von denen wir das normalerweise nicht erwarten würden.

Vor 1945 wurden die allmählich durchsickernden Informationen über die im NS-Staat begangenen Verbrechen und Mordtaten kaum zur Kenntnis genommen. Zunächst wurde über den organisierten Massenmord nur hinter vorgehaltener Hand getuschelt. Dann, als nach 1945 offen darüber geredet werden konnte, diskutierte man, ob man überhaupt etwas gewußt habe. Und als man sich schließlich zu dem Eingeständnis durchgerungen hatte, daß man vielleicht doch etwas gewußt haben könnte, wurde erörtert, in welchem Ausmaß dieses Wissen verbreitet gewesen sei.

Nach wie vor haben die Deutschen erhebliche Schwierigkeiten im Umgang mit der NS-Vergangenheit. So fällt es ihnen schwer, nach dem Grad der Beteiligung zu fragen: Wer war in die Mordaktionen verwickelt, wer nicht? Vieles ist inzwischen bekannt, anderes bleibt immer noch im Unbestimmten. Bis heute ist unbegreiflich, wie es dazu kam, daß brave Familienväter zu Bestien mutierten und normale Hausfrauen kein Problem damit hatten, ihren Ehemännern, die als Polizeioffiziere in den Osten abkommandiert waren, bei ihrem Mordhandwerk zuzusehen.

Goldhagen operiert mit seinen Feststellungen zugestandenermaßen nahe der Grenze des Erträglichen. In seinem Buch behauptet er zwar nicht, die Deutschen seien allesamt Mörder (einige Zeitungsberichte erwecken fälschlicherweise den Eindruck, als ob Goldhagen das getan hätte); aber er spricht davon, daß die Mordmaschinerie nicht hätte in Gang gesetzt werden können, wenn die »Vollstrecker« nicht einen deutlichen Rückhalt in der Bevölkerung gespürt hätten. Darüber kann man durchaus diskutieren.

Die These der stillschweigenden Billigung belegt Goldhagen unter anderem mit Äußerungen in den Briefen von Angehörigen des Polizeibataillons 101, aber auch mit Photos, auf denen die Ermordung jüdischer Männer, Frauen und Kinder festgehalten wurde. Man sieht auf diesen Bildern lachende SS-Chargen, aber auch freundlich dreinblickende Wehrmachtsoldaten, die offensichtlich stolz darauf sind, bei den Mordaktionen dabeisein zu können. Aus ihren Gesichtern spricht kein Unrechtsbewußtsein, statt dessen die Gewißheit, sich einer Aufgabe verschrieben zu haben, und zwar im Namen von »Führer und Volk«.

Auf Widerspruch stößt Goldhagen vor allem deshalb, weil er in seinem Buch über alle bisher von Historikern vorgelegten Interpretationen weit hinausgeht. Die Fragen, die er stellt, sind radikaler, als sie üblicherweise gestellt werden. Goldhagen geht es nicht darum, nur eine Antwort auf die Frage zu finden, ob es einen Befehl zum Judenmord gegeben hat. Sich damit zu beschäftigen ist vor allem eine Spezialität deutscher Historiker. Ihm geht es um die Gründe, die Motive, die viele Deutsche dazu brachten, zu Hitlers »willfährigen Vollstrekkern« zu werden – und letztlich um den Nachweis, daß ein allgemein verbreitetes Bewußtseinsklima den NS-Judenmord erst möglich gemacht hat.

Goldhagen geht davon aus, daß der Vernichtungsantisemitismus keine Erfindung der Nazis war, sondern seine Wurzeln in den tiefsten Schichten der deutschen politischen Kultur hatte. Diese These ist nicht neu, ist aber durch die zugespitzte Form, in der sie vorgetragen wird, in höchstem Maße irritierend. Die Kritiker stoßen sich vor allem daran, daß Goldhagen in seiner Argumentation keinerlei Rücksichten nimmt. Das dürfte denn auch der Grund sein, daß sie ihn abqualifizieren mit Bezeichnungen wie »Heißsporn«, »Nachwuchswissenschaftler« oder »Junior-Professor«. Süffisant verweisen sie darauf, daß sich Goldhagen an keine der gängigen Interpretationen halte, sondern im Gegenteil geradezu darauf versessen sei, sich mit allen anzulegen, die sich bisher wissenschaftlich mit dem NS-Judenmord befaßt haben.

Letzteres ist zweifellos die Schwäche des Buches, zugleich aber, so paradox es klingt, auch seine Stärke. Es zwingt nämlich den Leser, sich mit Goldhagens Überlegungen auseinanderzusetzen. Er hat in jedem Fall recht, wenn er darauf verweist, daß der Vernichtungsantisemitismus eine lange Tradition im christlichen Europa hat. Das von der Kirche geprägte Judenbild war zweifellos in hohem Maße verantwortlich für die Einstellung und die Politik gegenüber den Juden. Die Feinde der Juden, die für deren Ausgrenzung eintraten, waren zumeist gute Christen und Kirchgänger. Sie kamen gar nicht auf die Idee, daß mit ihrer Haltung gegenüber den Juden etwas nicht stimmen könne. Sie glaubten vielmehr, mit ihren Attacken auf die Juden rechtschaffen zu handeln.

Der Antisemit Hartwig von Hundt-Radowsky zum Beispiel war von keinerlei Skrupeln geplagt und fühlte sich vermutlich im Einklang mit dem Zeitgeist, als er in seinem 1819 in Würzburg erschienenen *Judenspiegel* anregte, Jüdinnen ins Bordell zu stecken, jüdische Männer zu kastrieren, sie in Bergwerken nur noch unter Tage arbeiten zu lassen oder sie an die Engländer zu verkaufen, die sie in ihren überseeischen Kolonien als Sklaven vermarkten sollten.

Mit Hundt-Radowskys Forderung, die Juden auszurotten oder sie zumindest aus Deutschland zu vertreiben, war zu Beginn des 19. Jahrhunderts eine neue Stufe der Judenfeindschaft erreicht, die als eine Frühform des modernen Vernichtungsantisemitismus gelten kann. Nicht wenige Deutsche sympathisierten mit Parolen dieser Art und waren bemüht, diese noch zusätzlich mit distanzierenden Bildern zu unterlegen wie dem des »Parasiten«. Es suggerierte, der Jude lebe auf Kosten anderer, erschleiche sich durch Schmeichelei und Unterwürfigkeit Vorteile, ohne wirklich produktive Arbeit zu leisten. Wenn Hitlers Schergen über den Toren mancher Konzentrations- und Vernichtungslager zynische Inschriften wie »Arbeit macht frei« anbrachten, entsprach das vermutlich – wie Goldhagen zu Recht bemerkt – dem verinnerlichten Judenbild vieler Deutscher.

Der Erfolg, den Hitler und seine Paladine bei den Deutschen hatten, läßt sich vor allem damit erklären, daß die von den Nazis propagierte völkische Ideologie letztlich einen christlich-religiösen Kern hatte. Der Antisemitismus, und das ist auch Goldhagens expressis verbis geäußerte Überzeugung, spielte dabei nicht eine periphere, sondern *die* zentrale Rolle. Als Beleg sei die bekannte Hitler-Formulierung angeführt, die dieser in seinem Bekenntnisbuch »Mein Kampf« niederschrieb und die immer wieder zitiert wird: »So glaube ich heute im Sinne des allmächtigen Schöpfers zu handeln: Indem ich mich des Juden erwehre, kämpfe ich für das Werk des Herrn.«

Die antijüdischen Stereotypen haben vor 1933 und besonders danach das Bewußtsein der Deutschen in starkem Maße geprägt. Hitler und die Nazis kannten die Wirkung dieser Stereotypen und haben sie gezielt eingesetzt, um die Judenfeindlichkeit in der Bevölkerung noch weiter anzufachen. Zahllos waren die Publikationen, mit denen die Nazis die Vorurteile schürten. Das »Bilderbuch für Groß und Klein« einer gewissen Elvira Bauer (Stürmer Verlag, Nürnberg 1936) ist ein gutes Beispiel. Das Buch, ein Machwerk übelster Art, das den Titel trug »Trau keinem Fuchs auf grüner Heid und keinem Jud bei seinem Eid« und in hoher Auflage verbreitet wurde, war darauf angelegt, die Bevölkerung aufzuhetzen und geistig auf das Kommende vorzubereiten. Es bleibt zu prüfen, ob nicht diese Literatur dazu beigetragen hat, bei vielen Deutschen die letzten Hemmungen abzubauen. Einiges spricht dafür.

Quelle: DIE ZEIT, 26. April 1996

FRANK EBBINGHAUS

Warum ganz normale Männer
zu Tätern wurden

Für die einen steht ein neuer Historikerstreit ins Haus. Andere rümpfen mit Karl Kraus die Nase: Man könnte solchen Thesen nicht widersprechen, ohne sich dumm zu machen. Doch in einem Punkt sind sich fast alle einig: Das Buch ist schlecht, vor allem aber kalkuliert skandalös. Aber der Berliner Siedler Verlag kann sich freuen. Wenn, wie geplant, im August die deutsche Ausgabe des Buches »Hitler's Willing Executioners« (zu deutsch etwa: Hitlers willige Vollstrecker) von Daniel Jonah Goldhagen erscheint, werden die Kassen vermutlich kräftig klingeln. Denn das Werk, seit wenigen Wochen in Amerika auf dem Markt, schlägt schon jetzt hohe Wellen bis nach Deutschland.

Was der junge Harvard-Dozent großspurig als »Revision« ankündigt, ist nichts anderes als die Auferstehung einer wissenschaftsgeschichtlichen Leiche, die längst zu Staub zerfallen schien: die These von der Kollektivschuld aller Deutschen an der Vernichtung der europäischen Juden im Zweiten Weltkrieg. Goldhagens Begründung: Der Holocaust sei nur die konsequente Folge des Antisemitismus, der in der deutschen Gesellschaft seit dem 19. Jahrhundert grassierte. Als Hitler den Befehl zur Ausrottung der Juden gegeben habe, sei ein Heer von Überzeugungstätern begeistert zur Ausführung geschritten.

»Die antisemitischen Vorstellungen der Deutschen über Juden«, schreibt Goldhagen, »waren das zentrale Handlungsmotiv für den Holocaust«. Und zwar »nicht nur für Hitlers Entscheidung, das europäische Judentum zu vernichten, sondern auch für die Bereitschaft der Täter, Juden zu ermorden.« Sein Fazit: »Antisemitismus veranlaßte viele Tausend ganz normaler Deutscher – und hätte Millionen mehr mobilisiert, wenn sie in entsprechende Positionen gelangt wären –, Juden abzuschlachten.« »No Germans, no Holocaust«, lautet der simple Umkehrschluß.

Damit befriedigt Goldhagen das Bedürfnis nach einer moralisch induzierten Erklärung des größten Verbrechens der Menschheitsgeschichte – und trifft damit einen Schwachpunkt der etablierten NS-Forschung: Ihre moralische Indifferenz.

Wenn der Holocaust, wie etwa der amerikanische Forscher Raul Hilberg meint, eine bürokratisch organisierte, arbeitsteilige Massentötung im industriellen Maßstab war, wen – Schreibtischtäter oder SS-Schergen – trifft dann noch die Schuld? Zumal auch der Streit zwischen Intentionalisten und Funktionalisten längst entschieden schien: Nicht ein Befehl Hitlers, wie die Intentionalisten meinen, sondern konkrete, von den Deutschen nicht erwartete Entwicklungen im Zweiten Weltkrieg führten schließlich zur systematischen Ausrottung der europäischen Juden. Die Funktionalisten können zwar auf ein hohes Maß an Plausibilität ihrer Argumentation verweisen und darauf, daß ein »Führerbefehl« bis heute nicht gefunden wurde. Doch moralisch werden Hitler und seine Schergen damit scheinbar ein Stück weit entlastet: Sie hatten den Judenmord nicht von Anfang an geplant – trotz ihres mörderischen Antisemitismus.

Zudem erweitern umfassendere Interpretationsansätze, etwa von Detlef Peuckert, den Blick auf andere Opfergruppen wie Geisteskranke, Sinti und Roma oder Homosexuelle. Und nicht nur auf die: Selbst sogenannte volksdeutsche Umsiedler, die an die Stelle der vertriebenen und ermordeten Polen und Juden nachrückten, erhalten, wie jüngst durch den Berliner Historiker Götz Aly, den Opferstatus: Mochten sie »noch so sehr mit dem Dritten Reich sympathisiert haben und selbst aktive Nazis gewesen sein, wurden sie doch auf

141

demselben bevölkerungspolitischen Rangierbahnhof verschoben wie die Juden«.

Sind solche Erkenntnisse auch wissenschaftlich begründet, klare Schuldzuweisungen und die besondere Opferrolle der Juden rücken so ein Stück weit in den Hintergrund.

Goldhagen verläßt deshalb die Sphäre kühler, struktureller Erklärungsansätze historischer Seminare und führt seine Leser zu den Mördern an die Erschießungsplätze und Massengräber. Dort, wo die Henkersknechte ihr grausiges Werk verrichten, wo »Blut, Knochen und Gehirn« der jüdischen Opfer herumfliegen und ihre Mörder bespritzen, sucht er Erklärungen für den Holocaust. Was, wenn nicht tiefe innere Überzeugung, könne ganz normale Menschen zu solchen Grausamkeiten veranlassen, lautet die Frage, die Goldhagen stilistisch brillant und mit hoher Suggestionskraft wiederholt.

Dagegen kommt sein Forscherkollege Christopher R. Browning zu beunruhigenderen, weil differenzierteren Befunden. Er hat »Ganz normale Männer. Das Reserve-Polizeibataillon 101 und die ›Endlösung‹ in Polen« untersucht (Rowohlt, Reinbek, 1992), eine Einheit der deutschen Ordnungspolizei, die 1942/43 in Polen mindestens 38 000 Juden – zumeist arbeitsunfähige Alte und Kranke, Frauen und Kinder – erschoß und mehr als 45 000 Juden nach Treblinka deportierte. Rassistische Sadisten befanden sich in der Unterzahl. Kaum einer war kriegserfahren, die meisten hatten noch nie ihr Gewehr benutzt. Manche Unteroffiziere waren nur deshalb in der Einheit, um der Einberufung zur Wehrmacht zu entgehen. »Alles andere als geeignetes ›Material‹ zur Heranbildung zukünftiger Massenmörder«, so Browning.

Niemand mußte schießen: Das stellte der Kommandant jedem vor dem ersten Einsatz frei. Doch nur »zehn oder allerhöchstens 20 Prozent« der 500 Mann verweigerte den Morddienst. Der Rest entwickelte sich – oft erst nach großer Überwindung – zu grausamen Killern. Für Goldhagen, der dasselbe Bataillon untersucht hat, ein klarer Fall von antisemitischer Mordlust. Browning dagegen zieht mit Hilfe anthropologischer und psychologischer Forschungsergebnisse andere Schlüsse: ein subtiler gruppendynamischer Druck, die Entmenschlichung der Opfer durch rassistische Indoktrination und die Kriegslage ergaben ein Gemisch, das ganz normale Männer zu Mördern mutieren ließ. Kein Grund für einen Freispruch, meint Browning: »Die Verantwortung für das eigene Tun liegt letztlich bei jedem einzelnen.«

Auch der Gesamtprozeß der Judenvernichtung entzieht sich monokausalen Erklärungen. Für die Verdrängung der Juden aus der deutschen Gesellschaft, ihre Entrechtung und Erniedrigung bis hin zur Ermordung war Antisemitismus gewiß ein zentrales Motiv. Für ihre systematische Vernichtung, so neuere Forschungsarbeiten, reichte Judenhaß allein aber nicht aus. Entscheidungsabläufe einer Diktatur seien prinzipiell »ideologisch vernebelt«, schreibt Götz Aly in seinem neuesten Buch (»Endlösung. Völkerverschiebung und der Mord an den europäischen Juden.« S. Fischer Verlag, Frankfurt/M., 1995). Er plädiert für »kritische Vorbehalte gegenüber der Scheinhaftigkeit aller Ideologie«.

Aly ist Vorreiter einer neuen Historikergeneration, die seit dem Fall des Eisernen Vorhangs die Archive Polens und der früheren Sowjetunion nutzen. Die Akten, die er und andere Forscher dort auswerten, gehen teilweise weit über ältere Befunde hinaus. Kriegsziele, Judenpolitik und die geplanten gewaltigen Völkerverschiebungen im Osten ergaben eine äußerst störanfällige Kombination. Kaum waren die Pläne der »Herren der ›organisierten Völkerwanderung‹« beschlossen, schreibt Aly, liefen sie sich schon »in der widrigen Wirklichkeit fest«. Am Ende waren alle Deportationsprojekte gescheitert, die Juden starben dort, wo sie waren: in den Vernichtungslagern des besetzten Polen.

Noch gibt es viele Wissenslücken, selbst der Beginn des systematischen Vernichtungsprogramms – vermutlich im

Frühjahr 1942 – läßt sich nicht exakt datieren. Doch Regionalstudien, wie die des Bielefelder Zeithistorikers Thomas Sandkühler über die »Endlösung in Galizien. Der Judenmord in Ostpolen und die Rettungsinitiativen von Berthold Beitz 1941–1944« (Dietz, Bonn, erscheint voraussichtlich im Herbst 1996) zeugen vom Eifer der Beamten am Ort bei der »Lösung der Judenfrage«.

Bereits im Juli 1941 wurde Galizien, das Gebiet mit der dichtesten jüdischen Besiedlung in ganz Europa, dem Generalgouvernement zugeschlagen – eine für die Juden verheerende Entscheidung. Denn dessen Leiter, Hans Frank, hatte von Hitler die allgemeine Zusage erhalten, seinen Machtbereich als ersten »judenfrei« machen zu dürfen. Doch die weitere Deportation nach Osten – auch dort hätte auf viele der sichere Tod gewartet – scheiterte bereits im Oktober des Jahres 1941.

Zuerst wurden nur die arbeitsunfähigen Juden Galiziens erschossen. Wer arbeiten konnte, landete bei Wehrmachtsbetrieben oder dem Straßenbauprojekt DG4, einer gigantischen Auffahr-Rampe in die Sowjetunion. Erst zu diesem Zeitpunkt wurden Arbeitslager eingerichtet.

Es begann ein mörderisches Zusammenspiel zwischen Distriktverwaltung und Sicherheitspolizei (Sipo). Die Juden wurden ausgehungert, Krankheiten breiteten sich aus. So kam es, daß die Juden immer mehr dem Bild ihrer Peiniger vom »Untermenschen« entsprachen. Das war Anlaß für einige routinierte Killer aus den Reihen der Sipo loszuschlagen. Die Blutorgie, die diese »überzeugten Massenmörder mit einschlägiger Gewaltsozialisation« (Sandkühler) lostraten, überstieg jedes Maß. Weil die Massenerschießungen in aller Öffentlichkeit stattfanden und ihnen immer mehr Arbeitskräfte zum Opfer fielen, wollte die Verwaltung den Prozeß eindämmen. Also plante sie für die unauffällige, aus Tätersicht »humanere« Tötung ein Vernichtungslager.

Damit wurden Fakten geschaffen. Erst die Entmenschlichung der Juden per Verwaltungsakt machte sie zu perfekten Opfern. Antisemitismus ist für Sandkühler nur mittelbar ein Tatmotiv. Geldgier und Ordnungssinn der Sipo-Mörder (»Die Juden müssen weg!«) schufen einen unerhört radikalen Lösungsweg, den übergeordnete Stellen rationalisierten und damit weiter zuspitzten. Und stets konnten sie dabei auf das Wohlwollen des »Führers« bauen.

Sandkühlers Dissertation zeigt aber auch, wie leicht das Vernichtungssystem ins Stottern kommen konnte: durch den beherzten Einsatz einer humanitär gesinnten Autorität. Das war Berthold Beitz, damals junger Manager der Karpaten-Öl und nach dem Krieg einflußreicher Chef beim Essener Stahlkonzern Krupp. Als Beitz im Juli 1941 nach Galizien kam, hatte er keine Ahnung, was ihn erwartete. Bereits am Tage nach seiner Ankunft wurde er Zeuge eines grauenhaften Pogroms: Ukrainische Nationalisten trieben Juden auf öffentlichen Plätzen zusammen und massakrierten sie.

Beitz organisierte Rettungsinitiativen, holte Juden von Erschießungsplätzen und aus Viehwaggons. Als im Sommer 1942 die Deportationen in die Gaskammern begannen, »beförderte« er immer mehr seiner Arbeitskräfte samt Angehörigen zu unentbehrlichen Facharbeitern. So konnte er den Vernichtungsdruck ein Stück weit aufhalten. Sein wichtigster Kooperationspartner wurde Fritz Hildebrand, Judenreferent beim galizischen SS- und Polizeiführer Katzmann. Solange dieser »subalterne Kleinbürger mit Doppelgesicht« (Sandkühler) unter Beitz' Einfluß stand, versorgte er die Juden der Karpaten-Öl mit Nahrung und Kleidung. Doch als im Februar 1943 die Auflösung der Arbeitslager begann, wurde Hildebrand zum Todesengel. Nach Beitz' Einberufung zur Wehrmacht im März 1944 fiel Hildebrand auch über die Juden der Ölgesellschaft her. Viele von ihnen endeten in Auschwitz.

Wer dieser verzweigten Hölle der Endlösung nur mit dem Antisemitismus-Argument beikommen will, macht es sich zu leicht. Ein »Führerbefehl« zur Judenvernichtung, meint Götz Aly, wäre sogar kontraproduktiv gewesen. Dennoch hat Goldhagen alle Chancen, einen neuen Historiker-Streit auszulösen. Emotionalisierung und Vereinfachung sind dazu ein probates Mittel.

Quelle: Die Welt, 27. April 1996

MOSHE ZIMMERMANN

Die Fußnote als Alibi

Die Arroganz läßt nicht lange auf sich warten: bereits auf Seite 9 seines Buches »Hitlers willige Vollstrecker« proklamiert Daniel Goldhagen, das Werk sei die Revision dessen, was bisher insgesamt über die Frage nach der Entstehung des Holocausts geschrieben wurde. In den USA und in Deutschland befindet man sich bereits mitten in einer intensiven, aufgeregten Diskussion über die inhaltlichen Aspekte dieser Revision. In Israel dagegen – und hier vor allem unter dem breiteren Lesepublikum – verursacht diese »Revision« keine besonders große Aufregung, und zwar aus einem ganz einfachen Grund: Goldhagens revisionistische Auslegung der Geschichte des Holocausts stimmt mit der traditionellen, laienhaften israelischen Auffassung zu diesem Themenkomplex überein.

Die Kollektivschuld der Deutschen, der grausame Charakter der Deutschen und der »ewige deutsche Antisemitismus« waren in Israel stets Topoi, die – aller wissenschaftlichen Interpretationen zum Trotz – als gängige Erklärung für die Schrecken der Shoah herangezogen wurden. Beinahe das gesamte von Goldhagen gebotene Material – von der These über detaillierte Darstellungen bis hin zu photographischen Aufnahmen – ist in Israel, und nicht nur dort, bereits vertrautes Allgemeingut geworden. Vor allem diejenigen, die sich weniger mit der Erforschung des Holocausts und des Nationalsozialismus beschäftigen, müssen das Werk als bloße Bestätigung ihrer Positionen und keineswegs als überraschend innovative Revision betrachten.

Anders als die Laien sollten jedoch die Historiker reagieren – in Israel ebenso wie in Amerika und Deutschland oder an andern Orten. Ein Werk, das Mythologisierungen verbreitet und den Prozeß der »Historisierung« der NS-Zeit und des Holocausts zu verhindern sucht, muß auf kritische Reaktionen stoßen.

Im Hinblick auf die Darstellung des millionenfachen Mordes an Juden außerhalb der Gaskammern wird sich die Diskussion vermutlich nur auf den Unterschied zwischen Goldhagen und Browning (»Ganz normale Männer«) beschränken. Darüber herrscht Konsens, daß nicht nur die SS, nicht nur die Einsatzgruppen, nicht nur die Wehrmacht, die immer stärker von der modernen historischen Forschung in die Verantwortung für die Massenmorde einbezogen wird, sondern auch »Ganz normale Deutsche« wie die Männer des Bataillon 101 der Hamburger Polizei als aktive, grausame Täter beteiligt waren. Browning, dessen Buch bereits 1992 erschienen ist, und seine Schule werden argumentieren, daß, ein Zehntel bis ein Fünftel dieser Menschen die Teilnahme an den Untaten verweigern wollte; Goldhagen und seine Anhänger werden dies bestreiten.

Dieser Unterschied ist jedoch für die gegenwärtige Debatte unerheblich und marginal. Goldhagens Beitrag ist insgesamt eine interessante und detaillierte Ergänzung der vorhandenen Kenntnisse, jedoch keine grundsätzliche Revision unseres Wissens über die Durchführung des Holocausts. Es ist wichtig, die Geschichte der unmittelbaren Täter, der Schlächter und Peiniger der Juden, nicht nur die Geschichte der »Prominenz« des Massenmordes oder der Schreibtischtäter zu schreiben. Nur sollte man dabei nicht vergessen, daß diese Täter auch vor Goldhagen und vor Browning bereits Gegenstand der Forschung waren. Im Hinblick auf diese Täterkategorie unterscheidet sich die angeblich innovative Erklärung Goldhagens, nach der es nicht um Zwang, Gehorsamkeit und Konformität, sondern um die innere Überzeugung und Motivation ging, nicht radikal von den existierenden Erklärungen, darunter die Arbeit G. Alys. Und die Brutalisierung des gesamten deutschen Militärs durch die NS-Ideologie stand bereits im Zentrum der Arbeit von O. Bartov.

Mit einem großen Problem wird der Leser durch die Verwendung der zahlreichen durch »if« eingeleiteten Konditionalsätze an manchen Stellen und die bewußte Vermeidung dieser konditionalen Struktur an wiederum anderen Stellen des Buches konfrontiert. Zweifellos muß betont werden, daß es mehr als 10 000 oder 100 000 Täter gegeben hat und daß die moralische Schuld auf den Schultern von vielen Tätern (einer halben Million?) und noch mehr Mitläufern lastete und lastet. Aber die Vermutung, nach der der Antisemitismus nicht nur Tausende Durchschnittsdeutsche zum Mord an den Juden geführt hat, sondern weitere Millionen dazu bewogen *hätte*, wenn ihnen die Gelegenheit gegeben worden wäre, ist nicht nur gewagt, sondern keineswegs nachzuweisen.

Hier wird erneut eine falsche Kollektivschuld konstruiert. Wie sehr die Logik den Verfasser im Stich läßt, zeigt seine Darstellung der Reaktion der deutschen Bevölkerung auf die Reichspogromnacht von 1938. Die einseitige Interpretation der Reaktion als quasi einstimmige Unterstützung einer radikalen Lösung der »Judenfrage« findet in der Forschung kaum Unterstützung. Widersprechende Positionen und Argumente (Schleunes, Mommsen, Adam) verweist Goldhagen jedoch zusammen mit anderen für ihn nicht akzeptablen Interpretationen in eine Fußnote, und zwar ohne sich mit ihnen auseinanderzusetzen.

Auch die Schlußfolgerungen, die Goldhagen aus der neuen Forschung zieht, sind widerlegbar: Die geringe Zahl der in Robert Gellatelys Buch »Die Gestapo und die deutsche Gesellschaft« genannten Gestapo-Akten über Kritiker an der NS-Judenpolitik beweist ja nicht unbedingt, wie Goldhagen behauptet, daß alle anderen Deutschen Befürworter der »Endlösung« oder sogar bereit waren, beim Mord mitzumachen. Hitler, den Goldhagen ansonsten immer wieder beim Wort nimmt, wird dagegen nicht ernst genommen, wenn er sich in einem seiner »Tischgespräche« am 15. Mai 1942 darüber beschwert, daß es allzu viele Deutsche gebe, die Einwände gegen die »Aussiedlung« der deutschen Juden hätten.

Das »Was-wäre-Wenn« – wenn die anderen Deutschen auch die Gelegenheit zum Judenmord gehabt hätten – steht also auf tönernen Füßen. Auf andere nicht weniger aufschlußreiche Konditionalsätze wird hingegen verzichtet: Was wäre, wenn Deutschland den Ersten Weltkrieg gewonnen hätte? – Dann hätte sich Goldhagen mit der These des Historikers Namier auseinandersetzen müssen, nach der der Sieg Deutschlands im Ersten Weltkrieg den Weg für den Rechtsextremismus in Frankreich geebnet hätte und nicht in Deutschland für Hitler; oder mit der These G. Mosses, nach der für den Durchschnittseuropäer im Jahr 1913 die Möglichkeit eines jüdischen Holocausts nicht ausgeschlossen war, da man »nicht wußte, was die Franzosen vorhaben«. G. Mosse, einer der wichtigsten über den Nationalsozialismus arbeitenden Historiker, wird von Goldhagen in der Regel ignoriert. Aber gerade das Thema der Brutalisierung durch den Ersten Weltkrieg darf man in einem derartigen Buch nicht ignorieren.

Damit kommen wir zur Schwachstelle der Arbeit Goldhagens – die Behandlung des deutschen Antisemitismus. Dieser ist einer der drei Grundpfeiler seiner Holocaust-Erklärung. Der Antisemitismus sei das Axiom der deutschen Gesellschaft gewesen. Es habe sich um einen Antisemitismus der besonderen Art gehandelt. Um diese Besonderheit nachzuweisen, muß man allerdings vergleichen – und zwar den deutschen Antisemitismus mit anderen Antisemitismen.

Dies erspart sich Goldhagen mit folgender, am Ende seiner Ausführungen gegebenen Begründung. »Gerade weil es nicht der Antisemitismus alleine war, der den Holocaust verursacht hat, ist es nicht nötig, den Unterschied zwischen dem deutschen Antisemitismus und dem Antisemitismus in den anderen Ländern aufzuzeigen.« – Wie kann man also die Besonderheit des deutschen Antisemitismus nachweisen? Goldhagen spürt, daß er dem Leser den trotz alledem notwendigen Vergleich schuldig bleibt, deswegen fügt er hinzu: »Man muß darauf hinweisen, daß in keinem anderen europäischen Land der Antisemitismus annähernd *alle*… Merkmale des deutschen Antisemitismus aufweisen konnte… der deutsche Antisemitismus war *sui generis*.«

In diesem Zusammenhang fehlt nicht nur der richtige Vergleich zur Bestätigung der aufgestellen Hypothese, sondern auch und vor allem die kompetente Auseinandersetzung mit dem Thema »Antisemitismus« überhaupt. Goldhagen behauptet, der Antisemitismus sei in Deutschland nicht nur seit dem Mittelalter verankert, sondern auch überall – also in allen Lebensbereichen verbreitet gewesen. Das Wort »ubiquituous« kommt immer wieder vor. Mehr noch: Goldhagen meint, es müsse nicht bewiesen werden, daß die Menschen in Deutschland Antisemiten waren. Vielmehr liege die (umgekehrte) Last bei der Gegenseite – nämlich zu beweisen, daß Deutsche nicht Antisemiten waren.

Ausgangspunkt für Goldhagen ist die Tatsache, daß in der Nazizeit der Antisemitismus zur Staatspolitik erhoben wurde. Antisemitismus als normaler Zustand der Deutschen ist also das tragende Element in Goldhagens Interpretation. Darüber hinaus, so Goldhagen, habe sich der Antisemitismus in Deutschland, anders als etwa in den USA, nicht in der Stigmatisierung der Juden als »andersartig« erschöpft. Er habe zudem die Juden als die Verkörperung des Bösen schlechthin betrachtet. Dieser Antisemitismus sei seit je »eliminatorisch« gewesen.

Da Goldhagen unter »eliminatorischem« Antisemitismus auch das liberale Verlangen nach jüdischer Assimilation versteht, fragt man sich, welcher Antisemitismus nicht eliminatorisch war und welche spezifische Art von europäischer Antisemitismus in Deutschland herrschte. Hier holt Goldhagen vor allem die Arbeiten von Sterling, Felden und Jochmann (selektiv) zu Hilfe. Wo aber bleiben Volkov, Levy und Heilbronner, die die Kontinuität bzw. die besondere Intensität des deutschen Antisemitismus bestreiten?

Immer wieder meint Goldhagen, daß seine Position »incontestable« sei – insbesondere dort, wo die Beweise fehlen. Allein die Dreyfus-Affäre oder die Petlura-Pogrome zeigen ebenso wie die internationalen Antisemitenkongresse gegen Ende des 19. Jahrhunderts, wie verbreitet der Antisemitismus außerhalb Deutschlands war; und der Umstand, daß die antisemitischen Parteien in Deutschland zusammen mit den Konservativen vor dem Ersten Weltkrieg parlamentarisch eine kleine Minderheit bildeten, widerlegt ja auch wohl die Annahme eines Primats des Antisemitismus in der deutschen Politik. Und weiter: Waren alle deutschen Juden wirklich »Autisten«, oder stellt nicht eher Goldhagens Position, der Antisemitismus sei in der Weimarer Republik einfach »endemisch« gewesen, die Verhältnisse übertrieben oder mindestens vereinfacht dar?

Der Antisemitismus in Deutschland darf selbstverständlich nicht unterbewertet werden. Aber Goldhagens Konstrukt ist verzerrend und tendenziös. Gleiches gilt auch für seine Darstellung der NS-Judenpolitik: Daß die Nationalsozialisten von Anfang an auf die Ermordung der Juden als einzige Möglichkeit bedacht waren und sich nicht, wie die alternative Interpretation lautet, unter anderen Umständen auch mit weniger radikalen Maßnahmen begnügt hätten, kann Goldhagen nicht nachweisen. Die Vermutung, die Juden wären auch nach einer Vertreibung nach Madagaskar durch die Nationalsozialisten ermordet worden, illustriert seine idiosynkratische Denkart.

Fußnoten spielen bei Goldhagen in der Regel die Rolle des Alibis. Der Leser, der bei länger andauernder Lektüre immer stärker den Eindruck gewinnen muß, »die Deutschen« seien in jeder Hinsicht und vor allem in ihrem Antisemitismus *sui generis*, wird erst auf Seite 390 auf die Fußnote 38 verwiesen, die (auf Seite 582) kleinlaut darauf aufmerksam macht, daß es natürlich keinen zeitlosen deutschen Charakter *(timeless German character)* gebe. Der Text selbst versucht jedoch, den Beweis für das Gegenteil zu liefern.

Wo die Grenze zwischen »deutsch« und »nicht-deutsch« liegt, kann der Leser nicht wissen: Darf man die Schweizerdeutschen auch zu den Deutschen zählen? Oder die Österreicher – die vielleicht ebenso deutsch wie die Deutschen des Deutschen Reiches waren? Und wie steht es mit den deutschen Juden? Worin unterschieden sich die assimilierten und akkulturierten Juden von anderen Deutschen? Eine mythologische oder gar quasirassistische Definition des Begriffes der »Deutschen«, wie sie bei Goldhagen wohl im Hintergrund steht, ist wissenschaftlich und moralisch nicht zu akzeptieren.

Hätte sich Goldhagens Arbeit auf die Analyse der Täter und des Mordes konzentriert, auf den weniger erforschten Mord außerhalb der Gaskammern, auf die Intensität der antisemitischen Motivation der Täter, ohne dazu das Bild des »ewigen deutschen Antisemiten« heranzuziehen und ohne eine neue Kollektivschuld zu konstruieren, dann müßte das Buch als besonders wertvoll beurteilt werden. Daß Browning ihm hier thematisch zuvorgekommen ist, könnte vielleicht – zusammen mit einer eventuellen Richtungsweisung durch den Vater und Lehrer Erich Goldhagen – die »Notwendigkeit« dieser eher bombastischen Erweiterung des Werkes erklären.

Daß Goldhagen selber erkannt haben mag, wie stark seine Studie gerade durch diesen fragwürdigen Aspekt geschwächt wird, zeigen seine eigenen Zusammenfassungen in der »New York Times« und der »Zeit«, die die These des »ewigen deutschen Antisemitismus und seines Sonderwegs« verschweigen oder zumindest aus dem Mittelpunkt der Darstellung nehmen. Dieser Rückzug des Autors deutet an, worauf sich die Diskussion eigentlich beschränken sollte. Aber dann verlöre die bereits entfachte Debatte ihre Brisanz und wohl vor allem ihre populäre Attraktivität.

Quelle: Neue Zürcher Zeitung, 29. April 1996

WALTER MANOSCHEK

Der Judenmord als Gemeinschaftsunternehmen

Daniel Jonah Goldhagen hat im Prinzip recht –
aber er argumentiert eindimensional

»Muss i denn, muss i denn zum Städtele hinaus«, sangen die Angehörigen des ehemaligen Polizei-Bataillons Wien-Kagran, als sie im Juni 1941 von Wien aus Richtung Osten zogen. Wenige Wochen später notierte ihr Bataillonsschreiber:
»10. 8. 41: 7.00 Liquidierung der im Gefangenensammellager Bialowiza untergebrachten Juden. Es wurden 77 Juden männlichen Geschlechts im Alter von 16 bis 45 Jahren erschossen.

12. 8. 41: Vormittags Exerzierausbildung. Nachmittags Instandsetzen der Waffen und Fahrräder.

14. 8. 41: 4.00 Durchführung der Judenaktion in Barewka-Mala. 285 Juden wurden erschossen.

1. 9. 41: 5.30 Durchführung der Exekution der am Vortage festgenommenen Juden etwa 10 km ostwärts Minsk. Es wurden 3 Exekutionskommandos gestellt. Das Kommando der 9. Kompanie erschoß insgesamt 330 Juden (davon 40 Jüdinnen).«

An den Rand des Tagebuchs sind Fotos von feixenden Polizisten und von Juden auf ihrem Weg zur Erschießung geklebt. Ein Tagebuch über den Polizeialltag im Osteinsatz – für Veteranentreffen, für die Generation nach dem gewonnenen Krieg…

Kolomea, eine Stadt in Galizien. Im Herbst 1941 lebten in Kolomea 60000 Juden. Ein Juden-Ghetto wurde eingerichtet und einer Abteilung von 35 Wiener Schutzpolizisten unterstellt. Den Abzug der Schutzpolizisten im Februar 1943 erlebten knapp 200 Juden. In den 16 Monaten dazwischen hatten die Wiener Polizisten etwa 15000 jüdische Männer, Frauen und Kinder erschossen. Sie waren bei den Mordaktionen von den übrigen Besatzungsorganen tatkräftig unterstützt worden: »An solchen Aktionen haben sich die SS, die Schutzpolizei, Gendarmerie, Wehrmacht, Kriminalpolizei und ukrainische Miliz beteiligt.« Wer von den Erschießungen verschont blieb, landete in der Vergasungsanlage von Belzec: »Die überlebenden Juden wurden von uns in Waggons verladen, die zur Vergasung abgegangen sind«, gab ein Wiener Schutzpolizist nach dem Krieg lakonisch zu Protokoll. Kolomea, Boryslaw, Stanislau, Lemberg, Drohobycz, Minsk, Riga, Kiew usw.: überall der gleiche Ablauf, überall die gleichen Vollstrecker des Judenmords: Polizei, Wehrmacht, SS, Waffen-SS, Zivilverwaltung, einheimische Kollaborateure.

Auf Dokumente und Zeugnisse dieser Art stützt sich das Buch des amerikanischen Harvard-Politologen Daniel J. Goldhagen, in dem er die These vertritt, der Holocaust sei nicht das Verbrechen einer kleinen Nazi-Clique, sondern die Tat Hunderttausender ganz normaler Deutscher (und Österreicher) gewesen. Sie hätten den Judenmord willentlich, »joyful« und nicht unter Befehlsdruck oder Zwang begangen; ihre Motivation wäre der Vernichtungsantisemitismus gewesen, der sich schon lange vor Hitler in den Köpfen des deutschen (und österreichischen) Volkes festgesetzt hätte: ein Volk von Überzeugungstätern.

Der Rassenantisemitismus war der Kern nationalsozialistischer Ideologie. Und seit den Forschungen des aus Wien stammenden Politologen Raul Hilberg wissen wir, daß der Prozeß der Judenvernichtung ein von allen Säulen des NS-Systems (Partei, Wehrmacht, Bürokratie, Wirtschaft) getragenes Gemeinschaftsunternehmen gewesen ist. Das bedeutet aber auch, daß der Holocaust nicht von Hitler, Himmler, Globocnik, Eichmann und einigen SS-Schergen am Volk »vorbeigemogelt« (Czernin) wurde. Es ist zwar richtig, daß nur wenige alles über die »Endlösung« wußten, aber auch nur sehr wenige wußten gar nichts. Mit der Mittäterschaft am Holocaust verhält es sich ähnlich. Nur einige Behörden und Dienststellen waren ausschließlich mit dem Judenmord beschäftigt (zum Beispiel der Stab Adolf Eichmanns, das Personal in den Ghettos, in den Vergasungsanlagen von Auschwitz, Treblinka, Belzec und Sobibor oder die Angehörigen der SS-Einsatzgruppen), doch nahezu der gesamte deutsche Repressionsapparat im Osten und am Balkan war ab dem Überfall auf die Sowjetunion im Sommer 1941 auf vielfältige Art in den Vernichtungskrieg involviert gewesen.

Je detaillierter die Forschung, desto erschreckender das Gesamtbild. Die Ausstellung »Vernichtungskrieg. Verbrechen der Wehrmacht 1941–1944« hat die Legende von der »sauberen Wehrmacht« zerstört und die Partizipation der Wehrmacht auch am Holocaust aufgezeigt; eine Fallstudie über ein Polizei-Bataillon bei der »Endlösung« in Polen analysiert, wie aus ganz normalen Männern Judenmörder wurden. Das Verstörende daran ist, daß die Täter aus der Mitte der Gesellschaft kamen, einen Querschnitt der »deutschen Volksgemeinschaft« repräsentieren. Und es stellt sich die Frage nach den Motivationen und Mentalitäten, wenn sich in Feldpostbriefen von Wehrmachtssoldaten zwar alle Arten antisemitischer Vernichtungsstereotypen, aber auch nicht die Spur von Mitleid mit den Juden findet: von »bettelnden Hyänen« und »Geißeln der Menschheit« ist die Rede, »dreckig und frech wie Katzendreck«, die alle »weg bzw. kaltgestellt werden müßten« – »vor allen Dingen muß der Jude ausgemerzt werden«. Goldhagen bietet als Erklärungsangebot die sensationsträchtige These, daß der Holocaust als »nationales Projekt« nahezu aller Großdeutschen umgesetzt wurde, die allesamt mit dem propagierten Vernichtungsantisemitismus des NS-Regimes übereinstimmten. Diese Analyse ist eindimensional und in ihrer deterministischen Ableitung sicher nicht haltbar. Damit kann weder der Genozid an den Sinti und Roma oder die willfährige Mitwirkung von Ukrainern, Letten, Kroaten und Rumänen am Judenmord erklärt werden. Goldhagen reduziert zudem den nationalsozialistischen Rassismus auf das destruktivste und schrecklichste Kapitel – den Holocaust – und unterschlägt, daß die nationalsozialistische rassische Utopie sich nicht darauf beschränkte und auch die Ausmerzung aller Behinderten und Erbkranken, die Sterilisierung von Homosexuellen und »biologisch Unerwünschten« beinhaltete.

Mit Goldhagens monokausaler These vom tief verankerten Vernichtungswunsch der Großdeutschen wird man der Judenvernichtung nicht gerecht. Der jahrhundertelange Antisemitismus als integraler Teil der politischen Kultur war eine notwendige, aber nicht hinreichende Voraussetzung für den Holocaust. Antisemitismus in all seinen religiösen, ökonomischen und rassischen Schattierungen, Autoritätshörigkeit, Gruppendruck, Angst, mangelnde Zivilcourage, Karrieremotive, Bereicherung, schrankenloses Machtgefühl der »Herrenrasse« oder einfach Desinteresse am Schicksal der Juden verschmolzen zu einem Amalgam, das die systematische Umsetzung des Vernichtungsprozesses erst ermöglichte.

Und dennoch muß uns Österreicher die These irritieren. Denn in der Praxis ging das antisemitische Programm des Nationalsozialismus bis März 1938 nicht über das hinaus, was die christlichsozialen Eliten in Österreich schon lange vor 1938 vorgeschlagen hatten. Der antisemitische Boden war in Österreich bestens aufbereitet. Die Nazis begannen nicht, sie vollendeten eine Entwicklung. Die pogromartigen Exzesse gegen die Juden in den Tagen des Anschlusses waren »hausgemacht« und bedurften nicht der Aufforderung reichsdeutscher Nazibehörden. Und noch Anfang 1945 ermordeten lokale Gendarmerieangehörige, Volkssturm-Männer und HJ-Mitglieder Zehntausende ungarischer Juden bei der Deportation ins KZ Mauthausen auf offener Straße.

Erst in dieser Generation scheint es möglich, sich mit der Verstrickung der »Volksgemeinschaft« in die rassistische Vernichtungspolitik differenzierter auseinanderzusetzen. Das Makroverbrechen Holocaust stellt Fragen an unsere moderne Zivilisation und wird auch dieses Land, das 40 Jahre beharrlich am Mythos der Kollektivunschuld festgehalten hat, noch lange beschäftigen.

Quelle: Profil 18, 29. April 1996

JOSEF JOFFE

»Die Killer waren normale Deutsche, also waren die normalen Deutschen Killer«

I.

Wie den Holocaust erklären, die maschinelle Vernichtung von Millionen von Juden wegen ihres schieren Da-Seins – nicht, weil sie das »Falsche« geglaubt, gesagt oder gar getan hätten?

Fünfzig Jahre danach lassen sich die Antworten nur noch nach Festmetern berechnen.[1] Die Erklärungen reichen von »typisch deutsch« bis zur verschämten Exkulpation, vom Verweis auf die totale Einzigartigkeit, des Nazi-Systems bis hin zu jenen »Revisionisten«, welche die *Schoah* als blasse Kopie bolschewistischer Mordwut, als »asiatische Tat«, ja als vorweggenommene Selbstverteidigung gegen das zu sehen wünschten, was Stalin et al. den Deutschen anzutun gedächten.

Am Anfang – in den 40er und 50er Jahren, unter dem Eindruck von Auschwitz und Treblinka – galt zumal in der anglo-amerikanischen Literatur die lineare These »Von Luther zu Hitler«. Der Reformator, die deutsche Lichtgestalt, war ein wütender Antisemit, der just von jenen Ausmerzungsphantasien besessen war, die Hitler in die Tat umsetzen sollte. Ergo war die »Endlösung« bloß der logische Höhepunkt eines uralten eingefleischten Antisemitismus, sozusagen Luther unter Hinzufügung industrieller Mittel. »So waren die Deutschen schon immer«, lautete die These vom deutschen Sonderweg; nichts war Zufall, alles war Notwendigkeit.

---

1 Einen guten kurzen Überblick über die Entwicklung der Literatur liefert Omer Bartov, siehe S. 63–80 in diesem Band.

Bald danach kam eine deutsche Antwort, die einen eleganten Ausweg aus der Kollektiv-Bezichtigung bot: Die Deutschen waren sozusagen das erste Opfer des Nazismus. Hitler habe sich ihrer bemächtigt wie ein Abgesandter des Satans; in kürzester Zeit unterwarf er ein ganzes Volk, das ihm fürderhin gehorchen mußte wie ein Millionenheer von Zombies. Eine spätere, mildere Variation dieser Antwort kam in der Ära Kohl auf. Auschwitz, das war nicht von den Deutschen, sondern »im deutschen Namen« verbrochen worden: von SS und Gestapo, von Einsatzgrupplern und »Sonderbehandlern«.

Grundsätzlich aber wurde die Debatte in den 70er und 80er Jahren differenzierter auf beiden Seiten. Die einen, gerade deutsche Historiker, zeigten, daß nicht allein Hitler und Schergen den Eroberungskrieg und die Judenvernichtung organisiert hatten; daß die Deutschen sehr wohl gewußt hatten, was »in ihrem Namen« geschah; das der Nazismus nicht bloß aufgepfropft war, sondern ziemlich freiwillig florierte – bis in die kleinsten Ritzen der Gesellschaft hinein.

Andere Historiker, zumal im Ausland, lenkten den Blick abermals auf Hitler – etwa die Amerikanerin Lucy Dawidowicz –, die erneut die zentrale Rolle von Hitler und dessen engster Führungsgarde betonten. Oder sie nahmen sich (etwa Fritz Stern) den »deutschen Sonderweg« vor und argumentierten, daß dieser in Wahrheit keiner gewesen sei. Viele westliche Industriestaaten hätten im späten 19. und frühen 20. Jahrhundert an ähnlichen Verwerfungen und Pathologien gelitten: an Antisemitismus und Rassenhaß, an anti-demokratischen Affekten und kollektivistischen Unterwerfungsphantasien. War das kaiserliche Deutschland tatsächlich weniger demokratisch als Frankreich? Oder »jingoistischer« als England?

Je genauer man hinblickte, desto mehr verschwand der »Sonderweg«. Nur löste das nicht das deutsche Problem, im Gegenteil. Denn um so mehr drängte sich so wieder die ursprüngliche Frage auf: Warum gerade die Deutschen – und *nur* die Deutschen? Wenn sie auf dem gleichen Weg aus der Traditionsgesellschaft in die Moderne gestolpert waren – durch Industrialisierung und Urbanisierung, Verelendung und Entwurzelung –, warum sind sie dann bis nach Auschwitz marschiert? Warum haben sie nicht einen Léon Blum oder Roosevelt, sondern Adolf Hitler an die Macht gebracht?

Fünfzig Jahre danach dreht Daniel Goldhagen mit *Hitler's Willing Executioners* das Rad der Historiographie wieder an den Ausgangspunkt zurück. In seiner revidierten Harvard-Dissertation argumentiert Goldhagen, daß es so nur in Deutschland, und *nur dort* passieren konnte. Und warum? Zwar zieht er die Kette der Notwendigkeit nicht bis ins 15., sondern nur bis ins 19. Jahrhundert – zu den schlagenden Verbindungen, den vaterländischen Vereinen, den antisemitischen Parteien und Pastoren. Zum Beispiel zitiert er eine Studie über 51 prominente antisemitische Autoren (aus der Zeit von 1861 bis 1895). Unter 28 »Lösungen des Judenproblems« befanden sich damals schon 19, welche die *physische* Vernichtung der Juden gefordert hätten. Aber auch wenn er Luther nur kurz streift, ist die These doch die alte. Und die untermauert er einerseits mit so manchem Granitblock, andererseits mit außerordentlich porösem Gestein.

II.

Die These: Hitler war kein außerirdischer *Hijacker*, sondern ein Mann seines Volkes. Und dieses war durch und durch antisemitisch infiziert, vom schlimmsten Bazillus überhaupt. Im deutschen Menschen wühlte nicht bloß der klassisch-religiöse Antisemitismus (»Christus-Killer«), auch nicht die neuere gesellschaftliche Variante (»dreckiger Schacher-Jude«), sondern ein nachgerade *kollektiver Auslöschungswahn* – was Goldhagen *eliminationist antisemitism* nennt. Die »zentrale Eigenschaft des deutschen Antisemitismus«, schreibt Goldhagen, war die »halluzinatorische Wahrnehmung des Juden« als »Gespenst des Bösen«. Daher der »virulente Haß«, daher die »Auslöschungslogik, die Deutsche dazu brachte, Verfolgung, Ghettoisierung und Vernichtung gutzuheißen«.

Folglich war die *Schoah* keine reine Auftrags- und Untergrundarbeit: von Hitler und Himmler verfügt, von einer verschworenen Verbrechertruppe ausgeführt. Mindestens 100000, wahrscheinlich eine halbe Million waren aktiv beteiligt. Schlimmer noch: Sie haben es gerne und lustvoll getan, weil sie – wie die Volksgenossen daheim – das »Abschlachten für rechtens hielten«. Hitlers Wahnsinn, so Goldhagen, war das »Gemeinschaftseigentum des deutschen Volkes«.

Die Beweisführung: Hier beginnen sich Granit und Sandstein heftig zu mischen, zusammengehalten vom Mörtel eines eifernden, gnadenlosen Plädoyers. Offensichtlich vermag es nicht einmal den Autor selbst zu überzeugen, obwohl er eine atemberaubende (im wahrsten Sinne des Wortes) Recherche präsentiert und haufenweise Neues zutage gefördert hat. Sonst hätte Goldhagen seine Thesen nicht mit ermüdender Wiederholung in kurzen Abständen über den Text gestreut – oder alle konträren Lesarten mit zürnender, gar hochfahrender Bewegung beiseite gewischt.

Das Beweismaterial gruppiert sich in drei Fallstudien: die »Vernichtung durch Arbeit«, die Mordorgien der »Ordnungspolizei«, die außerhalb der Todeslager im Osten gewütet hat, und die »Todesmärsche« am Kriegsende, deren Wachmannschaften systematisch weitergekillt haben, obwohl Himmler, nach Kontakten mit den Alliierten, die Ausrottung gestoppt haben wollte.

Goldhagen zeigt (wie Christopher Browning, dessen *Ganz normale Männer* etwa zeitgleich mit der Abgabe der Dissertation erschien) in seiner zentralen Studie, daß die »Ordnungspolizisten« eben keine SS-Killer waren, sondern ganz gewöhnliche Deutsche. Es waren Familienväter und »brave

Bürger«, deren Soziologie (untere Mittelschicht) präzise der Mehrheit des Volkes entsprach. Und: Sie mordeten freiwillig, grausam und lustvoll, obwohl es – wie Goldhagen schreibt – keinen Beweis in der Literatur gebe, wonach ihnen ein Nachteil aus der Verweigerung erwachsen wäre.

Das Kapitel über das Polizeibataillon 101 gehört zu den schrecklichsten Darstellungen des Buches, es sei Mahnung all jenen, die immer noch glauben, daß »Außerirdische« die Vernichtungsmaschinerie bedient hätten. Oder das Bataillon 309: Die Polizisten »trieben ihre Opfer in die Synagoge (von Bialystok) ... die große Synagoge wurde vollgestopft. Die verängstigten Juden begannen laut zu singen und zu beten. Nachdem die Deutschen Benzin um das Gebäude gegossen hatten, zündeten sie es an; einer der Männer warf eine Brandgranate hinein, um den Holocaust auszulösen. Die Gebete der Juden verwandelten sich in Schreie.«

Dennoch: Was beweist die Tatsache, daß die Schlächter genauso »normal« waren wie die anderen Deutschen? Hier, beim Übergang von der Erzählung zur Erklärung, beginnen Logik und Methodik heftig zu knirschen. Wie räsoniert man von der Mikro- zur Makroebene, von der Fallstudie zur Globaltheorie – und wieder zurück?

Schon der Talmud sagt ganz knapp: »›Zum Beispiel‹ ist kein Beweis.« Die Fallstudie, die Zitate (und seien sie auch noch so massenhaft aufgetürmt) summieren sich nicht per se zum Richtspruch. Denn es gibt immer andere, gegenläufige Zitate und Beispiele, die das Bild verwischen, gar umkippen können. Diese springen einem geradezu ins Gesicht. Vorweg diese offenkundige Frage: Wenn allein der »virulente Haß« und die »Auslöschungslogik« das deutsche Wesen bestimmt hätten, wieso konnten dann die Juden in der Zeit zwischen Bismarck und »Anschluß« jenen unglaublichen Beitrag zur deutschen Kultur leisten, der sich nur noch mit der Blütezeit Athens vergleichen läßt? Wie erklärt man Bleichröder und Ballin, Ehrlich und Einstein?

Noch problematischer wird es bei der Logik. Der Satz A, »Die Killer waren normale Deutsche«, enthält nicht den Beweis, den Goldhagen zu liefern wünscht, also den Umkehrschluß B, »Die normalen Deutschen waren Killer« – aufgrund einer durch und durch antisemitischen Kultur und Geschichte, die praktisch mit der Muttermilch in die Gemüter einfloß. Erstens: Zwischen Satz und Umkehrschluß tut sich die älteste logische Falle überhaupt auf; A ergibt nicht B, es sei denn, daß die A-Menge identisch mit der B-Menge wäre, was sie aber per definitionem nicht ist.

Anders ausgedrückt: (Soziologische) Korrelation ist keine Kausation. Es ist nicht zulässig, vom Verhalten einer Stichprobe (der Ordnungspolizisten) auf das Wesen des ganzen Volkes rückzuschließen, das dieses Verhalten bedingt habe – auch wenn die soziologischen Merkmale gleich sind. Beispiel: Al Capone und seine Mafia *soldati* waren Killer; folgt daraus, daß auch deren Angehörige, zur selben italienischen Kleinbürgerschicht gehörend, ebenfalls geborene Killer waren? Oder näher an der Sache: Polen, Litauer, Letten, Ukrainer haben genauso lustvoll gemordet wie ihre deutschen Herren; Franzosen und Holländer (aber nicht Dänen und Bulgaren) haben übereifrige Erfüllungshilfe bei der Deportation »ihrer« Juden geleistet. Sind Letten, Franzosen etc. ebenfalls »Auslöschungsantisemiten«?

Mithin kommt Goldhagen das klassische Problem von der Vermischung verschiedener Analyse-Ebenen in die Quere, zwischen denen kein zwingender Konnex herrscht, in diesem Fall zwischen Individuum, Gruppe und Nation. Formal ausgedrückt: Die Eigenschaften einer Gruppe sind nicht identisch mit den Eigenschaften ihrer Mitglieder, und beide unterscheiden sich wiederum von denen des gesamten Volkes. In der Alltagssprache wird das *level-of-analysis*-Problem so ausgedrückt: »Der Mensch ist gut, die Welt ist schlecht.« Oder: »Das Ganze ist mehr als die Summe der Teile.«

Konkret: Goldhagen ignoriert, was entscheidend ist. Welche Rolle hat denn das »System« gespielt, in dem die »willfährigen Henker« operiert haben? Die Indoktrinierung und Ausbildung, die satanische Bühne, auf der die Ordnungspolizisten agierten – jenseits aller zivilisatorischen Zwänge und gegenläufiger Werte, die dem Kleinbürger daheim die Zügel kleinbürgerlich-normalen Verhaltens auferlegen? Gruppen folgen ihren eigenen Regeln, Gruppen in Extrem-Situationen handeln extrem; das ist seit Le Bon *der* Gemeinplatz aller Soziologie. Ihr Verhalten beweist nichts über das Wesen von Individuen und Völkern, ebensowenig wie die Gewaltbereitschaft von Soldaten auf deren persönliche Aggressivität oder die ihrer Klasse oder Nation schließen läßt.

Auf diese Weise von »unten nach oben«, von der Stichprobe zur Gesamtkultur zu räsonieren, geht nicht. Aber man kann auch nicht von »oben nach unten«, von der präsumtiven Kultur auf das mörderische Verhalten schließen, wie Goldhagen es ebenfalls tut. Er postuliert eine deutsche, und nur deutsche, Kultur des »Auslöschungsantisemitismus«, die zum mechanisierten Massenmord geführt habe. Bloß: Wenn deutsche Kultur und Geschichte (in Anlehnung an Freud) Schicksal waren, warum sind die Deutschen von heute nicht ebenfalls »Auslöschungsantisemiten«? Warum sind die Deutschen nicht noch immer, und für immerdar, ein Volk von Mördern? Die Antwort ist so offenkundig, daß man sich darüber wundern muß, daß Goldhagen sie ignoriert, *obwohl* er den Nachkriegsdeutschen mustergültiges Verhalten bescheinigt.

Die »intervenierende Variable« (Soziologen-Jargon) war wieder einmal das »System«. Dieses verhält sich zur Nazi-Diktatur wie ein anmutiger Schmetterling zur ekelerregenden Raupe. Am Anfang wurde die liberale Demokratie unter den geladenen Kanonen der Sieger oktroyiert. Heute zeigt es wundersam kräftige Wurzeln. Und wo ist der »Auslöschungsantisemitismus«? Er ist verschwunden – mitsamt dem System, das als entscheidendes Gelenk zwischen dem

Auslöschungswahn in manchen Köpfen und der staatlich verordneten Vernichtung fungiert hat. Ergo: Es muß doch mehr Stränge in der deutschen Kultur und Geschichte gegeben haben als den geifernden Antisemitismus eines Luther. Und zugleich weniger: weder ein ewiges Schicksal noch ewige Verdammnis.

III.

Hätte Goldhagen komparativ gearbeitet, hätte er einen systematischen Blick auf den Antisemitismus in den europäischen Nachbarländern geworfen – zum Beispiel auf England, das nach schrecklichen Pogromen 400 Jahre lang »judenrein« war –, wäre ihm der deutsche Wahn nicht so einzigartig erschienen. Dann hätte er den deutschen »Sonderweg« eher als einen Strang, wenn auch den blutigsten, im Geflecht europäischer Geschichte gesehen.

Aber gerade diese Sichtweise verschärft das ursprüngliche Paradox. Wenn der deutsche »Sonderweg« keiner war, warum ist dann der »Tod ein Meister aus Deutschland«? Auch Goldhagens Antwort befriedigt nicht. Wohl hat er, was seine Kritiker zu übersehen belieben, viel Neues präsentiert (zum Beispiel in seiner Analyse der Todesmärsche) oder schon einmal bearbeitete Primärquellen (Brownings) neu interpretiert, was ebenso legitim wie originell ist. Doch arg knirschen die logischen Gelenke zwischen Fallstudie und Theorie, zwischen der erschütternden Erzählung und der angestrebten Global-Theorie. Elie Wiesel hat wohl noch immer recht: »Für mich bleibt diese Tragödie für immer unerklärt. Und unerklärbar.«

Trotzdem sollte das Buch zur Pflichtlektüre werden. Wer weiß zum Beispiel, daß solche legendären Anti-Nazi-Theologen wie Pastor Niemöller oder Karl Barth antisemitische Predigten gehalten haben, in denen sie vom »vergiftenden« Einfluß der Juden gesprochen oder diese als »hartnäckiges und bösartiges Volk« verschrien haben? Nach diesem streitbaren und nicht nur in Deutschland umstrittenen Buch wird es nicht mehr so einfach sein, das einzigartige Verbrechen unter der Rubrik »im deutschen Namen« abzulegen oder den beruhigenden Trennstrich zwischen Nazis und »Normalen« aufrechtzuerhalten.

Just hier aber liegt Goldhagens anderes Problem – ein Problem, das eher ein neudeutsches denn sein eigenes ist. Gewiß: Das Buch ist auch in England und Amerika heftig attakkiert worden, aber nirgendwo wütender als in Deutschland im Jahre 51 n. H. (nach Hitler).[1] Die Kritik läßt sich wie folgt zusammenfassen:

– Goldhagens Arbeit sei unoriginell; er habe in längst abgemähten Feldern nach neuen Körnern gesucht, aber keine gefunden.

– Das Buch sei das »bösartige« Produkt eines »Ignoranten«.

– Mangels wirklich neuer Erkenntnisse habe Goldhagen nur billigen Ruhm per Sensationsmache ergattern wollen.

– Er habe seine Biographie (Vater Eric, ein rumänischer Überlebender, ist dem Tod buchstäblich von der Schippe gesprungen) in einen (womöglich unbewußten) Rachegesang umformulieren wollen.

– Dieses Buch stellt die Frage »nach dem intellektuellen Zustand einer Gesellschaft (der amerikanischen), die solche Thesen für gedanklichen Fortschritt hält«.

– die Auschwitz-Debatte könne doch, »weil erledigt, nicht jedes Jahr neu aufgerollt werden«.

Diese Attacken sind kurios und beunruhigend zugleich. Statt das Buch einer rigorosen inhaltlichen oder historiographischen Kritik zu unterziehen (wofür es reichlich Stoff gibt), haben die Verächter Abwehrmechanismen wie »Dicke Berthas« in Stellung gebracht. In steriler ideologiekritischer Manier beschäftigen sie sich nicht mit den Indizien, sondern den Intentionen des Autors. Bloß: Was haben Goldhagens

---

1 Zu den wenigen Ausnahmen gehören zum Beispiel Volker Berghahn im *New York Times Book Review* und Dietrich Orlow im *Boston Globe*.

präsumtive Interessen (seine Ambition, seine Biographie…) mit seinen Fakten und Folgerungen zu tun? Auch wenn eine ganze deutsche Akademiker-Generation an den Zitzen von Mannheim, Adorno und Epigonen gehangen hat, entkräftet und widerlegt die Motiv-Unterstellung überhaupt nichts. Aber die Funktion solcher Pseudo-Kritik ist offenkundig. Warum räsonieren, wenn man insinuieren kann? Wer sich mit Motiven beschäftigt, muß sich nicht mit den Argumenten herumschlagen; *ad hominem* ersetzt *ad rem*, die Diskreditierung der Motive die Auseinandersetzung mit der Botschaft. Buchdeckel zu, Fall erledigt.

Ein nicht minder transparenter, aber um so arroganterer Abwehrmechanismus ist die Behauptung mangelnder Originalität. Im Klartext heißt das: »nicht lesenswert«, »in die Recycling-Tonne damit«; dem Autor soll nicht die Ehre des Widerstreits zuteil werden. In der nächsten Abteilung, wo nach dem »intellektuellen Zustand« der amerikanischen Gesellschaft gefragt wird, eskaliert die Abwehr zur Projektion. Auch hier liegt die Zielrichtung, obwohl nur insinuiert, auf der Hand. Mit dem Autor wird zugleich ganz Amerika niederkartätscht. Die Message darf etwa so übersetzt werden: »Die da« (man weiß ja, wer in Amerika den Ton angibt) erdreisten sich immer noch, sich zu unseren Richtern aufzuschwingen; aber eine Gesellschaft, die derlei Machwerk goutiert, disqualifiziert sich ipso facto selbst, intellektuell wie moralisch. Das Abwehrfeuer erreicht seinen Höhepunkt im schlichten Ressentiment: Laßt uns endlich in Ruhe.

Man fühlt sich versucht, den Spieß umzudrehen und die Frage »nach dem seelischen Zustand einer Gesellschaft« zu stellen, nämlich jenem Teil der deutschen, der ein solches Buch so vehement abblockt.[1] Gewiß ist dies kein schmeichel-

---

1 »Wenn man etwas partout nicht hören will, blockt man es ab, indem ihm Wert und Originalität abgesprochen werden«, notiert Andrei S. Markovits (Seite 228 in diesem Band).

haftes Buch für die Deutschen, auch wenn Goldhagen den Nachgeborenen ein mustergültiges Dasein attestiert. Es geht unter die Haut, weil es uns »zwingt, die Unterscheidung zwischen Nazis und ›gewöhnlichen Deutschen‹ zu überdenken« (Dietrich Orlow), weil es die Nachgeborenen erneut, und dann auch noch per Harvard-Imprimatur, daran erinnert, daß die Vergangenheit Gegenwart bleibt, auch fünfzig Jahre danach. Nur: Hätte das Buch den gleichen Furor entfacht, wenn der Autor Peter Müller hieße und an der Universität Oldenburg lehrte? Sigmund Freud, unser aller Onkel, hätte hier trefflich dozieren können über Schuld- und Minderwertigkeitsgefühle, über Abwehr und Projektion.

Aber Psychologisieren ist ein billig' Geschäft. Was auch immer die Intention, Religion oder Biographie des Autors, sie tun nichts zur Sache – jedenfalls nicht für ernsthafte Historiker. Das Buch selbst, brillant, aufrüttelnd und fragwürdig zugleich, ist die Sache – mitsamt seiner interpretativen Originalität und seinen logischen Defekten, seiner großartigen Forschungsleistung und seinem eifernden Ton. Es verdient eine harte Diskussion, freilich eine integere und intellektuelle – mit dem Florett des Arguments, nicht mit dem Hackebeil der Verdächtigung und Verachtung.

Quelle: Dieser Beitrag ist eine Zusammenfassung der Artikel des Verfassers in der *Süddeutschen Zeitung* (»Hitlers willfährige Henker«, 13./14. April 1996) und in *Time* (»Once Again, Why the Germans?«, 29. April 1996).

GORDON A. CRAIG

Ein Volk von Antisemiten?

Das Buch von Daniel J. Goldhagen ist als
Herausforderung nützlich, aber seine Kernthese
verfehlt die historische Wirklichkeit

Vor einigen Wochen schrieb ich in der New York Review of
Books eine Rezension über Daniel Jonah Goldhagens Buch
»Hitler's Willing Executioners«. Kurz danach erhielt der
Herausgeber der Review einen Brief von Marion Gräfin
Dönhoff, ihr sei unverständlich, wie ich »dem Kurzschluß
Goldhagens ohne Einschränkung« zustimmen könne. Da ich
Marion Dönhoffs Arbeit immer bewundert habe, schmerzte
mich ihr Brief – zumal ich überzeugt war, ich hätte meine
Vorbehalte gegenüber der allgemeinen Stoßrichtung von
Goldhagens Buch deutlich gemacht, und zwar unter gleich-
zeitiger Anerkennung seiner positiven Beiträge zu unserer
Kenntnis der Nazivergangenheit. Diese Annahme war wohl
voreilig, und so will ich es noch einmal versuchen.

Daniel Goldhagen trägt mit beträchtlicher Kraft und Be-
redsamkeit vor, der deutsche Antisemitismus sei die grundlegende Ursache des Holocaust gewesen. Er übertreibt diese
These stark, aber sein Buch ist dennoch zu begrüßen, weil es
neue Diskussionen und Forschungen zu einem Thema auslösen wird, das mit Recht als das schrecklichste Ereignis unseres Jahrhunderts und als das am wenigsten verständliche bezeichnet werden kann.

Martin Gilbert schrieb, der Holocaust wäre unmöglich gewesen ohne »die stillschweigende, unausgesprochene, un-
aufgezeichnete Duldung Tausender Menschen, Verwalter
und Bürokraten, die ihre Pflicht taten, Razzien organisierten,
Lager bewachten, Fahrpläne ausarbeiteten und die Juden

171

auf den Weg zu einem weit entfernten ›unbekannten Ziel‹ schickten«. Heute wissen wir, daß Gilberts Schätzung zu bescheiden war und die Zahl ganz normaler Durchschnittsdeutscher, die sich bereitwillig nicht nur an den administrativen Aspekten des Prozesses, sondern auch an den Morden selbst beteiligten, sehr viel größer war. Was wir dagegen noch nicht erklären können, sind die Mentalität dieser willigen Vollstrecker und der Eifer, mit dem sie ihre Aufgabe erledigten. Trotz oder gerade wegen seiner Übertreibungen und Verkürzungen wird Goldhagens Buch zweifellos zu neuen Anstrengungen ermutigen, um dies herauszufinden.

In diesem Punkt stimme ich den Ausführungen von Julius H. Schoeps in der *ZEIT* Nr. 18/1996 zu: Goldhagens arrogante Zurückweisung der bisherigen Forschung ist zugleich Schwäche und Stärke seines Buches. Wie auch immer man es beurteilen wird, es wird die Leser zwingen, sich ernsthaft mit seinen Ansichten auseinanderzusetzen, anstatt sie einfach von der Hand zu weisen, was sie vielleicht am liebsten tun würden. Goldhagens Buch ist auch deshalb wichtig, weil es Aspekte des Holocaust beleuchtet, die in der Literatur bislang noch nicht hervorgehoben worden sind. Dies gilt insbesondere für die Bedingungen in den Arbeitslagern, in denen Juden bei sinnlosen und sich wiederholenden Arbeiten ohne ausreichende Nahrung, ohne Schlaf buchstäblich zu Tode gearbeitet wurden; es gilt für das Verhalten der Wachen während der Todesmärsche der Juden in der letzten Kriegsphase, als sie trotz eines Befehls von Heinrich Himmler, die Juden nicht weiter zu mißhandeln, ihren anscheinend tiefsitzenden mörderischen Haß auf ihre Opfer verhaftet blieben. Diese Kapitel sind zutiefst verstörend und zwingen jeden Erforscher des Holocaust zu wichtigen Fragen.

Meine Einwände gegen das Buch wurzeln in der Tatsache, daß Goldhagen eine These, die zu ihrer Akzeptanz historischer Beweise bedürfte, nahezu ohne jeden Bezug auf empirische Evidenz vorträgt. Seine These lautet, die Deutschen hätten den unter Christen im Mittelalter üblichen Antisemitismus niemals überwunden, sondern ihn mit zunehmend haßerfüllten und schließlich rassistischen Ansichten über die Juden verschnitten – bis sich daraus ein, wie er es nennt, »ausmerzender Antisemitismus« entwickelte, der die Entfernung aller Juden aus Deutschland forderte. Sein Interesse gilt weniger der Beschreibung der historischen Entwicklung dieses Prozesses als der Bekräftigung, er sei logisch und müsse deshalb so abgelaufen sein. Goldhagen gibt selbst zu, daß seine Absicht »in erster Linie erklärend und theoretisch« sei. »Erzählung und Beschreibung... sind hier den erklärenden Zielen untergeordnet.«

Besonderheit und Vielfalt der Geschichte haben in Goldhagens Buch keinen Platz. Er setzt sich nicht detailliert damit auseinander, wie das gesellschaftliche Leben in Deutschland aussah oder wie es zu irgendeinem Zeitpunkt im 19. und 20. Jahrhundert um Politik und Kultur stand. Selbst dort, wo er den wachsenden Antisemitismus im politischen System nach 1875 diskutiert, ist Goldhagens Darstellung einseitig und verzerrt und sagt nichts über die Gegner des Antisemitismus, die Linksliberalen und die Sozialdemokraten. Statt Geschichte bekommen wir Simplifizierungen geliefert und werden mit dem Eindruck abgespeist, zu Beginn des 20. Jahrhunderts seien alle Deutschen »ausmerzende Antisemiten« gewesen, was immer dieser Begriff umschließen mag (an einer Stelle gibt Goldhagen selbst zu, daß dieser Begriff »vielen unklar und verschwommen erschien und es in der Zeit des modernen deutschen Antisemitismus darüber keinen Konsens gab«). Es fehlt der Vergleich mit den Zuständen in den Nachbarländern Rußland und Polen oder in Frankreich, wo, wie Eugen Weber einmal schrieb, der Antisemitismus so selbstverständlich war wie Apfelkuchen. Goldhagen erklärt einen Vergleich für überflüssig, indem er Deutschland zu einem Fall sui generis erhebt.

Ständig impliziert Goldhagen, die Bevölkerung Deutschlands habe ausschließlich aus zwei Gruppen bestanden, den Juden und den Deutschen, die sie haßten, und erspart sich so die Notwendigkeit, Ausnahmen zu nennen. Der Leser dieses Buches ertappt sich selbst bei dem Einwand: Was ist mit Bettina von Arnim, die in den vierziger Jahren des 19. Jahrhunderts unermüdlich für jüdische Fragen eintrat? Was ist mit den Leipziger Arbeitern, die Ferdinand Lassalle verehrten, oder mit den Arbeitern von Berlin, die mit ihrem Anführer, dem Juden Paul Singer, marschierten? Wie steht es mit Theodor Mommsen und den anderen Historikern, die Heinrich von Treitschkes Behauptung in den *Preußischen Jahrbüchern* im November 1879 zurückwiesen, daß die »Juden unser Unglück« seien? Goldhagen sieht darin unwichtige Beispiele, ohne Einfluß auf die allgemeine Entwicklung, auf der er beharrt.

Aus dieser Sicht wird sogar Hitler relativ unwichtig, denn als der »Führer« auf dem Plan erschien, waren alle Voraussetzungen für den Holocaust vermutlich gegeben; es hätte seiner gar nicht mehr bedurft, um ein Volk zu indoktrinieren, das den Juden ohnehin schon Gefühle entgegenbrachte, die laut Goldhagen »Mord in sich trugen«. Goldhagens These kommt diese Minderung von Hitlers Rolle zupaß. Sie wirkt aber noch weniger überzeugend als sein Argument, Christian Wilhelm von Dohm, Förderer der jüdischen Assimilation zu Beginn des 19. Jahrhunderts, sei in den Tiefen seines Herzens selbst ein Antisemit gewesen, weil er die Juden »neu erschaffen wollte, nicht nur politisch, sondern auch moralisch«.

In meinem Artikel in der *New York Review of Books* rezensierte ich nicht nur »Hitler's Willing Executioners«, sondern auch John V. H. Dippels Buch »Bound Upon a Wheel of Fire« über das Leben der Juden, die sich nach Hitlers Machtantritt entschieden, in Deutschland zu bleiben. Diese Zusammenstellung habe ich bewußt gewählt. Wenn die radikale Spaltung der deutschen Bevölkerung schon Anfang des 20. Jahrhunderts so weit fortgeschritten gewesen wäre, wie Goldhagen impliziert, dann hätten die Juden mit Sicherheit in jeder wachen Stunde den Haß ihrer deutschen Nachbarn verspüren müssen.

John Dippel argumentiert, dies sei einfach nicht wahr: Die Juden bildeten im deutschen Leben keine abgetrennte Einheit, sie waren eine halbe Million Individuen, die ihr eigenes Leben auf eigene Weise gestalteten, mit deutschen Kollegen und Freunden und mit der gleichen Freiheit, eigenen Werten zu folgen, politische Bindungen einzugehen, Karrieren anzustreben. Das bedeutete Assimilation, und diesem Ideal blieben die meisten von ihnen treu, selbst nachdem Hitler und seine Partei die Macht übernommen hatten.

Erst die allmähliche Herausbildung des antijüdischen Programms der Nazis veränderte ihre Situation. Die ersten Phasen, der antijüdische Boykott von 1933 zum Beispiel, waren beim deutschen Volk nicht besonders populär, wie es doch hätte der Fall sein müssen, wenn an Goldhagens Hauptthese etwas dran wäre. Es ist bedauerlich, daß die Juden, als Hitlers Mordprogramm sich von Extrem zu Extrem steigerte, nicht mehr öffentliche Unterstützung aus den Universitäten erhielten, aus den akademischen Berufen oder von hervorragenden Persönlichkeiten. Aber dies läßt sich vielleicht durch menschliche Schwäche erklären und die zu diesem Zeitpunkt bereits wohlbekannte Unbarmherzigkeit der Nazis.

Man sollte darüber hinaus nicht vergessen, daß die »Endlösung der Judenfrage« erst nach Beginn des Rußlandkrieges beschlossen wurde und daß die Gerüchte darüber Deutschland noch später erreichten. Uns liegt kein zuverlässiges Material vor, aus dem sich der Eindruck gewinnen ließe, das deutsche Volk, dem das Regime Informationen vorenthielt, habe die »Endlösung« gebilligt, oder mit dem sich das Argument stützen ließe, nichts anderes habe das deutsche Volk immer gewollt.

Aus dem Englischen von Meinhard Büning
Quelle: DIE ZEIT, 10. Mai 1996

GULIE NE'EMAN ARAD

Ein amerikanischer Alptraum

Zum kulturellen Kontext
von »Hitler's Willing Executioners«

Im Zeitalter der Informationsschwemme und der Erinnerungsflut will es einiges heißen, den mit Werken über den Holocaust gesättigten amerikanischen Büchermarkt zu erobern. Wie es Goldhagen gelang – nämlich in einem »Medien-Blitz« –, ist eine einmalige »Leistung«, mit der sogar die Hitler-Tagebücher hätten kaum mithalten können – auch nicht, wenn sie sich nicht als Fälschungen erwiesen hätten. Bereits vor der Veröffentlichung, um nur ein Beispiel zu nennen, sind das Buch und sein Autor von der *New York Times* mit vier Vorauskommentaren beehrt worden. Innerhalb eines knappen Monats wurde aus der Goldhagen-Manie ein »Medien-Blitz«, in dessen Verlauf überregionale und lokale Zeitungen, Zeitschriften, Funk und Fernsehen sich überboten, aus dem neuen »Ereignis« der Saison Kapital zu schlagen. Die Rezensionen der Historiker blieben zeitlich wie zahlenmäßig hinter diesem Medienrummel zurück. Obwohl sie Goldhagens Thesen und Methoden meist aufs schärfste kritisierten, überrascht es kaum, daß die gelehrten Dementis die öffentliche Rezeption des Buches nur wenig beeinflußten. Die Medienaufmerksamkeit sorgte bis zum 12. Mai dafür, daß das Buch in der Bestseller-Liste der *New York Times* einen beachtlichen 6. Platz erreichte.

Nur selten verraten ein Geschichtswerk und seine Rezeption mehr über die Gegenwart als über die Vergangenheit. Daniel Jonah Goldhagens *Hitler's Willing Executioners* zählt zu den seltenen Ausnahmen und verlangt als solche eine Erklärung. Vom Verlag als »ein Werk äußerster Originalität und

176

Wichtigkeit« gepriesen, das es auf sich nimmt, »unser Verständnis vom Holocaust radikal zu verändern«,[1] wurde das Werk vom Autor selbst als eine »radikale und notwendige Revision« und eine »Herausforderung« an alle bisherigen, »konventionellen« Interpretationen beschrieben, die »alle falsch sind«[2]. Es ist kaum anzunehmen, daß allein die unoriginelle Absicht des Buches – »zu erklären, warum der Holocaust geschah und wie es dazu kommen konnte«[3] – dem Autor zu Ruhm und Reichtum verholfen hätte. In einer Gesellschaft, in der man das »Konventionelle« als Fluch und das »Originelle« als Segen betrachtet, liegt im Versprechen einer Innovation der Schlüssel zum Wachrütteln unserer Trägheit. Goldhagen verspricht uns das – und noch mehr. Und da Amerika bereits entdeckt wurde, spendiert er uns eine weitere Neuentdeckung, zwar nur eine neue Spezies, aber immerhin: »die Deutschen«. Wie ein Berichterstatter der *Newsweek* bemerkte, sollten wir uns vielleicht daran erinnern, daß »ein amerikanischer Verleger den gleichen Auspruch« von Originalität erheben würde, »wenn Goldhagen eine neue Biographie über Julia Roberts geschrieben hätte«[4].

Goldhagens Buch ist in der Tat ein Produkt amerikanischer Konsumorientierung, und es bedient seine Klientel vorzüglich. In diesem Markt haben die Kunden nicht nur immer Recht, sondern sie beeinflussen auch das Warenangebot. Produkte des Geistes werden weitgehend wie andere Konsumgüter vermarktet. Die Wahl der Forschungsthematik ist *auch* marktempfindlich. Was wir schreiben, und wie und wann wir es schreiben, entspringt nicht nur rein akademischen Überlegungen.

1 Siehe Umschlagseite von Daniel Jonah Goldhagen: *Hitler's Willing Executioners: Ordinary Germans and the Holocaust,* New York 1996 (im Folgenden: Goldhagen).
2 Interview mit dem Autor, *The New York Times,* 26. 3. 1996.
3 Goldhagen, S. 5.
4 *Newsweek,* Europa-Ausgabe, 29. 4. 1996, S. 23.

Die durch Medienrummel hervorgerufene Reaktion und der riesige Verkaufserfolg eines akademischen Buches über das radikal Böse im Menschen bedürfen einer weiteren Erklärung. Schließlich handelt es sich weder um ein unbekanntes Thema, noch um einen Stoff für eine erfolgreiche Fernseh-Serie oder einen Hollywood-Kassenschlager. Dennoch ist der Erfolg des Buches ein Zeichen der Zeit. Wenn die Gegenwart, ob Post-, Post-post- oder Neo-, durch Krisen erschüttert und die Zukunft düster zu sein scheint, liefert die Rückkehr zu einer unvergleichlich dunkleren Vergangenheit Trost – so, als ob es noch viel schlimmer sein könnte, ja schon einmal war. Der Rückgriff auf die Vergangenheit als Ablenkung von Fehlern der Gegenwart könnte aber auch zum Segen gereichen.

Ohne einzelne Historiker be- oder entlasten zu wollen, könnte eine Inventur des gegenwärtigen gesellschaftlichen und geistigen Klimas auf seinem kontextspezifischen amerikanischen Hintergrund erklären helfen, weshalb gerade eine akademische Expertise über den Holocaust uns zu einem besseren Verständnis jener Vergangenheit verhelfen sollte – die doch in Wirklichkeit zur Bewältigung der Gegenwart viel bessere Dienste leistet.

Hierzu muß man zunächst auf den amerikanischen Zeitgeist eingehen, der in den siebziger Jahren den »Multikulturalismus« und den »ethnischen Pluralismus« zelebrierte. In den achtziger und neunziger Jahren, als das Zeitalter der Zuversicht in das Zeitalter des Zornes überging, begannen Amerikaner aller Glaubensrichtungen, Hautfarben und Einkommensgruppen, Junge wie Alte, Schuldige wie Unschuldige, der Frage nachzugehen, wer daran schuld sei, daß ihre Träume zu Alpträumen geworden waren. Das Ergebnis war eine neue Besessenheit von der Suche nach Schuldigen. Diese seltsam verformte Geisteshaltung brachte als bizarres, neues Phänomen eine »Kultur der Viktimisierung« hervor. Dafür sprechen die Milliarden, die in Rechtschutzversicherungen investiert werden, aber das Phänomen geht weit über die Gerichte hinaus. Es durchdringt alle Bereiche der amerikanischen Gesellschaft: von den Beziehungen zwischen den Rassen über die feministische Kritik bis hin zu dem Kreuzzug, um die Unterdrückung der Opfer der Vergangenheit rückgängig zu machen.[1] Das Streben nach dem Opfer-Image erfolgt nicht zuletzt deshalb, weil ein großer psychischer und politischer Nutzen aus einem überzeugenden Vermächtnis der Unterdrückung erwächst. Unter anderem kann es, wie Michael Roth betont, zu einer »moralischen Überlegenheit« führen, »die unsere Kultur anerkannten Opfern oft zugesteht«.[2]

Wie wir jedoch wissen, ist moralische Überlegenheit kein Ersatz für Gerechtigkeit. Die Opfer haben einen anderen und größeren Anspruch auf unser moralisches und politisches Verantwortungsbewußtsein als diejenigen, die daraus Vorteile zogen, daß sie sie verfolgten. Wir müssen besonders darauf achten, daß Unterdrückung in der Vergangenheit nicht zur Rechtfertigung illegitimer und ungerechter Ziele in der Gegenwart dient. Zwei neuerliche Fälle von Mißbrauch mögen als Beispiele genügen. Der Aufbau einer historischen Erinnerung, die die Serben als Opfer der Geschichte darstellte, machte den Völkermord ohne erkennbare Schuldgefühle möglich. Auf der individuellen Ebene bietet sich als weiteres Beispiel die logische Grundlage an, die im O.-J.-Simpson-Prozeß zum Urteil führte.

Geschichte wird ebensowenig in einem Vakuum geschrieben, wie die Vergangenheit in einem Vakuum in Erinnerung gehalten wird; schon gar nicht im Falle eines Ereignisses der jüngsten Geschichte wie dem Holocaust, der noch in lebendi-

---

1 Siehe John Taylor: *Don't Blame Me! The New Culture of Victimization,* *New York,* 3. 6. 1991 (im Folgenden: Taylor).
2 Siehe Michael S. Roth: *Victim, Memory, History,* in: *Tikkun,* Bd. 9, Nr. 2, März/April 1994, S. 60.

ger Erinnerung verbleibt. Goldhagens Buch bildet keine Ausnahme. Konzept und Rezeption wurden durch eine von der Erinnerung besessenen soziopolitischen Umgebung erleichtert. Im »politisch korrekten« Ambiente läßt sich die Geschichte manipulieren, um die Forderungen der Gegenwart, die auf vergangenem Unrecht begründet sind, zu rechtfertigen. Als politisch-ideologisches Instrument läßt sich eine machtlose Vergangenheit in eine machtvolle Gegenwart umsetzen. In einem solchen Klima wird die postmarxistische Neigung gefördert, die Vergangenheit als eine Geschichte lang anhaltender Leiden zu beschreiben.

Es ist kein Geheimnis, daß die meisten Gruppen ihre Identität der Quelle ihrer Macht beziehen. Unterdrückte Gruppen (und Individuen) gründen also ihre Einzigartigkeit auf ihr Opferdasein. Das Opferdasein kann ja auch als kraftvolle Untermauerung dienen, wenn es um den Anspruch auf Wiedergutmachung vergangenen Unrechts geht. Da die Zahl der Opfer sich stets erhöht, objektiv wie subjektiv, führt das zu einem heftigem Wettkampf, der die Schuldquellen zum Versiegen bringt. Dieses »Mitleidsmüdigkeit«[1] genannte Phänomen verschärft den Kampf um die rasch sich erschöpfenden Ressourcen der Reumütigkeit.

Daraus möge man nicht den Schluß ziehen, dies sei ein Plädoyer *für* die Unterdrückung. Ganz im Gegenteil. Wie wir wissen, schafft das Verdrängen einer schmerzlichen Vergangenheit oder die fehlende Einsicht in deren Nachwirkungen oft nur noch größere Gefahren der Selbstlähmung. Um solchen Gefahren zu entgehen muß man sie als Teil der eigenen Geschichte akzeptieren.[2] Der Weg zur Akzeptanz kann jedoch mit Gefahren verbunden sein.

So können ein Wettstreit zwischen konkurrierenden An-

1 Taylor, S. 24.
2 Zur Weiterentwicklung dieses Arguments siehe Judith Lewis Herman: *Trauma and Recovery,* New York 1992.

sprüchen auf Anerkennung als Opfer und eine »Hierarchie des Leidens« entstehen, deren Text in der Vergangenheit begründet liegt, deren Subtext jedoch zukunftsorientiert ist. Die dramatisierte Darstellung einer traumatischen Vergangenheit ist eine Möglichkeit, im Rennen zu bleiben. Sie dürfte, um mit Shelby Steele zu sprechen, eine »opferfokussierte Identität« hervorrufen. Wenn eine solche, politisierte Identität als Grundlage für kulturelle Identität und Gruppensolidarität dient, sowie als Berechtigung für das Weiterbestehen eines bestimmten Daseins beschworen wird, wird dadurch nicht nur die Erinnerung an ein echtes, vergangenes Opferdasein verraten. Die Entwicklung einer gesünderen kollektiven Zukunft wäre gefährdet.

Angesichts des Leidens, das die Juden in ihrer ganzen Geschichte erfahren haben, ist es äußerst provokant, ja geradezu aufhetzend, ihnen eine Abhängigkeit von ihrem Opferstatus zu unterstellen. Doch seit den späten achtziger Jahren wurde vielfach darauf hingewiesen, daß der Holocaust »Begriff steht, die gesamte jüdische Vergangenheit und Gegenwart in Amerika zu beherrschen«.[1] Unter jüdischen Intellektuellen wurde dieses Phänomen zunehmend Anlaß zur Sorge. Da der Holocaust für viele heutigen Juden zum beherrschenden Bezugspunkt geworden sei, hätte seine immerwährende Heilighaltung das Surrogat für das Judentum schlechthin geschaffen.[2] Andere meinten, der Holocaust »wäre zum sofortigen Judaisierer« geworden, »der die Menschen durch seine Schockwirkung zu ihrem Judentum zurückgeführt« habe.[3] Auf der Linken gibt es auch noch diejenigen, die sich Sorgen

1 Siehe z.B. James E. Young: *Writing and Rewriting the Holocaust,* Bloomington 1988, S.187.
2 Michael Goldberg: *Why Should Jews Survive? Looking Past the Holocaust toward a Jewish Future,* New York 1995, S.41.
3 Zitat Professor Yaffa Eliach aus Edward T. Linenthal: *Preserving Memory: The Struggle to Create America's Holocaust Museum,* New York 1995, S.13.

machen, daß die Anerkennung der Juden in den Vereinigten Staaten als »Hauptopfer« (der Geschichte) ihnen einen Vorteil verschafft – »eine Art Status als privilegierte Nation in der moralischen Ehrentafel«, insbesondere im Hinblick auf den Konflikt zwischen Israel und den Palästinensern.[1]

Über die Rolle des »United States Holocaust Memorial Museum« meinte einer seiner Organisatoren, daß »das Museum in manch wichtiger Hinsicht die Ankunft der amerikanisch-jüdischen Gemeinde als selbstbewußt und eigenständige Gruppe in Amerika signalisiert«.[2] Wenn andererseits der Holocaust zum therapeutischen, massenkulturellen Erlebnis geworden ist, auf dem die Juden ein Gefühl der Sicherheit in Amerika begründen, dann kann ich nur einem anderen Kritiker zustimmen, der behauptete, daß es »um die Juden dieses Landes in der Tat schlecht bestellt ist«.[3]

In einer Gesellschaft, die vielleicht zu groß und zu heterogen ist, um einen Zusammenhalt anzubieten, mußte man als Amerikaner eine eigene Nische finden. Eine starke Gruppenidentität, ob als Rasse, Ethnie, Religion oder Geschlecht, ist zum Überleben unerläßlich. Dies ist für die amerikanischen Juden gerade jetzt eine Frage des »Seins oder Nichtseins«, wie manche meinen. Paradoxerweise ergibt sich die »Krise des jüdischer Daseins«, wie sie genannt wurde, gerade aus der Offenheit und Toleranz der Vereinigten Staaten. Aus dieser Perspektive heraus werden Integration und Assimilation als negative Aspekte der Akzeptanz gewertet. Also als Ent-

1 Phillip Lopate: *Resistance to the Holocaust,* in: *Tikkun,* Bd.4, Nr.3, S.59; Marc H. Ellis: *Ending Auschwitz: The Future of Jewish and Christian Life,* Louisville 1994, S.24.
2 *The Holocaust,* Brief von Michael Berenbaum an den Chefredakteur von »Commentary«, *Commentary,* September 1995, S.6.
3 Zitat Alvin Rosenfeld aus »Letters from readers«, *Commentary,* September 1995, S.11; siehe auch Philip Gourevitch: *Behold New Behemoth: The Holocaust Memorial Museum: One more American theme park,* in: *Harper's Magazine,* Juli 1993, S.57.

wicklung, die die charakteristischen Merkmale des Judentums untergraben und die ihre Loyalitäten, die ihr kollektives »wir« aufrechterhielt, verwässert hätten.[1] Dafür gibt es viele Indizien. Zu ihnen zählen über fünfzig Prozent Mischehen, schwindende Observanz religiöser Bräuche und eine nachlassende Unterstützung Israels.

So beunruhigend es auch sein mag, muß man festellen, daß unter amerikanischen Juden der Holocaust – und der Antisemitismus als seine alleinige Ursache – als existentielle geschichtliche Lektion übernommen worden sind. Das erklärt zum Teil die Beliebtheit von Goldhagens These, die besagt, daß der Antisemitismus stets vorhanden bleibt und daß sein vermeintliches Verschwinden nur als vorübergehendes Abschwächen der Krankheit zu verstehen ist, bevor sie wieder ausbricht.[2] So erschreckend das auch sein mag: Die Akzeptanz der immerwährenden Bedrohung mit ihrem potentiell katastrophalen Ausgang wird zum Werkzeug, mit dem man den Juden ihr Stammesbewußtsein wieder einprägt.

Deshalb ist es nicht verwunderlich, daß im neuerlichen Schrifttum über die Reaktion amerikanischer Juden auf den Holocaust zwei Aspekte hervortreten. Ihnen wird zunächst Uneinigkeit als Erklärung für ihre Machtlosigkeit vorgeworfen. Dann werden sie als Opfer dargestellt. In der Einführung zum Bericht der »Kommission über das amerikanische Judentum während des Holocaust« liest man, daß amerikanische Juden »auch Opfer des Nationalsozialismus« waren.[3] Aus einem anderen Blickwinkel meinte der Historiker Leonard Dinnerstein, »amerikanisch-jüdische Führer jener Zeit

1 Für dieses Argument siehe auch Martin Lipset und Earl Raab: *Jews and the New American Scene,* Cambridge, Mass., 1995.
2 Goldhagen, S.43.
3 Siehe Vorwort, Bericht der Kommission, *American Jewry During the Holocaust,* hrsg. Seymour Maxwell Finger, New York 1984, Seiten i, ii, iii.

[zählten] zu den Opfern – und nicht zu den Tätern – des Versäumnisses der (amerikanischen) Nation, mehr zu erreichen«.[1] Die »Notwendigkeit«, amerikanische Juden als Opfer darzustellen, veranlaßte einen anderen Historiker zur Behauptung, daß sie »die Erfahrungen ihrer europäischen Glaubensbrüder teilten. Obwohl sie nicht persönlich in Todeslager deportiert wurden, .. war ihnen schmerzlich bewußt, was in den Mordfabriken der Nazis geschah«.[2] Eine historische Darstellung dieser Art trivialisiert ganz offenbar die Erlebnisse der wahren Opfer. Und sie verdreht die Tatsachen – um nicht zu sagen: sie fälscht die Erfahrungen der Juden in Amerika.

Selbstverständnis und Selbstdarstellung als Opfer stellt das jüngste Phänomen unter amerikanischen Juden dar. Es handelt sich um eine weitere, paradoxe Begleiterscheinung der Akzeptanz. Jetzt, da sie sich immer mehr heimisch fühlen, sind die Juden – wie andere Minderheiten – von der unangenehmen Erinnerung an dunklere Kapitel ihrer Erfahrungen in Amerika befreit (wie sie auch von der Pflicht befreit worden sind, andere daran zu erinnern). Vorbei sind die Schmach und die Befürchtungen, die in der unmittelbaren Nachkriegszeit die amerikanischen Juden daran hinderten, ein Denkmal zur Erinnerung an die sechs Millionen jüdischen Opfer in Europa zu errichten. Damals hieß es, dies wäre

… »zum Nachteil und nicht im Interesse der Juden, da es stets daran erinnern würde, … daß die Juden eine hilflose Minderheit sind, deren Sicherheit und sogar Überleben von der Willkür der Menschen abhängen, unter denen sie leben, oder den Regierungen, die über ihr Schicksal verfügen.«[3]

1 Leonard Dinnerstein: *What Should American Jews Have Done to Rescue Their European Brethren?* in: *Simon Wiesenthal Center Annual*, Bd.3, 1986, S.286.
2 Aaron Berman: *Nazism, the Jews and American Zionism, 1933–1948*, Detroit 1990, Seiten 182–184.
3 Protokoll der Sitzung eines ad-hoc-Komitees über das »American Memorial for Six Million Jews of Europe, Inc.«, das am 9. 3. 1948 im

Hitler's Willing Executioners und seinesgleichen fördern jedoch eine Schande anderer Art. Nehmen wir die Rezension Andrew Greeleys, eines katholischen Priesters und Soziologen, der anhand von Goldhagens Buch behauptete, der amerikanische »Nativismus« stelle eine »mögliche Vorstufe hitlerscher Übergriffe« dar. Indem er darauf hinweist, daß mexikanische Immigranten von der kalifornischen Polizei geschlagen werden und daß es im US-Kongreß eine Gesetzesinitiative gibt, die den Kindern illegaler Immigranten den Besuch öffentlicher Schulen verbieten will, fragt er sich, »ob dieses Land (Amerika) nicht in die gleiche Richtung (wie Deutschland) treibt«. Aus amerikanischer Sicht, schreibt er, »sind die ›Illegalen‹ zu Schädlingen geworden. Wir haben sie entmenscht ... Ist es von dort aus sehr weit bis zur Gaskammer? Mag sein, aber die Logik ist die gleiche«.[1] Hier besteht die Gefahr, daß die Geschichte »für alle« zur Geschichte »aller« wird.

Goldhagen gehört einer Generation an, die für ihre stummen Eltern spricht: nicht nur für die zu wenigen, glücklichen Überlebenden des Holocaust, denen Amerika die Tür zwar öffnete, aber seine Ohren viel zu lange verschloß, sondern auch für die Juden, die im Amerika der dreißiger und vierziger Jahre groß wurden und es nicht wagten, ihre tiefempfundenen Ängste als Juden zu offenbaren. Aber die Mittler des Gedenkens spielen selten eine neutrale Rolle. Sie zögern selten, die Vergangenheit für ihre eigenen Interessen und Zwecke einzusetzen. Gerade weil das, was wir über die Shoah schreiben, und wie wir darüber schreiben, genau so leicht Haß schüren, wie es Mitleid erwecken kann, ist ein »Holocaust leicht gemacht« zu meiden.

NCRAC-Büro gehalten wurde, YIVO, American Jewish Committee Records, GS 12, Box 102.

1 Andrew Greeley, *U. S. Nativism Possible Prelude to Hitlerian Abuses,* in: *The Times Union,* Albany, N. Y., 20. 4. 1996, Religion Section, S. B12.

An das infamste Kapitel der Menschheitsgeschichte muß erinnert werden; es muß auch verstanden werden. Aber sollte es unser zukünftiges Vermächtnis für den Triumph des menschlichen Geistes werden? Es ist ein Unterschied, von der Opferrolle besessen zu sein, oder sich mit dem Überleben zu beschäftigen. Dieser Unterschied ist entscheidend. Bei der Opferrolle geht es um Mord und Tod, Beherrschtwerden und Hilflosigkeit. Beim Überleben geht es um Fertigwerden, Weiterleben, Weitermachen. Der Holocaust sollte überleben und nicht zum Opfer der Erinnerung werden.

Quelle: Eine gekürzte Fassung dieses Artikels ist in der Frankfurter Rundschau vom 14. Mai 1996 erschienen.
Aus dem Englischen von Paul Bewicke

EBERHARD JÄCKEL

Einfach ein schlechtes Buch

Die Welt ist ungerecht, die Medienwelt allemal. Da erscheinen in Amerika die vorzüglichsten Bücher zur deutschen Geschichte und werden kaum zur Kenntnis genommen. Allein im vergangenen Jahr erschien eines über die sowjetische Besatzungszone von Norman M. Naimark (»The Russians in Germany«), das zum Besten gehört, was ich in letzter Zeit gelesen habe; außerdem eine ganz meisterhafte Diplomatiegeschichte der Vereinigung von 1990 von Philip Zelikow und Condoleezza Rice (»Germany Unified and Europe Transformed«), beide im Verlag der Universität von Harvard, gründlichst recherchiert, voller neuer Einsichten, spannend zu lesen. Sie bekommen ein paar gute Kritiken, lösen aber keine Debatten aus, wie sie sie wahrlich verdient hätten.

Dann kommt von dort, von der Universität, nicht von Harvard University Press, eine durch und durch mangelhafte, mißlungene Dissertation, und der Medienwald erzittert, als sei ein Komet eingeschlagen. Ein dutzendmal bin ich von Redaktionen gefragt worden, was ich von Daniel Jonah Goldhagens Buch halte. Ich sage es unverblümt: Es ist nicht auf der Höhe der Forschung, es genügt auch mittelmäßigen Ansprüchen nicht, es ist einfach schlecht. Ich sage das mit Bedauern. Denn ich habe den Verfasser als einen intelligenten, sympathischen jungen Mann in Erinnerung. Er besuchte mich öfter, als er in Ludwigsburg die Akten studierte. Er erzählte mir, er bereite eine Doktorarbeit über die Anfänge der Erschießungen in der Sowjetunion vor. Das war ein gutes Thema. Damit hatte der Mord an den europäischen Juden begonnen, darüber gab es eine wissenschaftliche Kontroverse (zwischen Alfred Streim und Helmut Krausnick), das sollte geklärt werden. Wir hatten sehr intensive Gespräche.

Dann scheint ihm seine Frage nicht genügt zu haben, und das führte ihn auf Abwege.

Das Buch beginnt voller Fehler. Goldhagen erzählt, wie ein Hauptmann Hoffmann vom Polizeibataillon 101, das in Polen Juden ermordete, einen Befehl verweigerte. Dabei verschweigt er, daß die Geschichte schon in dem Buch »Ganz normale Männer« von Christopher R. Browning steht. Statt dessen betont er, Hoffmann und die übrigen Offiziere des Bataillons seien »nicht SS-Männer, sondern gewöhnliche Deutsche« gewesen. Die Unterscheidung ist nicht nur fragwürdig, sie ist in diesem Fall auch falsch. Hoffmann war seit 1933 Mitglied der SS. Er sollte sich verpflichten, nicht zu stehlen, zu plündern oder Waren unbezahlt mitzunehmen. Dieser Befehl verletzte, so schrieb er, sein »Ehrgefühl«. Goldhagen liest in den Brief hinein, das habe sich auf Polen, nicht auf Juden bezogen. Tatsächlich stand in dem Befehl nichts Derartiges. Er entsprach Himmlers Richtlinie, beim Morden »anständig« zu bleiben.

Bekanntlich gibt Goldhagen auf die Frage, warum und wie der Mord geschah, die Antwort, *die* Deutschen hätten es getan, gern, lustvoll und aus Überzeugung – überzeugt von ihrem jahrhundertealten Antisemitismus. Antisemiten waren sie angeblich alle, Hitler und Himmler ebenso wie Thomas Mann und Karl Barth. Bevor er anfängt, verkündet, er, wie schwer *(daunting)* sein Vorhaben sei, was auf der Mikro-, Meso- und Makroebene empirisch und theoretisch geleistet werden müsse und daß bisher fast alles falsch gemacht worden sei. So gelte es in der Wissenschaft zum Beispiel als unbestritten, daß die Täter unter Zwang gehandelt hätten und bestraft worden wären, wenn sie die Befehle, die man ihnen gab, nicht ausführten. Wer aber in der Wissenschaft behauptet das denn? Goldhagen gibt keine Belege. In Wahrheit steht seit langem fest, daß der sogenannte Befehlsnotstand nicht in einem einzigen Fall nachgewiesen werden konnte. Goldhagen tut so, als hätte er es als erster entdeckt. Sein Buch, sagt er, ist die Revision.

Er behauptet ferner, es werde allgemein angenommen, die Deutschen hätten die Juden im großen und ganzen *(by and large)* in Gaskammern getötet, erst diese Technologie habe den Horror möglich gemacht. In einer Anmerkung verweist er (ohne Seitenangabe) auf Raul Hilbergs Standardwerk. Hilberg aber hat die Todesfälle genau nach Ursachen spezifiziert und die »Erschießungen im Freien« auf 1300000 beziffert. Goldhagen will sich profilieren, indem er Thesen bestreitet, die im Ernst niemand aufgestellt hat.

Im ersten Teil erzählt er die Geschichte des deutschen Antisemitismus als fortgesetzte Steigerung vom, wie er sagt, »Eliminationistischen« zum »Exterminationistischen«. Das ist der Forschungsstand der fünfziger Jahre. Damals glaubte man, die Ursache des Mordes müsse in einem besonders ausgeprägten Antisemitismus gesucht werden. Daß seitdem Richard S. Levy einen Rückgang (er nannte es *downfall)* der antisemitischen Parteien zwischen 1903 und 1914 feststellte, daß Donald L. Niewyk (»The Jews in Weimar Germany«, 1980) ein Abflauen des Antisemitismus um 1928 konstatierte, daß Shulamit Volkov sehr differenzierte Untersuchungen über Kontinuität und Diskontinuität im deutschen Antisemitismus seit 1878 vortrug, kommt bei Goldhagen nicht vor. Er nennt diese Arbeiten nicht einmal (das übliche Literaturverzeichnis fehlt bei ihm). Nun kann man gewiß die Ergebnisse früherer Forschung bestreiten. Aber dann muß man sie widerlegen und darf nicht schweigend über sie hinweggehen. Goldhagen pflückt sich aus der (meist älteren) Literatur, was auf seinen Reim paßt.

Immer sind es *die* Deutschen (*the Germans* steht fast auf jeder Seite, manchmal achtmal). Wenn sie es nicht alle sind, ist es die große Mehrheit *(the vast majority).* Sie wollten es, und so kam es zum Massenmord. Kein Versuch wird gemacht, verschiedene Grade von Antisemitismus zu ermitteln. Das große Problem, daß die herkömmlichen Antisemiten immer die deutschen Juden meinten, daß im Zweiten Weltkrieg aber die europäischen ermordet wurden (von allen waren etwa zwei Prozent deutsche Juden), wird keines Wortes gewürdigt. Die Deutschen wußten es alle, sie wollten es alle. Man fragt sich, warum das Unternehmen geheim war.

Wenn einige Deutsche die Ausschreitungen beklagten, weil sie Rache fürchteten, schließt Goldhagen daraus, sie seien im Prinzip einverstanden gewesen. Überheblich springt er mit seinen älteren Kollegen um. Christopher Browning, der ihm mit seinem Buch zuvorgekommen war, wird unentwegt grundlos kritisiert. Karl Schleunes, der ein differenziertes Buch über die Vorgeschichte mit dem Titel »The Twisted Road to Auschwitz« schrieb, bekommt den Satz verpaßt: »The road to Auschwitz was not twisted« (S. 425). Raul Hilberg, der sich an einer Stelle fragte, wie die deutsche Bürokratie ihre moralischen Skrupel überwunden habe, wird belehrt, er nehme also an, die Bürokratie habe Skrupel gehabt (S. 385), während es doch viel einfacher war: Es gab keine Skrupel, und also konnte man auch keine überwinden.

Goldhagens Ausführungen über die Naziinstitutionen bleiben gleichfalls hinter dem Forschungsstand zurück. Hitler habe, so schreibt er (S. 29), die Juden als schädlich für das deutsche Volk charakterisiert. In Wahrheit argumentierte Hitler, sie seien eine Gefahr für die Menschheit, und das ist nicht unwichtig, wenn man verstehen will, warum der Mord sich zumeist gegen nichtdeutsche Juden richtete.

Der Hauptteil handelt von den Polizeibataillonen und ihren Grausamkeiten. Hier, wie auch in dem Kapitel über die Todesmärsche, gelingen Goldhagen einige eindringliche Passagen. Er wolle die »klinische« Betrachtungsweise vermeiden, die sich auf Zahlen- und Ortsangaben beschränke. Er wolle den Schrecken vermitteln. Darin hat er recht. Das wird oft vernachlässigt. Aber die Hauptaufgabe der Forschung ist nun einmal, die Zusammenhänge zu erklären. Sie werden bei Goldhagen vernachlässigt; Platz und Anteil der Polizeibataillone bleiben unklar.

Die Grundthese beruht natürlich auf der Annahme, daß der Antisemitismus in Deutschland intensiver gewesen sei als anderswo. Daß auch das, etwa von George L. Mosse, bestritten worden ist, wird mit keinem Wort erwähnt. Vergleiche sind gewiß schwierig, da die Intensität von Antisemitismus kaum meßbar ist. Aber Goldhagen geht auf das Problem überhaupt nicht ein. Erst ganz am Schluß (S. 408) spricht er einmal davon. Mit wem vergleicht er? Mit Dänen und Italienern! Beide Fälle sind genau untersucht worden. Zu den Dänen fällt ihm nur »heroisch« ein, Jonathan Steinbergs genaue Analyse der italienischen Verweigerung kennt er nicht. Daß im Oktober 1941 in Odessa von Rumänen ein Massaker verübt wurde, das dem von Babi Jar in Kiew sehr ähnlich war, wird nicht erwähnt.

Wiederholt sagt Goldhagen, man müsse die Deutschen und ihren Antisemitismus vor und während der Nazizeit »anthropologisch« betrachten (etwa S. 45). Damit verrät er seinen ganzen Ansatz. Unter Anthropologie kann man Verschiedenes verstehen. Sie ist auch ein Teilgebiet der Biologie, die die angeborenen und nicht die erworbenen Eigenschaften der Menschen untersucht. Daraus ist die Rassenlehre hervorgegangen und aus ihr der rassistische Antisemitismus. Goldhagen bringt sich in eine verdächtige Nähe zu diesem biologistischen Kollektivismus. Das ist eine an Stammtischen verbreitete Art zu urteilen: Man sagt, *die* Franzosen seien eben so, so wie die Antisemiten sagten, *die* Juden seien ihr Unglück. Raul Hilberg erzählt gelegentlich den Witz, einer habe dazu gesagt: Ja, die Juden und die Radfahrer. Fragt der andere: Warum die Radfahrer? Sagt der erste: Warum die Juden? Der Witz erhellt blitzartig die ganze Hirnlosigkeit von derlei pauschalen Urteilen.

Im Ernst ist ja ganz unbestritten, daß der Antisemitismus in der Nazizeit höchst virulent war, und seit den Untersuchungen über die SS-Intellektuellen *(ZEIT Nr. 14/1996)* wissen wir, daß er noch viel tiefer verwurzelt war, als man bisher annahm. Daß er es aber allein war, der zu jenem einzigartigen deutschen Massenmord führte, kann schon deswegen nicht sein, weil es auch vorher Antisemitismus gegeben hatte, ohne sich so auszuwirken. Der Weg nach Auschwitz war gewunden. Die Forschung ist gewiß nicht am Ende. Sie hat jedoch Ergebnisse gezeitigt, über die man nicht einfach mit einer simplistischen Behauptung hinweggehen kann. Das Buch von Daniel Goldhagen ist wenig mehr als ein Rückschritt auf längst überholte Positionen, schlimmer noch, ein Rückfall auf das primitivste aller Stereotypen. Das ist sehr schade. Ein, wie mir schien, tüchtiger junger Mann bringt sich zwar in die Schlagzeilen, aber zugleich um jedes wissenschaftliche Prestige.

Quelle: Eine geringfügig veränderte Fassung dieses Beitrages ist in der ZEIT vom 17. Mai 1996 erschienen.

HANS-ULRICH WEHLER

Wie ein Stachel im Fleisch

*Es gibt sechs gute Gründe, sich ernsthaft mit
Daniel Goldhagens Buch zu befassen –
und ebenso viele, warum man seine Erklärung des
Holocaust scharf kritisieren muß*

Auch inmitten einer lebhaft, mancherorts schon leidenschaftlich geführten Kontroverse um ein umstrittenes Buch mit einer provozierenden »Botschaft« gilt unverändert das bewährte Gebot, jede Auseinandersetzung an einer möglichst nüchternen und klaren Kosten-Nutzen-Abwägung zu orientieren. Daher ist zuerst nach den Vorzügen und dem Gewinn zu fragen, ehe die Grenzen und die Nachteile genauso offen erörtert werden. Das ist bei Daniel Goldhagens Buch über »Hitlers willfährige Schergen« um so mehr geboten, als die publizistische Öffentlichkeit in den Vereinigten Staaten und in Deutschland auf diese 600 Seiten über die »gewöhnlichen Deutschen und den Holocaust« nicht nur etwas schneller als die wissenschaftliche Fachwelt reagiert hat, obwohl diese sich inzwischen ungewöhnlich rasch zu Worte gemeldet hat. Vielmehr hat sie auch die laufende Debatte durch einige geschwind etablierte Klischees erschwert.

Der enthusiastische Beifall amerikanischer Journalisten und Diskussionsteilnehmer ist ein Problem für sich; dazu später einige Bemerkungen. Fassen wir uns aber zuerst an die eigene Nase, ist das Echo im deutschen Blätterwald bisher alles andere als zufriedenstellend. Mit einer irritierenden Geschwindigkeit und spektakulären Selbstsicherheit, die öfters nur die Ignoranz in der Sache verhüllen hilft, hat sich ein Abwehrkonsens herausgebildet. Das Buch bringe empirisch nichts Neues, heißt es immer wieder, im wesentlichen sei alles längst bekannt, anregende Fragen enthalte es auch nicht, kurz: das »Ergebnis ist … gleich Null«. Und da die Interpretation »natürlich puren Unsinn« darstelle (so, stellvertretend für manche anderen, zwei Zitate aus Rudolf Augsteins Kommentar), kann man nach vollendetem Verdammungsurteil offenbar entspannt zur Tagesordnung übergehen. Doch der erste Teil der Charakterisierung ist auf eine bestürzende Weise unvollständig, irreführend, wenn nicht unzutreffend; der zweite dagegen verdient einen ausführlicheren argumentativen Aufwand.

Das Buch erreicht keineswegs nur, ja vermutlich nicht einmal in erster Linie, die wissenschaftlichen Experten, die bisher in der Tat übereinstimmend schneidende Kritik geäußert haben (zum Beispiel Omer Bartov, Yehuda Bauer, Christopher Browning, Norbert Frei, Raul Hilberg, Hans Mommsen, Moshe Zimmermann). Seine unübersehbar öffentliche Wirkung wirkt als Stachel, sich mit außerordentlich schmerzhaften Problemen, die alles andere als abschließend geklärt sind, erneut auseinanderzusetzen. Das könnte man, trotz aller berechtigten Einwände, als willkommenen Effekt begrüßen, anstatt spontan jede weitere Diskussion der Sachfragen abzublocken. Und auch die spürbare moralische Empörung, die den Verfasser antreibt, sollte man hierzulande gelassener respektieren können.

Vor allem gibt es mindestens sechs erwägenswerte Gründe, Teile der empirischen Analyse und einige Fragen Goldhagens ernst zu nehmen. Er breitet drei konkrete Fallstudien aus: über Polizeieinheiten beim Werk der »Endlösung«, über Arbeitslager für Juden, über Todesmärsche von Juden nach der Auflösung der Vernichtungs- und Konzentrationslager. Selbstverständlich hatte die weit verzweigte internationale Forschung zum Nationalsozialismus und Holocaust diese drei Komplexe nicht vollig übersehen. Befriedigend aber kann man die Ergebnisse gewiß nicht nennen.

1. Über den Judenmord der Einsatzgruppen, der Sonder-kommandos, der SS-Brigaden vom Kommandostab Himm-ler, der zahlreichen Wehrmachtseinheiten sind wir inzwi-schen (im Grunde auch erst seit den achtziger Jahren!) ziem-lich genau informiert. Über jene Polizeiverbände indes, die ebenfalls Tag für Tag den Massenmord als Vollzeitbeschäfti-gung betrieben, gab es bislang eigentlich erst eine einzige umfassende und präzise Analyse einer einzigen Polizei-Re-serveeinheit: in Brownings Buch »Ganz normale Männer« von 1992 (dt. 1993). Jahrelang operierten aber rund vierzig solcher Polizeibataillone in Polen und Rußland! Wo ist denn wenigstens ein halbes Dutzend deutscher Dissertationen oder Habilitationen über sie? Unter den Abertausenden von geschichtswissenschaftlichen Studien, die sich im Verzeich-nis der deutschen Hochschulschriften seit 1945 finden, wird man sie vergeblich suchen. Dagegen herrscht dort an kon-ventioneller Politikgeschichte, vom spanischen Erbfolge-krieg bis zur wilhelminischen Diplomatie, noch immer ein wahrer Überfluß. Erscheint es daher nicht berechtigt, daß sich Goldhagen bemüht hat, dieses Defizit zu verringern? Wenn ihm jetzt immer wieder Brownings Leistung entgegen-gehalten wird, kann man doch daran erinnern, daß nicht we-niger als ein halbes Jahrhundert seit dem Zweiten Weltkriegs vergangen war, bis dieses vorzügliche Kollektivporträt end-lich erschienen ist. Also: Alles schon bekannt? Auch über den Mikrokosmos der Spezialisten hinaus vielen hinreichend be-kannt? Gar nichts Neues mehr zu entdecken? Da lese man doch einmal die Kapitel 6 bis 9 in Goldhagens Buch.

2. Mehr als 10000 Lager haben Hitlers Deutsche für »Gegner« aller Art eingerichtet: Konzentrations- und Ver-nichtungslager mit zahlreichen Außenstellen, Zwangsarbei-ter- und Gefangenenlager, Ghettos und Arbeitslager, viele dieser Lager auch oder nur für Juden. Allein in Polen gab es rund 940 Arbeitslager für Juden. Wo ist denn wenigstens ein halbes Dutzend Dissertationen über sie? Die Antwort: fast

dieselbe Feststellung wie vorn. Über die sechs großen Vernichtungslager, über bekannte Konzentrationslager, über die mörderischen Wehrmachtslager für Millionen russischer Kriegsgefangener hat uns die internationale Forschung inzwischen informiert. Doch über die Interna der Arbeitslager für Juden wissen wir (erst recht aus der deutschsprachigen Literatur) im Grunde noch immer sehr wenig, viel zu wenig. Durfte Goldhagen da nicht zu Recht seine Untersuchung durchführen – nachzulesen in den Kapiteln 10 bis 12?

3. Wenn es rund hundert Todesmärsche nach Westen gab, als die Vernichtungs- und Konzentrationslager im Winter 1944/45 auf Himmlers Befehl vor dem Eintreffen der Roten Armee aufgegeben wurden, und wenn die Schätzung auch nur annähernd stimmt, daß von etwa 750000 »Insassen« mindestens 250000, vielleicht aber sogar 375000 unterwegs umgebracht worden oder sonstwie elend umgekommen sind, wo sind denn wenigstens einige wissenschaftliche Monographien, die diese apokalyptischen Horrorzüge analysiert haben? Darum noch einmal: alles schon bekannt? Ist es vielmehr nicht verständlich, daß Goldhagen auch diese Lücke ein wenig schließen wollte? Wer kein Herz aus Stein hat, wird die Kapitel 13 und 14 fassungslos lesen.

4. Vor dem Höllenreich der Gaskammern und Liquidationsaktionen dehnte sich das endlose Vorfeld der alltäglichen Grausamkeiten bei der quälenden Behandlung von Frauen und Kindern, Greisen und Hilflosen. Zugegeben, man weiß von diesen Torturen. Aber sie treten gewöhnlich hinter den destruktiven Operationen anonymer Großverbände zurück, die ihre Schreckensherrschaft uneingeschränkt ausüben durften (Einsatzgruppe 3, Sonderkommando 6, Panzerregiment 9 meldet: Bezirk X ist »judenfrei«). Besteht Goldhagen nicht zu Recht darauf, daß eine derartige Grausamkeit, die unter zahlreichen Angehörigen eines ehemals zivilisierten Volkes auf einmal jahrelang als Massenphänomen auftrat, weiterhin erklärungsbedürftig bleibt? Und zwar

in vielfacher Hinsicht: von den spontanen Pogromen Anfang 1933 bis zum Mai 1945. Die Erforschung eines solchen Verhaltens ist psychisch nur sehr schwer auszuhalten. Trotzdem behält diese Aufgabe ihre Berechtigung.

5. Auch deshalb setzt sich Goldhagen zum Ziel, nach Möglichkeit individuelle Täter in den Brennpunkt der Aufmerksamkeit zu rücken. Anstatt gesichtslose Kollektive wie die blindgläubigen SS-Verbände oder gehorsame Exekutoren wie die zahlreichen Wehrmachtseinheiten bei ihrem mörderischen Treiben zu verfolgen, anstatt die »Banalität des Bösen« (H. Arendt) an typischen Bürokraten der »Endlösung« wie Eichmann und seinesgleichen oder den grenzenlosen Fanatismus dämonisierter Planer wie Himmler und Heydrich zu untersuchen, sollte – so das Postulat – eine anschaulichere Vorstellung von den Hunderttausenden von Einzeltätern entstehen. Unstreitig existiert doch noch immer die Gefahr, daß sie hinter dem Schutzschild ihrer Einheiten verschwinden. Brownings Leistung beruht ja gerade darauf, daß er diesen Anonymisierungspanzer durchbricht und konkrete Individuen schildert. Kann man Goldhagens parallel verfolgte Absicht, durch individualisierende Darstellung das Grauen zu konkretisieren, ohne weiteres von der Hand weisen? Methodisch und empirisch bleibt das eine außergewöhnlich schwere Aufgabe. Legitim aber ist sie allemal.

6. Das ist auch die seit den dreißiger Jahren unaufhörlich diskutierte Frage danach, wie tief der Antisemitismus in der Mentalität von Millionen Deutschen verankert war, inwieweit er den Übergang von der sozialen Diskriminierung über die psychischen Schikanen, die aktive Verfolgung und die Pogrome bis hin zur allumfassenden »Endlösung« mit ermöglicht und gefördert hat. Im Prinzip läßt sich nicht bestreiten, daß »Weltbilder« – gleichviel ob die der Weltreligionen oder der politischen Großideologien, der bäuerlichen Gesellschaft oder des höheren Wirtschaftsbürgertums – eine mentalitätsprägende und verhaltenssteuernde Fähigkeit besitzen.

Ihre Reichweite und Motivationskraft freilich, insbesondere aber die wechselseitige Verschränkung mit jenen materiellen und ideellen Interessen, jenen konkreten Konstellationen und restriktiven Bedingungen, die zusammengenommen erst Aktionen erzeugen und vorantreiben – diese komplizierte Interaktion ist im Hinblick auf den NS-Genozid noch immer nicht schlüssig erklärt worden, geschweige denn »bekannt«. Gerade hier methodisch präzise weiterzufragen ist völlig berechtigt. Darf man die beneidenswerten Alleswisser wenigstens einmal an Hegels berühmtes Diktum erinnern: »Ist das Reich der Vorstellung revolutioniert, so hält die Wirklichkeit nicht aus?«

Kurzum, mancher macht es sich zu leicht, wenn er das gesamte Buch mit der linken Hand abtut – vom hohen Kothurn angeblich hinreichender Sachkenntnisse, vielleicht aber doch auch im Dienste latenter Abwehrmechanismen, welche die Greuel unserer Vergangenheit endlich fernhalten wollen. Aber »when all is said and done« führt doch, sobald es um Goldhagens entscheidendes Unternehmen, seinen Anlauf zur Erklärung des Holocaust, geht, kein Weg an einem unzweideutigen Urteil vorbei. Mit derselben kalten Leidenschaft, mit der Goldhagen in den empirischen Fallstudien den Absturz in die Barbarei beschreibt, hat er alles, buchstäblich alles getan, um seine »Erklärung« so radikal wie nur möglich zu diskreditieren. Das läßt sich wiederum unter sechs Sachgesichtspunkten erörtern.

1. Seit dem Mittelalter hat sich, so die Hauptthese, auf der Grundlage des eingefleischten christlichen Hasses auf das Volk der »Christusmörder« unter »den Deutschen« der Antisemitismus gehalten. Er drang in die Tiefenstruktur ihrer Sozialmentalität ein, prägte seither ihre kognitiven Denkfiguren und alle Lebensbersiche einschließlich der politischen Kultur. Früher hätte man gesagt: Er wurde ein unauflöslicher Bestandteil ihres »Nationalcharakters«. Deshalb darf man sich auch nicht irritieren lassen, wenn der Antisemitismus

einmal fünfzig oder hundert Jahre und mehr verschwindet. Denn die in der Tiefe gespeicherte und durch Sozialisationsprozesse ungebrochen weitergegebene antisemitische Programmatik kann jederzeit aktiviert werden. Spätestens seit dem frühen 19. Jahrhundert entwickelten »die Deutschen« aus diesem verhängnisvollen Erbe einen »Eliminations-Antisemitismus«, der auf Verdrängung, Beseitigung, letztlich auf »Extermination« angelegt war. Dieser angeblich genuin deutsche Antisemitismus mit seinem Fluchtpunkt der physischen Vernichtung wurde zu ihrem »nationalen Projekt«! In jedem »gewöhnlichen Deutschen« steckte seither ein Monstrum mit diesem Auslöschungswahn.

Hitler und seinem Diktatorialregime gelang es daher keineswegs, allmählich genügend Deutsche zur Mitwirkung am Holocaust zu gewinnen. Weit gefehlt: Die Braunen öffneten nur die Schleusen, und endlich, endlich konnten »die Deutschen« ihren »Eliminations-Antisemitismus«, ihr ureigenstes »Projekt«, mit eherner Konsequenz praktizieren.

Aus diesem Goldhagen-Konstrukt folgt unentrinnbar alles Weitere. Warum kein Protest gegen die Diskriminierung der Juden in den sogenannten sechs Friedensjahren des »Dritten Reiches«? Sie war seit Jahrhunderten ersehnt worden. Warum kein Protest gegen Pogrome, etwa die »Reichskristallnacht«? Sie war seit langem erhofft worden. Warum kein Protest gegen den Holocaust? Endlich konnte der »Eliminations-Antisemitismus« aller »normalen Deutschen« sein Ziel verwirklichen. Wie kann da Grausamkeit verwundern? Endlich konnten »die Deutschen« ihren Haß gegen die jüdischen »Untermenschen« ausleben. Und so weiter – die Universalerklärung verwandelt jedes Problem in ein Scheinproblem.

2. Was bedeutet das? Goldhagens »Erklärung« basiert auf der bedingungslosen intellektuellen Kapitulation vor jedem Bemühen um ein seriöses Erklärungsmodell, das durch schlichte Diabolisierung ersetzt wird. »Die Deutschen« sind seit dem Mittelalter eine bösartige Spezies der menschlichen

Gattung, so lautet diese abstruse neue Variante des deutschen »Sonderwegs«. Nur sie konnten daher so folgerichtig ihren Antisemitismus bis hin zum Holocaust perfektionieren. Im Kern bedeutet das, offenbar ohne daß der Verfasser es will oder merkt, die entschlossene Ethnisierung der Debatte über den Nationalsozialismus und seine Genozidpraxis. Strukturell tauchen, pointiert gesagt, dieselben Denkschemata, wie sie dem Nationalsozialismus eigen waren, wieder auf: An die Stelle des auszulöschenden »auserwählten Volkes« tritt das »verworfene Volk« der Deutschen als Inkarnation des Bösen. Die Kollektivschuldthese feiert auf diesem Umweg eine keineswegs fröhliche Urständ. Unter umgekehrten Vorzeichen erlebt ein Quasi-Rassismus, der jede Erkenntnisanstrengung von vornherein eisern blockiert, seine pseudowissenschaftliche, mentalitätsgeschichtlich kamouflierte Wiederauferstehung.

Die Komplexität der historischen Konstellationen wird nicht einmal anvisiert. Wo sind die lang- und kurzlebigen Voraussetzungen für den Aufstieg der Hitler-Bewegung, die Etappen des Ausbaus der Diktatur, die Auswirkungen des antisemitischen Weltbildes? Wo ist die »kumulative Radikalisierung« der deutschen Judenpolitik bis hin zur »Endlösung«? Wo ist mithin der Zusammenhang von Brutalisierung bereits durch den Ersten, dann durch den Zweiten Weltkrieg, erst recht durch den Polen- und Rußland-»Feldzug«, der Nexus von Befehlsgewalt und Gehorsamspflicht, die Realitätsverzerrung, die Situationsabhängigkeit, der Gruppendruck, die Entscheidungswillkür unterer und mittlerer Instanzen, die »Akklimatisierung« selbst an den täglichen Massenmord und so weiter?

Und wie wirkt sich das Prokrustesbett von Goldhagens »Erklärung« auf die Beurteilung der Bundesrepublik aus? Wenn der deutsche Antisemitismus tatsächlich in die mentalen Tiefendimensionen des »gewöhnlichen Deutschen« eingelagert ist und getrost einmal ein Jahrhundert ohne sichtbare

Eruption verstreichen kann – waren dann nicht alle deutschen Anstrengungen seit 1945 von vornherein vergebens, mit dieser Vergangenheit zu brechen und sich ihr zu stellen? Gut versteckt am Ende des Buches, in der dreizeiligen Anmerkung 38 auf Seite 582, findet sich ein Alibi-Winzling: Einen »zeitlosen deutschen Charakter« gebe es wohl doch nicht, konzediert dort der Autor, und nach dem »Verlust des Zweiten Weltkriegs« habe er sich »dramatisch« verändert. Inzwischen hat Goldhagen auch eine Art von Ehrenerklärung für den Demokratisierungserfolg der Bundesrepublik und die effektive Ächtung des Antisemitismus abgegeben. Beide Äußerungen werden aber durch die stählerne Konstruktion seiner eigenen »Erklärung« 600 Seiten lang zutiefst in Frage gestellt.

3. Warum ist, fragt Goldhagen, die schlichte Wahrheit der Kontinuität des Satanischen in Deutschland so lange verborgen geblieben? Ganz einfach deswegen, weil man von der absolut ungerechtfertigten Annahme ausging, daß die Deutschen zu den Kulturnationen des Westens gehörten und daher erst auf eine mühsam zu erklärende Weise durch die NS-Diktatur und ihren totalen Krieg zu einem Menschheitsverbrechen ohne Vorbild gebracht wurden. Geht man statt dessen, greift Goldhagen die neuere kulturwissenschaftliche Debatte auf, mit dem distanzierten Blick des Kulturanthropologen an die Deutschen wie an einen fremden Eingeborenenstamm heran, erkennt man mühelos: Sie sind gar nicht so, sie waren nie so »wie wir«! Denn nur sie, schließt diese furchterregende Selbstgerechtigkeit messerscharf, konnten ja aufgrund ihrer Tradition den Holocaust unternehmen. Der verfremdende Blick erleichtert fortab auch den hermetischen Duktus der Gedankenführung, er verstärkt das ausschließlich moralisierende Urteil auf Kosten der Analyse. Erfolge der Judenemanzipation, kulturelle Assimilation durch das deutsche Bildungsbürgertum, Identifizierung mit den neuhumanistischen Bildungsidealen – alles Mythen, denen Generationen deutscher Juden törichterweise aufgesessen sind. Wie verblendet

müssen sie gewesen sein, daß sie das Menetekel nicht längst zu erkennen vermochten?

4. Die Nachrichten widersprechen sich, ob Goldhagen für seine Doktorarbeit, aus der das Buch direkt hervorgegangen ist, den Preis für die beste Dissertation am Politikwissenschaftlichen Department der Harvard Universität oder sogar der Amerikanischen Politologenvereinigung (darauf insistiert die Verlagswerbung) erhalten hat. Um einen Preis für eine Dissertation in »Vergleichender Politikwissenschaft« handelt es sich in jedem Fall. Selten nur war aber ein Buch von den Vorzügen komparativer Sozial- und Geschichtswissenschaften weiter entfernt als dieses, das den Vergleich scheut wie die Cholera. Aus unmittelbar einsichtigen Gründen ist der deutsche Antisemitismus so gut erforscht wie kein anderer. Trotzdem reichen die Kenntnisse aus, um durch den innereuropäischen Vergleich für die Zeit bis 1933 die behauptete Einzigartigkeit des deutschen Antisemitismus in Frage zu stellen. Löst man sich einmal von Goldhagens Fixierung auf die Einbahnstraße und erkennt vielmehr die »Twisted Road« (K. Schleunes) nach Auschwitz an, ist es nicht so leicht zu entscheiden, um nur einige Beispiele zu nennen, ob der giftige österreichische Antisemitismus (Hitlers Nährboden) oder der gewalttätige russische Pogrom-Antisemitismus oder der französische Antisemitismus (nicht nur der Dreyfus-Affäre) oder der reichsdeutsche Antisemitismus (gleich ob politisch organisiert oder informell in die Gesellschaft eingesickert) der gefährlichste, rabiateste, ausdehnungsfähigste war. Weshalb waren die internationalen Antisemitenkongresse vor 1914 so gut besucht? Warum die zahlreichen »Volksdeutschen« und SS-Freiwilligen aus den besetzten europäischen Ländern, die Luxemburger im Polizeibataillon 101, die lettischen und litauischen, die ukrainischen und rumänischen Helfershelfer beim deutschen Judenmord mitgemacht haben, kann eine nüchtern vergleichende historische Analyse zu erklären versuchen. Von Goldhagens

202

Ansatz aus, der Einzigartigkeit der verderbten deutschen Spezies, kann man das am allerwenigsten.

5. Ließe man sich aber einmal auf das Experiment ein, Goldhagens ausschlaggebende Denkfigur: die »Erklärung« des Massenmords aus dem »Charakter« eines Teils der Menschengattung, für eine vergleichende Beurteilung zu verallgemeinern, endete man hoffnungslos in einer fatalen Sackgasse.

– Sollten wir die türkischen Massaker an Millionen von Armeniern nicht mehr mit Hilfe eines Bündels von sehr unterschiedlichen Bedingungen und Motiven zu erklären versuchen, sondern gleich aufgeben und es einem jungen armenischen Historiker überlassen, alles aus der jahrhundertealten Tradition »osmanischer Schlächter« abzuleiten – mit Folgerungen für den Kurdenkrieg?

– Sollten wir den noch schrecklicheren, jahrzehntelang anhaltenden millionenfachen Mord unter Lenins und Stalins Diktatur nicht wenigstens aus unterschiedlichen Bedingungen und Motiven zu erklären versuchen, sondern gleich aufgeben und es einem jungen ukrainischen Historiker überlassen, alles aus der jahrhundertealten Tradition »russischen Barbarentums« abzuleiten – mit Folgerungen für den Tschetschenienkrieg?

– Sollten wir die nahezu vollendete Ausrottung der nordamerikanischen Indianer nicht wenigstens aus sehr unterschiedlichen Bedingungen und Motiven zu erklären versuchen, sondern gleich aufgeben und es einem jungen Navajo-Historiker überlassen, alles aus den Traditionen »amerikanischen Killertums« seit der puritanischen Brandmarkung der rothäutigen »Kinder des Satans« abzuleiten – mit Folgerungen für My Lai?

Der Grenzen einer möglichst rationalen Erklärung von Massenmord wird sich zwar jeder Historiker, jede Historikerin schmerzhaft bewußt sein. Doch jener monokausale Erklärungsversuch auf der Grundlage des dezisionistischen Aktes, einen Teil der Menschheit aufgrund der ethnischen, rassistischen, naturalistischen, essentialistischen Zuschreibung des permanent Bösen zu stigmatisieren, ist eine intellektuelle, methodische und politische Bankrotterklärung.

6. Aufgrund dieser effektiven Selbstblockade, die von einer närrisch jubelnden Claque als umstürzende Innovation gepriesen wird, hat Goldhagen es peinlich erfolgreich vermieden, sich den Hauptfragen der NS- und Holocaustforschung überhaupt einmal zu stellen, geschweige, sie hier und da überzeugender als zuvor zu beantworten. Womit quält sich diese Forschung seit einem halben Jahrhundert herum?

Wie und warum konnte es dazu kommen, daß ein moderner europäischer Staat mitten im 20. Jahrhundert den industriell organisierten Massenmord an sechs Millionen Juden ohne Ansehen des Geschlechtes und des Alters planen und durchführen konnte? Warum geschah das von allen Industrie- und Kulturstaaten einzig und allein in Deutschland? Warum kooperierten so viele Angehörige der Funktionseliten, funktionierte die Bürokratie so reibungslos, mordeten Sondereinheiten und reguläre Streitkräfte so effizient und gnadenlos, halfen das Riesenunternehmen der Reichsbahn und zahlreiche Industriebetriebe bei der Ausführung? Und warum brachte eine zivilisierte Nation dieses Regime hervor, unterstützte es oder fand sich mit der Hitler-Diktatur bis zum Frühjahr 1945 ab, blieb gegenüber jüdischen Nachbarn und der Judenpolitik weithin apathisch oder wurde aggressiv, wollte vom Massenmord möglichst nichts hören und wissen?

Und wo wird der erst in den letzten anderthalb Jahrzehnten langsam wie ein Eisberg auftauchende Riesenkomplex der nationalsozialistischen Rasse- und Bevölkerungspolitik von Goldhagen berücksichtigt? Die »willfährigen Schergen« ermordeten nicht nur Juden, obwohl dieser Genozid unstreitig eine welthistorische Singularität bleibt, vielmehr auch Millionen von slawischen »Untermenschen«, Zigeunern, Erbkranken, Homosexuellen, psychisch Behinderten. Grausam war auch die Praxis der NS-Eugenik, der Euthanasie, der Sterilisation, der »ethnischen Flurbereinigung«. Für den Fall, daß der »Generalplan Ost« oder gar der »Generalsiedlungsplan« bis hin zum Ural verwirklicht worden wäre, hatten die »Vordenker der Vernichtung« (G. Aly) einen »Verlust« von mehr als 30 Millionen »Slawen« kaltblütig einkalkuliert. Nur weil der Siegeszug von Hitlers Heer in die totale Niederlage verwandelt wurde, ist es zu einem so gewaltigen Genozid an den Russen und anderen Völkern nicht mehr gekommen. Die Vernichtungsplanung und -praxis des NS-Regimes war, heißt das, noch weit ausgreifender, noch unmenschlicher angelegt, als das bis in die frühen achtziger Jahre hinein angenommen wurde. Noch einmal: Der Holocaust bleibt aus den genannten Gründen ein einzigartiger Massenmord. Kann man aber in einem Buch wie diesem solche Fragen des Vergleichs einer radikalen Stromlinienführung opfern?

Mehr als ärgerlich ist es, wie Goldhagen alle Historiker und Historikerinnen des Nationalsozialismus und des Holocaust mit unerschütterlicher Arroganz abkanzelt, um den Neuigkeitswert eines eigenen Buches zu preisen. (Auf das Debakel, was darin alles empirisch falsch geraten ist: die Geschichte des deutschen Antisemitismus, der Aufstieg des Nationalsozialismus, die klägliche Seite über die »Machtergreifung« usw., soll hier gar nicht erst eingegangen werden). Die schrillen Fanfarenstöße der Verlagswerbung seien von ihm ausdrücklich gebilligt worden, erklärte er Anfang April während einer Diskussion im Holocaust Museum zu Washington. Auch der Anspruch also, daß das Buch »ein Werk von äußerster Originalität und Bedeutung« sei und »für immer unser Verständnis der größten Schreckenstat des 20. Jahrhunderts« verändere! Während Goldhagen selber die wissenschaftliche Diskussion ungeniert auf den Stand von 1950 zurückschraubt (»Von Luther bis Hitler« hieß das damals), verfallen fast alle Untersuchungen auf der Höhe des gegenwärtigen Forschungs- und Reflexionsstandes seinem Verdikt (zum Beispiel von Uwe Adam, Martin Broszat, Raul Hilberg, Michael Marrus, Hans Mommsen), und je mehr sie sich mit seinem Vorhaben berühren (wie Browning), desto krasser fällt das Urteil aus bis hin zur Bestreitung der wissenschaftlichen Integrität und der Unterstellung einer nahezu unzüchtigen Verstehensbereitschaft. Ebenso aufschlußreich ist aber auch die große Zahl derjenigen einschlägigen Studien, die überhaupt nicht auftauchen, weil sich ihre Differenzierungsbemühungen gegen Goldhagens Reduktionismus sperren.

Dieser Umgang mit einer ungewöhnlich hochentwickelten Forschung hätte die Betreuer dieser Dissertation stutzig machen, die Interpretationsmaxime von der Leibhaftigkeit des Bösen in einem Volke der Vernichtungswilligen ihren entschiedenen Widerspruch auslösen müssen. Dafür sind solche kleinen akademischen Arbeitsgruppen da, um den Kenntnisstand auf dem laufenden zu halten, die Diskussion auf dem bereits erreichten Stand kompetent fortzusetzen und durch rational überprüfbare Argumente voranzutreiben. Was ist da bloß, fragt Yehuda Bauer, einer der »grand old man« der israelischen Holocaust-Forschung, in Harvard passiert? Stanley Hoffmann, der erste Betreuer, ist ein glänzender Politologe – für das Frankreich nach dem Ersten, eher noch nach dem Zweiten Weltkrieg. Sidney Verba, der zweite Betreuer, ist ebenfalls ein angesehener Politologe, Experte für »politische Entwicklung« primär nach 1945. Der dritte im Bund, Peter Hall, ist ein Fachmann für Politische Ökonomie. Der Harvard-Historiker Simon Schama, der den Buchumschlag mit rühmenden Epitheta bedecken durfte (»phänomenale Gelehrsamkeit«, »unvermeidbare Wahrheiten«, »Kurswechsel« in der gesamten Holocaust-Debatte) ist Frühneuzeit-Spezialist: für Hollands »goldenes Zeitalter« im 17. Jahrhundert. Kein einziger ist ein Sachkenner des Nationalsozialismus und des Holocaust, und wenn sie die drei Fallstudien empirisch überzeugend fanden, hätten sie doch der Abkanzelung der wirklichen Fachleute, allemal dann der Dämonisierung »der Deutschen« entgegentreten müssen. Wie würden diese Gelehrten wohl reagieren, wenn ein so eklatant mißlungenes Buch auf ihrem Spezialgebiet entstünde, trotzdem für ein akademisches Ritual akzeptiert, mit einem Preis bedacht und öffentlich als weltbewegende Leistung zu mehreren Auflagen hochgejubelt würde?

Dieses Verhalten wirft die Frage nach der Beachtung elementarer akademischer Kontrollmechanismen auf, da sich der nicht spezialisierte Leser auf ihre Funktionstüchtigkeit verlassen können muß. Da gab es vor einem Dutzend Jahren den Fall David Abraham in Chicago und Princeton, als die Kritik an einem handwerklich schludrigen Buch über den Niedergang der Weimarer Republik erst nach bitteren Kontroversen obsiegte. Dann kam 1992 der Fall Liah Greenfeld, als ihre den Nationalismus in fünf Ländern vergleichende Studie die angebliche Einzigartigkeit des deutschen Nationalismus in dem von Anfang an darin »eingebauten« Weg zur »Endlösung«, von Herder zum Holocaust, als unentrinnbare Einbahnstraße darstellte, von illustren Figuren der Harvard »Community of Scholars« aber gelobt und akzeptiert wurde. Und jetzt der neue Tiefpunkt im Fall Daniel Goldhagen: Erheiternd ist das nicht, erneut das Versagen des akademischen Prüfungsfilters zu beobachten.

Abgesehen vom Streit der Historiker und Historikerinnen – wann schalten sich die Politikwissenschaftler ein? –, abgesehen auch von der Verteidigung wissenschaftlicher Standards ist die Goldhagen-Kontroverse ganz unübersehbar auch längst in politische Dimensionen hineingewachsen. Teile der amerikanischen Öffentlichkeit finden in diesem Buch eine quasi-wissenschaftliche Bestätigung für tiefsitzende Ressentiments und Vorurteile. Je weniger die differenzierten Ergebnisse der Forschung bekannt sind, um so leidenschaftlicher fällt der Applaus aus. Solche Antipathien konnten dem Autor nicht unbekannt sein, und es wirft ein grelles Licht auf sein

Verantwortungsbewußtsein als politisch denkender Politik-wissenschaftler, auf diese Weise die Medien bedient zu haben.

Die Reaktion belehrt vor allem noch einmal darüber, daß auch ein halbes Jahrhundert nach dem Zweiten Weltkrieg und dem Holocaust eine Selbsttäuschung über unsere über-aus lebendige, jederzeit wiederbelebbare Vergangenheit nicht zulässig ist. Wirkte sie nicht zur Jubiläumsfeier 1995 für viele hinreichend diskutiert oder gar »bewältigt«, jeden-falls endlich auf dem besten Wege »zu vergehen«? Auf ab-sehbare Zeit wird sie trotz aller gebotenen »Historisierung« wegen der Monstrosität der Zäsur in der Menschheitsge-schichte nicht vergehen können.

Und die öffentliche Reaktion hierzulande? Goldhagen hat es, da seine »Erklärung« und sein Argumentationsstil so leicht zu verwerfen sind, seinen Kritikern denkbar leichtge-macht. Daß die Experten aus aller Welt an seinem Verzicht auf eine verteidigungswürdige Interpretation ein gutes Haar lassen werden, ist, nach der bisher geäußerten Kritik zu ur-teilen, denkbar unwahrscheinlich. Goldhagen hat der Holo-caust-Forschung wissenschaftlich und in der Öffentlichkeit immens geschadet. Sollten deshalb aber auch seine empiri-schen Fallstudien und einige wichtige Fragen kurzerhand beiseite gewischt werden? Genügt es, die bilderstürmerische Arroganz eines jungen Politikwissenschaftlers, dem alles und jedes zur Neuentdeckung gerät, ohne daß ihn seine Aus-bildungsinstitution zur Räson ruft, mit dem bissigen, wenn auch weithin treffenden Kommentar: »was gut ist, ist nicht neu; was neu ist, ist nicht gut«, abzutun?

Ein zweiter »Historikerstreit« wie vor zehn Jahren sei, heißt es jetzt öfters prophylaktisch, weder zu erwarten noch notwendig, da der wissenschaftliche Zündstoff dafür nicht ausreiche. Beim »Historikerstreit« ging es aber keineswegs um die pure Wissenschaft, sondern zuallererst um eine durch und durch politische Grundsatzdebatte mit teilweise histori-schen Argumenten.

Das Politikum der bisher in der Bundesrepublik über Goldhagens Buch geführten publizistischen Debatte liegt in einem dubiosen Konsens: Nicht nur wird die krude Deutungsdogmatik zurückgewiesen, das ist rundherum berechtigt. Vielmehr wird zugleich auch jede inhaltliche Debatte über die Sachprobleme, die im Teil III bis IV auf immerhin 200 Seiten ausgebreitet werden, und über durchaus offene, wichtige methodische Fragen abgewehrt, ja gerade jeder plausible Grund, sich darauf noch einmal ernsthaft einzulassen, allzu selbstsicher bestritten. Über die Qualität der politischen Debatte bei uns wird daher nicht zuletzt dadurch entschieden, ob es – vielleicht erst nach erheblichem Widerstand gegen die eingerasteten Klischees – noch gelingt, die berechtigte Herausforderung anzuerkennen und vom Verwerfen der völlig mißlungenen »Erklärung« streng zu trennen. Soll es wirklich damit getan sein, das Buch als eine »Zumutung für die Mehrheit der wiedervereinigten Deutschen« in den Orkus zu werfen?

Quelle: Eine stark gekürzte Fassung dieses Beitrages ist in der ZEIT vom 14. Mai 1996 erschienen.

INGRID GILCHER-HOLTEY

Die Mentalität der Täter

*Das Buch von Daniel Jonah Goldhagen
ist vor allem eine methodische Herausforderung
an die Geschichtswissenschaft*

Innovation in der Erforschung des Holocaust oder Rückfall auf den Forschungsstand der fünfziger Jahre und »das primitivste aller Stereotypen«, wie Eberhard Jäckel in der *ZEIT* Nr. 21 schrieb? Daniel Jonah Goldhagens Studie »Hitler's Willing Executioners. Ordinary Germans and the Holocaust« fordert Fachwelt und Öffentlichkeit heraus. Übersehen haben bisher alle Kritiker die Problemstellung, den »wissensoziologischen Ansatz«, den Daniel Goldhagen im ersten Kapitel seines Buches beansprucht.

Im Journalismus ist das verzeihlich, doch die Fachwissenschaft sollte sich mit Methodenfragen intensiv auseinandersetzen. Denn der analytische Bezugsrahmen grenzt den Untersuchungsgegenstand ein, und zwar als einen Ausschnitt aus der Wirklichkeit, die als solche niemals erschöpfend denkbar ist, sondern nur durch das Erkenntnisinteresse des Forschers und durch seine analytische Konstruktion erfaßbar und erforschbar wird. Worum also geht es Goldhagen? Was will er untersuchen? Mit welcher Methode geht er vor?

In den Mittelpunkt seines Buches rückt der Autor Sinnstruktur, Handlungsdispositionen und verhaltensprägende Mentalität der »Täter« oder »Frevler« *(perpetrators)*, die unmittelbar an der Verfolgung und Ermordung der Juden beteiligt waren, die eigenhändig gemordet haben. Er will den Holocaust erklären durch Aufdeckung der kognitiven Struktur der *causal agents*, der Mentalität der Mörder. Was trieb sie an? Was ermächtigte sie zum Massenmord? Warum und wie konnte es geschehen, daß das Tötungsverbot der christlichen Ethik außer Kraft gesetzt wurde?

Es geht dem Autor also nicht um eine neue Erklärung des politischen Prozesses, der zur Vernichtung der Juden, zur Industrialisierung des Massenmordes geführt hat, es geht ihm nicht um einen weiteren Beitrag zum Streit zwischen »Intentionisten« und »Strukturalisten«. Er sucht einen neuen Ansatz.

Der anthropologische Blick, den der Autor gelegentlich auf seinen Gegenstand wirft, folgt einer mentalitätsgeschichtlichen Erklärungsweise, die bislang auf den Antisemitismus und Nationalsozialismus nicht allzu häufig angewandt wurde. Kein Zweifel: Es wurden Weltanschauung und Motivationen von Funktionsträgern des Nationalsozialismus untersucht. Aber die kognitive und mentale Struktur der in der Vernichtungsmaschinerie handelnden »gewöhnlichen Deutschen« wurde bislang nicht systematisch erforscht. Eben das ist das Ziel von Goldhagens Buch.

Seine Methode ist ausgerichtet an neueren kultursoziologischen Fragestellungen, die das Alltagsdenken und habitualisierte Verhalten von Gruppen und Individuen zu erfassen suchen. Wie werden ideologische Grundmuster, Weltanschauungen und »Weltbilder« übertragen in Denk- und Verhaltensschemata, die kollektives und individuelles Handeln strukturell prägen? Die Sozialrelevanz von Ideen soll also analysiert werden. Liest man Goldhagens Studie unter diesem Blickwinkel, dann legt seine umstrittene Ursachenzuschreibung eine innovative Fragestellung frei, und seine Thesen erzwingen die Auseinandersetzung mit einer bislang nicht hinreichend vertieften Dimension zur Erklärung von Durchführung und Akzeptanz des Judenmordes: der mentalen Disposition.

Daniel Goldhagen lenkt den Blick auf die mentalitäts- und verhaltensprägende Wirkung des »eliminatorischen« Antisemitismus. Er entfaltet die Problematik von zwei Seiten: Einerseits skizziert er die geistige Struktur des »eliminatorischen« Antisemitismus, andererseits untersucht er die durch ihn strukturierte Verhaltenspraxis. Beide Untersuchungen gehören zusammen, sie können nicht getrennt werden nach dem Motto vieler Rezensionen: Hätte der Autor doch ausschließlich den empirischen Teil seiner Studie publiziert!

Er ist weit entfernt davon, den Antisemitismus als »Idee« für den Holocaust verantwortlich zu machen, wie Norbert Frei in der *Süddeutschen Zeitung* behauptet. Goldhagen argumentiert, daß erst die Verinnerlichung von Elementen den Antisemitismus (wie das Bild des Juden sowie die Zuschreibung von Eigenschaften, die ihn aus biologischen Gründen zum Feind und zum Repräsentanten des Bösen stilisieren) latente Denk- und Wahrnehmungsschemata sowie Handlungsdispositionen schuf, die »gewöhnliche Deutsche« zu Verfolgern und Mördern der Juden werden ließen.

Die Habitualisierung von Wahrnehmungsweisen läßt sich durch eine historische Sozialisationsanalyse erfassen, durch die Dechiffrierung von Symbolen, in denen sich stereotype Wahrnehmungen verfestigen, oder durch eine exakte Verhaltensanalyse. Goldhagen wählt letzteren Weg. Er versucht, wie viele Mentalitätshistoriker der mittelalterlichen und frühneuzeitlichen Geschichte, kollektive Denk- und Wahrnehmungsschemata aus dem Verhalten von Individuen und Gruppen abzuleiten.

Goldhagen klammert dabei den Kontext der Handelnden, die totalitären und repressiven Strukturen des Nationalsozialismus, nicht aus, sondern bezieht sie als Variablen in seine Analyse des Handlungsprozesses mit ein. Er erfaßt die hierarchischen Befehlsstrukturen, denen die Täter unterstanden, den sozialpsychischen Gruppendruck, der sie der Erwartung von Konformität aussetzte, und die Möglichkeit, bei Befehlsverweigerung sich selbst zu gefährden. Indes, er zeigt in seiner Analyse der Todesmärsche auf ebenso anschauliche wie erschütternde Weise, daß die Täter auch ohne, ja gegen

Befehl töteten. Er weist in seiner Rekonstruktion der Einsätze des Polizeibataillons 101 nach, daß einzelne Verweigerer des Tötungsbefehls sich selbst nicht gefährdeten und ihr abweichendes Verhalten nicht zum Gruppenausschluß führte.

Wenn aber Befehlsstruktur, Gruppendruck und Selbstgefährdung die Brutalität und Grausamkeit noch über den Zusammenbruch des Nationalsozialismus und seines Lagersystems hinaus nicht hinreichend erklären können, dann, so folgert Goldhagen, liegt das Motiv der Täter in einer verinnerlichten Struktur von Verhaltens- und Handlungsdispositionen, die der »eliminatorische« Antisemitismus hervorgebracht hat.

Wie es möglich wurde, die Ideologie des Antisemitismus in eine verhaltensprägende Mentalität zu überführen – das freilich zeigt Goldhagens Studie nicht. Dies hätte eine Längsschnittanalyse der mentalitätsprägenden Wirkung des Antisemitismus im 19. und 20. Jahrhundert erfordert. Diese Studie, die zugleich die Ursachen der Schwäche des in der deutschen Geschichte angelegten (Marion Gräfin Dönhoff in der *ZEIT* Nr. 20/1996), aber im Nationalsozialismus unterlegenen Gegenmodells einer Bürgergesellschaft auf der Basis der Menschenrechte deutlich zu machen hätte, bleibt ein Desiderat. Daniel Goldhagens Buch ist eine methodische Herausforderung, die Debatte über eine vertiefte Mentalitätengeschichte des deutschen Antisemitismus und des Nationalsozialismus endlich weiterzutreiben.

Quelle: DIE ZEIT, 7. Juni 1996

ULRICH HERBERT

Die richtige Frage

Gewiß – Daniel Goldhagens Studie über »Hitlers willige Vollstrecker« ist kein gutes Buch. Es ist voller Fehler und Übertreibungen. Seine Hauptthese, bei dem Genozid an den europäischen Juden habe es sich um ein seit langem verfolgtes »nationales Projekt« des deutschen Volkes gehandelt, das bereits seit mehr als einhundert Jahren von einem auf Ausrottung abzielenden Antisemitismus ergriffen gewesen sei, ist nicht haltbar. Das Buch zeichnet ein verzerrtes Bild von der Entwicklung und Bedeutung des Antisemitismus in Deutschland. Es reduziert den durch vielfältige Faktoren beeinflußten Prozeß von der Judengegnerschaft zur Judenverfolgung und schließlich zum Genozid auf eine einlinige Entwicklung: den Judenhaß der Deutschen. Goldhagens Studie wurde deshalb von allen Fachhistorikern, die sich dazu bislang geäußert haben, als wissenschaftlich unzureichend und simplifizierend kritisiert. Dem ist wenig hinzuzufügen. Hier ist kein Platz für eine Debatte oder gar einen »Historikerstreit«.

Und doch erwecken Vehemenz und Einhelligkeit der Kritik auch ein gewisses Unbehagen; vor allem, wenn in Deutschland gegen den Vorwurf der »Kollektivschuld« polemisiert wird. Denn den erhebt Goldhagen gar nicht. Und bei aller Überzogenheit der Thesen und der mangelnden analytischen Präzision des Autors – das Buch trägt doch dazu bei, daß endlich jene historisch wie politisch so bedeutsame Frage wieder öffentlich diskutiert wird, die in den vergangenen Jahrzehnten beinahe vergessen schien und die doch den Kern dieses nach wie vor unglaublichen Geschehens und den Nerv des deutschen Selbstverständnisses berührt: die Frage nach dem Ausmaß und der Verbreitung des Judenhasses in der deutschen Bevölkerung und nach der

Bedeutung, die dem Antisemitismus für die Ingangsetzung und Durchführung des millionenfachen Mords beikommt. Es gehört zu den problematischsten Auswirkungen der Arbeit von Goldhagen, daß sie durch ihre offenkundigen Defizite und Überzeichnungen nachgerade dazu einlädt, mit dem Buch auch die ganze Fragestellung als unsinnig oder unseriös abzuqualifizieren.

Daß der in Deutschland grassierende Antisemitismus ein wesentlicher, womöglich der entscheidende Faktor bei der Ingangsetzung der Mordpolitik der Nationalsozialisten gewesen sei, war bis in die sechziger Jahre hinein weithin unumstritten. Über das genaue Ausmaß und die Bedeutung der antijüdischen Einstellung in der deutschen Bevölkerung allerdings bestand wenig Klarheit. Zwar war unübersehbar, daß sich antijüdische Einstellungen, vor allem seit den 80er Jahren des 19. Jahrhunderts wieder auszubreiten begannen, zunächst in den relativ kleinen Antisemiten-Parteien, dann in den rasch an Einfluß gewinnenden nationalistischen Verbänden – vom Bund der Landwirte über die Alldeutschen bis hin zum Deutschnationalen Handlungsgehilfen-Verband. Und es war auch bekannt, welchen Zulauf die radikal-antisemitischen Bünde und Parteien in den Jahren nach dem Ersten Weltkrieg hatten – der Deutsch-völkische Schutz- und Trutzbund etwa, mit mehr als 200.000 Mitgliedern.

Aber es schien auch so, als sei dieser Aufschwung der radikalen Judenhasser nur von kurzer Dauer gewesen. Seit Mitte der zwanziger Jahre verlor das Thema offenbar an öffentlichem Interesse; in der Wahlpropaganda der aufstrebenden Nationalsozialisten stand der Antisemitismus seit 1930 gar eher am Rande.

Und außerdem nahmen die Zweifel der Historiker zu, ob überhaupt ein so direkter Zusammenhang zwischen dem Ausmaß der antisemitischen Einstellungen in der deutschen Bevölkerung und der Ingangsetzung des Genozids bestand. Denn radikalen Antisemitismus hatte es auch in andern Ländern gegeben, stärker noch als in Deutschland – so etwa in Polen, in den baltischen Staaten, in der Ukraine – oder auch in Frankreich. Der Übergang von der Judenverfolgung zum Massenmord, so wurde argumentiert, sei viel stärker aus der konkreten historischen Situation entstanden – der Krieg gegen die Sowjetunion, das Scheitern der gigantischen Vertreibungs- und Umsiedlungsprogramme der Nazis und die strukturell angelegte Unfähigkeit des NS-Regimes zu langfristig angelegter Politik, zur Integration divergierender Interessen: Dies seien ausschlaggebende Faktoren bei der Ingangsetzung des Massenmords gewesen. Diese Analyse überzeugte vor allem deshalb, weil sie das furchtbare Geschehen in die konkrete politische Wirklichkeit der Jahre 1938–1942 zurückholte und die Ermordung der Juden zu den anderen Massenverbrechen des NS-Regimes in Zusammenhang stellte: zu der »Euthanasie«, der Ermordung der geistig Behinderten, den »Umsiedlungs«- und Mordaktionen gegenüber den Polen, der deutschen Strategie der Aushungerung und Vernichtung gegenüber der Bevölkerung und den eroberten sowjetischen Gebieten und anderen.

Andererseits – die Frage nach der Bedeutung des Antisemitismus in diesem Zusammenhang war damit nicht beantwortet. Je mehr wir über die Strukturen des NS-Regimes, die die Ingangsetzung des Völkermords beförderten, wußten, desto stärker gerieten die Täter – die an den Erschießungsgräben ebenso wie jene an den Berliner Schreibtischen – in den Hintergrund, ebenso wie ihre Denkwelt und ihre Überzeugungen, bis man schließlich den Eindruck gewinnen konnte, der radikale Antisemitismus, sei in Deutschland nur eine Randerscheinung gewesen und im Zusammenhang mit der nationalsozialistischen Vernichtungspolitik ein höchst nachrangiger Faktor.

Es gibt keine Untersuchung, die uns schlüssig darüber informieren könnte, wieviel Prozent der Deutschen vor und nach 1933 als Antisemiten zu gelten hätten (wie wir überhaupt, anders als Hans-Ulrich Wehler glaubt, über die Verbreitung des Antisemitismus in den Jahren der Weimarer Republik durchaus unzureichend informiert sind). Es gab einen gewissen Bodensatz von radikalen Judenhassern, für die etwa der Nürnberger Gauleiter Streicher und das berüchtigte Antisemitenblatt »Stürmer« stehen. Sie waren gewiß nicht unbedeutend, aber ihr krakeelendes, von Ausschreitungen begleitetes Auftreten traf doch in der Öffentlichkeit, zum Teil sogar innerhalb der NSDAP, auf zuweilen indignierte Ablehnung. Diese Gruppe erhielt nach 1933 aus den nachwachsenden Generationen der Kinder und Jugendlichen vermutlich noch weiteren Zuwachs; und hier fanden vor allem die direkten, pogromähnlichen Ausschreitungen gegen Juden Unterstützung, die dann immer wieder zu Verschärfungen der gesetzlichen Bestimmungen und der Maßnahmen der Behörden führten, wie wir dies am deutlichsten im Zusammenhang mit dem Pogrorn des 9. November 1938 beobachten können.

Weitaus bedeutender hingegen war jene Form eines Antisemitismus, die schon im Kaiserreich verbreitet war und durch die Entwicklung während des Ersten Weltkrieges und der Nachkriegszeit neue Nahrung erhalten hatte, sich aber nicht in offener Feindseligkeit oder Straßenkrawallen äußerte. Daß die Juden einen Fremdkörper im deutschen Volke darstellten, daß sie besonders unangenehme Eigenschaften besäßen, daß sie mit den Feinden Deutschlands aus dem Ersten Weltkrieg in Verbindung stünden, daß sie die Presse beherrschten und sich am Krieg ebenso wie an Inflation und Wirtschaftskrise bereichert hätten – das war die Überzeugung vieler in Deutschland; und es ist nicht ausgeschlossen, daß, nimmt man die verschiedenen Schattierungen der Judengegnerschaft zusammen, sie schon vor 1933 in Deutschland eine Mehrheit stellten. Das trifft zum einen auf die Anhänger und Wähler der NSDAP zu. Zwar waren gewiß nicht alle und vielleicht nicht einmal die Mehrheit der NSDAP-Wähler radikale Judenhasser – aber sie waren doch bereit, die von der Nazipartei angekündigte Entrechtung der Juden zu akzeptieren, wenn ihnen selbst nur Brot und Arbeit geboten würde. Auch in der Deutschnationalen Volkspartei war ein deutlicher, auf dem rechten Flügel sogar radikaler Antisemitismus notorisch; selbst in Stresemanns DVP war diese Einstellung nicht selten – nicht anders in den großen Wehrverbänden wie dem Stahlhelm und, besonders ausgeprägt, in der protestantischen Kirche.

Dies war kein eigentlich fanatischer, aggressiver Antisemitismus. Aber er reichte doch allemal hin, um – bei aller Kritik an »Übertreibungen« – selbst ein radikales Vorgehen gegen die Juden zu akzeptieren, als solches dann eben nicht von grölenden Radau-Antisemiten, sondern von der Regierung und auf »gesetzlichem Wege« besorgt wurde. Und in dem Maße, wie sich diese Akzeptanz ausweitete, wuchs wohl auch die Überzeugung, daß es mit der Verfolgung der Juden schon seine Richtigkeit haben müsse, weil wer so bestraft werde, doch gewiß nicht ganz unschuldig sein könne. Aber den meisten war es angesichts der eigenen Sorgen wohl egal. Die Politik gegen die Juden, das ist von heute aus schwer zu verstehen, war während des Krieges für die deutsche Bevölkerung im Reich kein wichtiges Thema. Und der Vielzahl der eigenen Beobachtungen, der Berichte und Gerüchte über das, was da mit den Juden vor sich ging, nicht nachzugehen, sie nicht zu einem Bild zusammenzuformen und die naheliegenden Schlüsse daraus zu ziehen – das bezeichnet exakt den Prozeß der Verdrängung.

Aber es gab, vor 1933, eben auch Gegenkräfte; nahezu ebenso stark wie die Antisemiten selbst und diese heftig und ohne Umschweife bekämpfend. Natürlich vor allem bei den Arbeiterparteien, aber eben auch bei den Katholiken oder den Linksliberalen. Wie stark verbreitet der Antisemitismus vor 1933 auch immer gewesen sein mag – ob bei 30, 40 oder 50 % der Bevölkerung – immer stand ihm auch entschiedene Ablehnung gegenüber. Und nicht zuletzt daran knüpfte sich die Hoffnung der deutschen Juden, daß der Antisemitismus ein allmählich absterbendes Überbleibsel aus finsterer Vergangenheit sei.

Diese Entwicklung finden wir in der ganzen Gesellschaft der Weimarer Jahre. Aber es gab einen Bereich, in dem sich ein radikaler Antisemitismus schon früh durchsetzte und bis 1933 und natürlich darüber hinaus bestimmend blieb; und das waren ausgerechnet die Universitäten, mithin derjenige Ort, an welchem jene Generation ausgebildet wurde, die während der NS-Zeit und vor allem während der Kriegsjahre in die Führungspositionen von Staat und Gesellschaft aufrückte. Mit dem »Deutschen Hochschulring« wurde bereits 1921 an den Universitäten ein Verband tonangebend, in welchem sich ein Großteil der traditionellen studentischen Verbindungen zusammengeschlossen hatte und in dem sich bereits nach kurzer Zeit die radikale, und das hieß: die rassenantisemitische Richtung durchgesetzt hatte. Der Hochschulring errang in diesen Jahren im Durchschnitt etwa zwei Drittel der Sitze in Studentenparlamenten der deutschen Universitäten – wobei die »Judenfrage« kein Randthema war, sondern im Mittelpunkt der Auseinandersetzungen stand. Das Ziel der Hochschulrings, Studenten jüdischer Abstammung (nicht: Konfession) aus dem Verband der *deutschen* Studenten auszuschließen, und mithin an den Universitäten als erster staatlicher Institution das Staatsbürgerprinzip zu durchbrechen und die Juden unter Fremdenrecht zu stellen, wurde vom preußischen Staat zwar abgelehnt. Bei einer Urabstimmung im Jahre 1927 entschieden sich, bei hoher Beteiligung, aber 77 % der preußischen Studenten für die Beibehaltung der die Juden ausschließenden Mitgliedsformel.

Der sich hier ausbreitende Antisemitismus war radikal und rassistisch; aber zugleich ausgesprochen elitär und strikt gegen den »dumpfen Radau-Antisemitismus« gerichtet. Nicht durch Pogrome und Ausschreitungen, sondern durch Fremdenrecht und Hinausdrängen aller Juden aus Deutschland durch staatliche Maßnahmen sollte das »Judenproblem« in kurzer Zeit »gelöst« werden – ebenso radikal wie »sachlich«, das war die hier verbreitete Devise. Individuelle Auseinandersetzungen mit den Juden lehnte man ab. Nicht von Haß und Fanatismus, sondern von »Wissenschaft« und Patriotismus wollte man sich leiten lassen. Die Bekämpfung von Juden war keine Frage der persönlichen Gefühle, sondern eine aus den »Gesetzen der Natur abzuleitende Notwendigkeit«.

Die Führungsgruppe von Sicherheitspolizei und SD, die nach Kriegsbeginn in den von Deutschland eroberten Ländern Polizei und Einsatzgruppen leitete, für die Ingangsetzung der Deportationen und Ghettoisierung verantwortlich und seit dem Herbst 1941 auch mit der Durchführung der Politik der »Endlösung« betraut war, setzte sich zum weit überwiegenden Teil aus Vertretern eben dieser Generation von Hochschulabsolventen zusammen – zumeist Juristen die in ihrem Handeln kühle Professionalität und die Überzeugung verbanden, daß ihr Tun nach dem Prinzip der »völkischen Weltanschauung« unumgänglich, notwendig, ja in Wahrung der Interessen des deutschen Volkes sogar ethisch geboten sei. Hier wird der Zusammenhang zwischen ideologischer »Aufladung« und der Beteiligung am Genozid schon eher unmittelbar greifbar; aber gerade nicht bei jenen, die traditionellerweise als »antisemitische Hetzer«, als fanatische Judenhasser auftraten, wie man sie in der SA, in Teilen der Partei und im Umfeld, der antisemitischen Agitatoren fand, sondern bei den Angehörigen der jungen Nachwuchselite, die nach 1933 Gelegenheit bekam, ihre politischen Utopien auf eine zuvor nicht für möglich gehaltene Weise in die Praxis umzusetzen.

Nun sind in den vergangenen Jahren neue Untersuchungen erschienen, die deutlich gemacht haben, daß zum einen die Unterstützung der Politik des NS-Regimes in der deutschen Bevölkerung doch wohl um einiges größer war, als dies lange Zeit für möglich gehalten wurde – ob sich dies auf die Zustimmung zur Kriegspolitik des NS-Regimes bezog, die nach dem Sieg über Frankreich ihren Höhepunkt erfuhr, oder auch auf die Unterdrückungsmaßnahmen gegenüber einzelnen marginalisierten Gruppen, etwa den »Zigeunern«, den Homosexuellen oder den ausländischen Zwangsarbeitern. Zum anderen zeigen neue, vor allem auf bestimmte Regionen bezogene Studien über die Durchführung des Massenmords an den Juden, daß auch die Zahl derjenigen, die direkt oder indirekt an der nationalsozialistischen Mordpolitik beteiligt waren, weit, sehr weit über den Kreis derer hinausgeht, die die Gewehre hielten oder die Gaskammern schlossen. Im Gegensatz zu den Verhältnissen im »Reich« war nämlich der Massenmord gegenüber den Juden in den besetzten Gebieten des Ostens durchaus kein Geheimnis; zu viele Beamte der deutschen Besatzungsverwaltungen, Beauftragte von Parteien und Behörden, Angehörige von Polizei- und Wehrmachtseinheiten, Mitarbeiter von Wirtschaftsstäben und Industrieunternehmen, von Dienststellen wie Reichsbahn und Arbeitsverwaltung waren damit befaßt oder direkt an dem Prozeß der Deportation, Aussonderung, Ghettoisierung, Zwangsarbeit oder dem Mordgeschehen beteiligt. Von hier aus verbreitete sich das Wissen oder doch die Ahnung von den Massenmorden schnell; nur wenige Tage nach dem Massaker an zehntausenden von Juden in Babi Yar bei Kiew sprach man darüber in den Kasinos der deutschen Offiziere in Paris.

Über die Motive der direkt an den Mordtaten Beteiligten wissen wir bislang nur wenig; hier liegt, darauf hat Ingrid Gilcher-Holtey zurecht hingewiesen, der Schwerpunkt des Untersuchungsansatzes von Goldhagen. Und wenn Goldhagen darauf verweist, daß die Tötung der Juden nicht so sehr gegen den Widerstand der Deutschen durchgesetzt, sondern von denen, die damit in Kontakt kamen, vielmehr akzeptiert, bejaht und gefördert wurde, so muß man ihm gerade im Lichte neuerer empirischer Studien darin zustimmen – und zwar

221

um so mehr, je weiter der Blick nach Osten reicht. Aber die vorliegenden Untersuchungen ebenso wie die in großer Zahl vorhandenen Quellen scheinen mir anders als bei Goldhagen dabei eher eine Vielzahl von Motiven zu offenbaren. Hier spielten Opportunismus eine Rolle und ein verbreiteter Mangel an positiven, wertbesetzten Normen; Fatalismus und Obrigkeitshörigkeit, Sadismus und vollständige Abstumpfung. Es ist jedoch auch unübersehbar, daß es sich bei vielen der Protagonisten, wenn auch nicht bei allen, um Antisemiten handelte, wenngleich sich hinter diesem Begriff offenbar sehr unterschiedliche Einstellungen verbergen konnten.

Vor allem aber wurde die Politik des Völkermords wohl auch als ein durch die Ausnahmesituation des Krieges legitimierter, zugespitzter Ausdruck jener Politik des Krieges und der Eroberung verstanden, die von der Mehrheit der deutschen Bevölkerung jedenfalls für lange Zeit mitgetragen wurde. Denn die Begründungen für den Massenmord standen jeweils im Zusammenhang mit Gefahren oder Bedrohungen, die durch die »Liquidierung« der Juden abgewendet werden könnten: die »Säuberung des Hinterlandes« der Ostfront etwa oder die »Aushebung von Partisanennestern«, die Beseitigung von Schwarzhandel oder von Krankheiten, die Bestrafung von Sabotagemaßnahmen, von Attentaten auf deutsche Soldaten oder eben die Ausrottung des Bolschewismus. Der Antisemitismus fand seinen spezifischen Ausdruck darin, daß die Verfolgung, die Unterdrückung, die Ermordung der Juden mit jeweils utilitaristischen Zielsetzungen begründet wurde – und daß die Protagonisten diesen Zusammenhang für überzeugend hielten: die Juden als Träger des Bolschewismus, als Verbreiter von Krankheiten, als Spione, als Partisanen. Auf diese Weise wurde der Genozid mit politischen, militärischen, polizeilichen, bevölkerungs-, gesundheits- oder ernährungspolitischen Zielen verknüpft, die schon aus patriotischen Motiven Unterstützung auch bei solchen fanden, die den Nationalsozialisten innerlich fernzustehen glaubten. Sich dem entgegenzustemmen, hätte aber nicht Indifferenz und Zurückhaltung, sondern explizite, wertbezogene Ablehnung verlangt. Aber dazu waren nur wenige imstande, zumal wenn es gegen die Juden ging.

Nimmt man die hier skizzierten Beobachtungen zusammen, so wird ein Feld sehr unterschiedlicher Formen des Antisemitismus sichtbar, denen auch innerhalb des Geschehens selbst verschiedene Funktionen beikamen: Bei einem erheblichen Teil der deutschen Bevölkerung, vor allem jenem, der vor 1933 politisch rechts gestanden hatte, ist wohl in der Tat von einem manifesten Antisemitismus auszugehen, ohne daß dies jedoch die politische Orientierung allein oder nur vorrangig geprägt hatte. Das ist etwas anderes als eine seit jeher auf »Elimination« der Juden gerichtete Überzeugung. Aber als die jüdischen Nachbarn dann aus ihren Wohnungen geholt und »nach dem Osten« deportiert wurden, besaß diese Gruppe doch keinerlei politische oder moralische Substanz mehr, die sie vor einer Hinnahme, Akzeptanz oder Unterstützung solcher Maßnahmen bewahrt hätte. Und um wieviel mehr traf dies auf jene zu, die nach 1939 oder 1941 in den deutschen Besatzungsadministrationen Dienst taten und mitansahen, was dort vor sich ging.

Der radikale, auf Handlung drängende Antisemitismus hingegen war eher in relativ kleinen Gruppen festzustellen, in zwei sehr unterschiedlichen Varianten: zum einen bei den aktiven, wirklich »fanatischen« Antisemiten, die es zu unmittelbarer Aktion drängte, deren Perspektive aber im Grunde der Pogrom war. Und auf der anderen Seite die Gruppe der jungen, akademischen Radikalen in den Führungsgruppen des Terror- und Verwaltungsapparates des NS-Regimes, für die der Massenmord eine extreme, unter den entsprechenden Umständen aber zu billigende Variante der Deportations- und Vertreibungspolitik war und für die der rassistische Antisemitismus ebenso ein Element der Motivation und Radikalisierung wie einen Legitimationsfaktor bedeutete.

Man soll sich also nicht täuschen: der Völkermord an den Juden wurde gewiß nicht von »den Deutschen« begangen und war nicht aus einem jahrhundertelang in der deutschen Kultur eingewurzelten »eliminatorischen Antisemitismus« gespeist. Aber ein erheblicher Teil der deutschen Bevölkerung war, in abgestufter Weise, in der Tat scharf gegen die Juden eingestellt, und diese Haltung ist für die Ingangsetzung und Durchführung des Völkermords ohne Zweifel von Bedeutung gewesen – zur Ausschaltung von Widerständen, als Faktor der Ermöglichung und Enthemmung, aber auch und nicht zuletzt als selbständiges Motiv mit erheblicher Schubkraft. Die Zahl der Deutschen, die an dem Mordgeschehen beteiligt war, geht vielleicht nicht in die Millionen, aber von vielen Zehntausend wird man wohl ausgehen müssen. Und die Männer in den Führungsgruppen des Reichssicherheitshauptamtes, der SS und der Einsatzgruppen, die am ehesten als Kerngruppe des Völkermords anzusehen sind, entstammten nicht den Outsidern und Randgruppen, sondern der Mitte und den Führungsschichten der deutschen Gesellschaft.

Diese Zusammenhänge aber werden uns, die Deutschen, jenseits aller tagesaktuellen Debatten und Aufgeregtheiten noch lange Zeit beschäftigen. Demgegenüber erweist sich die indigniert-empörte Ablehnung der angeblich in die Welt gesetzten Formel von der »Kollektivschuld« der Deutschen erneut, wie schon nach 1945, als Flucht in einen nicht gemachten Vorwurf, als Vermeidungsdiskurs.

Quelle: Eine gekürzte Fassung dieses Beitrages ist in der ZEIT vom 14. Juni 1996 unter dem Titel »Aus der Mitte der Gesellschaft« erschienen.

VOLKER ULLRICH

Vertraute Töne

Der Goldhagen-Streit erinnert an die Fischer-Kontroverse

Die Häupter der Historikerzunft waren ernstlich erzürnt. »Das ganze Werk scheint uns im Grunde verfehlt«, donnerte Golo Mann. »Grundsätzlich Neues« habe es »nirgends« zu bieten, rügte Michael Freund, sondern nur »die aufgewärmte Kriegsschuldlüge der Alliierten in ihrer krassesten Form«, sei also »im Jahre 1919 steckengeblieben«. Voll »tiefer Traurigkeit« und »Sorge im Blick auf die kommende Generation« legte Gerhard Ritter das Werk aus der Hand, denn darin werde das Bild der deutschen Geschichte »über alle Maßen verdunkelt«.

Die Kritik galt dem Buch des Hamburger Historikers Fritz Fischer »Griff nach der Weltmacht« aus dem Jahre 1961, wahrscheinlich das bedeutendste Werk der deutschen Geschichtswissenschaft seit 1945, das zu einer grundlegenden Revision unserer Anschauungen vom Kriegsausbruch 1914 und der deutschen Politik im Ersten Weltkrieg geführt hat.

Es fällt auf, daß in der Debatte um das Buch des Harvard-Dozenten Daniel Jonah Goldhagen »Hitler's Willing Executioners« heute ganz ähnliche Töne angeschlagen werden. Angesichts der Einmütigkeit, mit der dieses Buch verdammt wird, ist es aber hilfreich, daran zu erinnern, wie sehr selbst die Koryphäen des Fachs damals irrten. Bereits zehn Jahre nach Erscheinen des Fischer-Buches konnte ein Rezensent leicht übertreibend feststellen, daß dessen Thesen zum Kriegsausbruch 1914 »mehr oder minder zum Allgemeingut der westdeutschen Geschichtswissenschaft geworden« seien.

Das wird man von Goldhagens Buch vermutlich kaum

einmal sagen können. Denn dazu bietet seine Hauptthese vom »eliminatorischen« Antisemitismus der Deutschen, der geradewegs zum Holocaust geführt habe, zu große Angriffsflächen. Doch wird diese provozierende Studie unseren Blick auf die Nazizeit verändern. Denn so scharf wie kein zweiter Historiker vor ihm hat Goldhagen die Frage nach der Beteiligung der »gewöhnlichen Deutschen« am Holocaust gestellt und danach, was sie bei ihrem mörderischen Tun antrieb.

Wie Fischer mit einem zähen Tabu brach – der Legende von Deutschlands Unschuld am Ausbruch des Ersten Weltkriegs –, so rührt auch Goldhagen an ein immer noch wirksames Tabu: die Vorstellung, die große Mehrheit der Deutschen habe vom Judenmord nichts gewußt und habe ihn auch nicht gewollt. Sollten sich die Befunde seiner empirischen Fallstudien auch nur halbwegs bewahrheiten, dann drängt sich der Verdacht unabweisbar auf: Der Holocaust war kein Verbrechen, das in den kranken Hirnen Hitlers und Himmlers ausgebrütet und hinter dem Rücken der Bevölkerung ins Werk gesetzt wurde; er entstand aus der Mitte der deutschen Gesellschaft heraus und wurde von einem großen Teil der Bevölkerung stillschweigend gebilligt bis tatkräftig gefördert. Darin liegt die Provokation des Buches, und darüber sollte der Streit geführt werden.

Im Unterschied zur Fischer-Kontroverse fühlen sich diesmal freilich nicht die konservativen Zunftoberen, sondern die sozialliberalen Repräsentanten des Fachs wie Eberhard Jäckel und Hans Mommsen besonders herausgefordert. Das ist nicht verwunderlich, denn Goldhagen erinnert sie, die große Verdienste in der Erforschung des Nationalsozialismus haben, an Versäumnisse: In ihren hochgelehrten Disputen um »Intentionalismus« und »Funktionalismus«, darüber also, ob am Ende Hitler oder die Strukturen ausschlaggebend gewesen seien, haben sie kaum einmal die Frage nach Mentalität und Motivation der »ganz normalen Männer« gestellt, die unmittelbar »vor Ort« das Mordhandwerk betrieben.

Jetzt sollte erst einmal die deutsche Ausgabe abgewartet werden. Dann wird sich das Publikum selbst ein Bild von der Qualität der Untersuchung und der Argumentation der Kritiker machen können.

Quelle: DIE ZEIT, 14. Juni 1996

ANDREI S. MARKOVITS

Störfall im Endlager der Geschichte

Daniel Goldhagen und seine deutschen Kritiker

Einer der wichtigsten und am meisten verbreiteten Vorwürfe gegen Goldhagen ist, daß der Autor längst Bekanntes auftische. Das stimmt – für die Opfer. Für die sind die Folterungen und Brutalitäten der deutschen Schergen tatsächlich nichts Neues. Mit den Erinnerungen daran müssen sie tagtäglich umgehen. Bei einem Treffen jüdischer Überlebender des Holocaust im April in New Jersey ist der Tenor der Anwesenden genau der: Goldhagen sagt doch nur, was wir alle am eigenen Leib erlebt haben.

Ich bin mir allerdings nicht sicher, daß Goldhagens Thesen den Deutschen genauso bekannt sind. Die unerbittlich negativen Reaktionen lassen eher das Gegenteil vermuten. Goldhagen hat dem deutschen Publikum in einer direkten und unverbrämten Sprache etwas Neues vorgelegt. Daß die Deutschen dies nicht lesen wollen und verärgert sind, einmal mehr mit ihrer unverarbeiteten Vergangenheit konfrontiert zu werden, ist eine andere Frage.

Wenn man etwas partout nicht hören will, blockt man es ab, indem ihm Wert und Originalität abgesprochen werden. Dies geschah in der deutschen Goldhagen-Rezeption auf verschiedenen Ebenen. In seinen identischen Beiträgen in der »Süddeutschen Zeitung« (13./14. April 1996) und im »Hamburger Abendblatt (15. April) meinte etwa der Historiker Norbert Frei, daß Goldhagens Buch hauptsächlich auf Sekundärliteratur beruhe, eine kaum zu entschuldigende Sünde in der geschichtswissenschaftlichen Zunft.

Das Problem derartiger Einwürfe, die von Rudolf Augstein (»Der Spiegel«, 15. April) über Peter Glotz (»Die Woche«, 19. April) bis zu Mathias Arning und Rolf Paasch (»Frankfurter Rundschau«, 12. April) kolportiert werden, besteht darin, daß Sie die Qualität des Goldhagen-Werkes in Zweifel ziehen. Eine der vielen Stärken des Buches nämlich liegt gerade in der »atemberaubenden Recherche«, die, wie Josef Joffe in der »Süddeutschen Zeitung« (13. April) schreibt, Goldhagen »hingelegt« und in dem »massenweise Neuen«, das der Autor »zutage gefördert« hat.

Goldhagens Kritikern sind allerdings auch Forschungen in Primärquellen nicht originell genug. Frei schmälert Goldhagens Bemühungen durch den Hinweis auf eine »besonders günstige Quellenlage«, die »eine engagierte Staatsanwaltschaft in Hamburg« in einem Ermittlungsverfahren gegen das Reserve-Polizeibataillon 101 in den Jahren 1962 bis 1972 gesammelt hat.

Na und? Ist Forschung in Primärquellen nur dann legitim und originell, für Frei und andere Vollbluthistoriker, wenn sie nach mühseligem Suchen in bisher gänzlich unbekannten Archiven fündig werden und dann etwas Nagelneues ans Licht der Welt befördern?

Damit kommen wir zu jenem Buch, daß die Goldhagen-Kritiker durch die Bank bemühen: Christopher Brownings *Ganz normale Männer: Das Reserve-Polizeibataillon 101 und die »Endlösung« in Polen.* Brownings Studie beruht, ebenso wie Teile von Goldhagens Publikation, auf der von Frei erwähnten Akte des genannten Bataillons.

Na und? Kann eine so wichtige Akte eines so wichtigen Geschehens nicht zwei Bücher verkraften? Darf nur das ersterschienene das Prädikat originell führen? Biographien von Mozart, Beethoven, Lincoln und auch Hitler werden am laufenden Band produziert. Ist gar die gesamte Shakespeare-Forschung der letzten Jahrzehnte völlig irrelevant und unoriginell – ausgenommen der jenes *Vassar College*-Professors, der jüngst mittels Computeranalyse ein bisher autorenloses Gedicht Shakespeares zuweisen konnte? Handelt es sich bei all diesen Werken um wertloses Zeug, da wir schon alles über jeden Aspekt des Lebens dieser Männer wissen?

Nun will ich keineswegs die pionierhaften Leistungen Christopher Brownings schmälern. Von Goldhagens Kritikern wird er benutzt, um dessen ebenfalls enorme Leistungen herabzusetzen. Dies ist um so mehr der Fall, als es dem sorgsamen Leser nicht entgehen kann, daß beide Autoren zu unterschiedlichen Interpretationen derselben Akten gelangen – völlig legitim, Wissenschaft *at its best*.

Daß den meisten deutschen Lesern Brownings Version mehr zusagt, kann ich sehr wohl verstehen. Der Originalität von Goldhagens Studie tut dies keinen Abbruch. Für mich als zunftfremden Politologen ist es überhaupt sehr überraschend, daß diese reiche Aktenlage bis jetzt so spärlich recherchiert wurde, und das von zwei Amerikanern und nicht einer Fülle deutscher Wissenschaftler.

In den Goldhagen-Kritiken findet sich auch Absurdes. Einige, allen voran Frei und, besonders ätzend, Mariam Niroumand (»die tageszeitung«, 13./14. April) schätzen das wissenschaftliche Niveau des berüchtigten Historikerstreites der 80er Jahre weitaus höher ein als Goldhagens Studie. Das ist schlicht lächerlich, wenn man bedenkt, daß der Historikerstreit in der Veröffentlichung einer nicht gehaltenen Rede Ernst Noltes in der »Frankfurter Allgemeinen«, Jürgen Habermas' mutiger Erwiderung in der »Zeit«, einem essayhaften Band bar jeglichen wissenschaftlichen Apparates von Andreas Hillgruber (*Zweierlei Untergang*) und einer Reihe zwar spannender, aber nicht akademischer, weil hochpolitischer und polemisierender Veröffentlichungen in den Tageszeitungen bestand. Die politische Bedeutung dieses Streits soll keinesfalls gemindert werden, aber der wissenschaftliche Wert ging gegen Null.

Nein, Goldhagens Buch ist neu: in seiner Interpretation- und Materialfülle, in der Direktheit der Sprache. Vor allem schließt es die schamvolle Wissenslücke in der deutschen

Historiographie, die zwar über die Schreibtischtäter des Dritten Reiches ziemlich viel, über die Vollstrecker des Holocaust erschreckend wenig weiß. Als wichtige Ausnahme soll Herbert Jägers *Verbrechen unter totalitärer Herrschaft* Erwähnung finden, das auch Goldhagen oft zitiert.

Man kann und soll Goldhagens Buch inhaltlicher Kritik unterziehen. Es als unoriginell und nicht neu abzuqualifizieren, es wie Frank Schirrmacher in der »Frankfurter Allgemeinen« (30. April) als mehr dem »Geschwätz« als der »Aufklärung« dienend abzutun, zeugt von intellektueller Trägheit und moralischer Unredlichkeit, die ich zumindest von einigen deutschen Kritikern Goldhagens nicht erwartet hätte.

In Peter Glotz' Beitrag in der »Woche« lesen wir eingangs folgendes: »Der Autor, Daniel Jonah Goldhagen, Sohn eines aus Rumänien stammenden jüdischen Historikers...« In dem taz-Vorspann zu Niroumand heißt es: »Der Vater des Autors, Erich Goldhagen, hat das jüdische Ghetto im rumänischen Czernowitz überlebt und einen Großteil seiner Familie im Holocaust verloren.« Jörg von Uthmann im »Tagesspiegel« (16. April) erwähnt ebenfalls den persönlichen Bezug von Daniel Goldhagens Vater zum Holocaust. Und auch in anderen Publikationen begegnen wir der Genealogie.

Was geht hier vor? Seit wann werden in Buchbesprechungen die familiären Verhältnisse des Autors der Öffentlichkeit präsentiert? Der Subtext ist klar: Goldhagen, Sohn eines vom Holocaust geprägten Vaters, kann natürlich kein objektives Buch über die Vernichtung der Juden schreiben. Was entstanden ist, ist bestenfalls als Racheakt des Sohnes den Peinigern seines Vaters gegenüber zu verstehen. (Glotz und die taz, plötzlich große Positivisten? Seltsam. Aber just bei diesem Thema geschehen die merkwürdigsten Metamorphosen.)

Es kommt noch schlimmer. Zwei Journalisten der »Frankfurter Rundschau«, Matthias Arning und Rolf Paasch, kommen in ihrem Goldhagen-Verriß zu folgendem Resümee:

»Was und wieviel daran wirklich neu ist, wird dabei in der US-Debatte bisher nur selten gefragt, diskutieren hier doch meist jüdische Nicht-Historiker, sprich Journalisten und Kolumnisten unter sich.« Eine detaillierte Replik zu diesem infamen Satz will ich mir sparen; mein kalifornischer Kollege W. Daniel Wilson hat dies bereits getan (»Frankfurter Rundschau«, 20. April). Ein kurzer Hinweis soll allerdings nicht fehlen: Unter den deutschen Stimmen, die Goldhagens Werk so eifrig niederschreiben, finden sich auch viele Namen von »Nicht-Historikern, sprich Journalisten und Kolumnisten« wie die beiden eben genannten Autoren, Jost Nolte von der »Welt«, Rudolf Augstein vom »Spiegel«, Mariam Niroumand von der taz, um nur einige zu nennen. Sind Kolumnisten nicht befugt, sich historischer Themen anzunehmen? Ein kruder Ausdruck elitärer Gesinnung – und das in der »Frankfurter Rundschau«.

Anders natürlich beim »Spiegel«. Die Kolumnen Rudolf Augsteins avancieren neuerdings zu einem wahren Outing seiner bereits länger bekannten antijüdischen Haltung. Seinen Artikel »Guter Rat, nicht zu haben« (18. März), in dem es von antisemitischen Bemerkungen und Anspielungen nur so wimmelt, nahm die »Süddeutsche Zeitung« zum Anlaß einer Erwiderung unter dem Titel »Aus dem Giftschrank des Rudolf A.« (20. März). – Wo blieb der Rest der deutschen Presse eigentlich? Ist Herr Augstein sakrosankt oder registriert sie antisemitische Sprache mit all ihren Klischees wie *some of my best friends are Jewish* – in diesem Fall handelt es sich um Augsteins »früheren Freund« Henry Kissinger – schon gar nicht mehr?

Was folgte, war eine Augstein-Attacke gegen Goldhagen, wiederum gespickt mit antisemitischen Invektiven und Allusionen. So werden wir natürlich einmal mehr mit den allgegenwärtigen »jüdischen Kolumnisten« Amerikas konfrontiert, die selbstverständlich Goldhagens Buch loben. Man weiß, die Juden halten durch dick und dünn zusammen. Dann wird der amerikanische Doyen der Holocaust-Forschung, der aus Wien stammende und an der University of Vermont sein Lebenswerk verrichtende Raul Hilberg zum »israelischen Fachhistoriker« gemacht – Israeli, Jude, was soll's? Eh alles dasselbe. Daß Augstein Goldhagen als verhinderten Historiker und gar als Soziologen tituliert, obwohl der nie Soziologie auch nur studierte, zählt eher zu den minderschweren Diffamierungen. Was intendiert ist, liegt auf der Hand: Der Soziologe (sprich: amerikanischer Jude) übt sich anmaßend und arrogant als Scharfrichter dem deutschen Volk gegenüber in einem Metier, das ihm wesensfremd ist. Noch eine jüdische Aggression gegen das deutsche Volk, noch ein jüdischer Betrug an den Deutschen.

Einer blumigen Sprache bedient sich Jost Nolte in der »Welt« (16. April). Dort können wir lesen: »Dabei beschert dem Autor weniger ein begreiflicher Zorn von *alttestamentarischem* Atem den Erfolg, das Aufsehen sichert ihm seine Technik der Vereinfachung und Verallgemeinerung.« (Hervorhebung A. M.) Kann man seinen Augen trauen?

Einer der großen Historiker Deutschlands, ja der Welt, Hans-Ulrich Wehler, erblickt in der Diskussion über Goldhagens Buch »in den USA auch ein Politikum, bei dem auch die dortige Situation der Juden im Spiel sei« (laut dpa-Umfrage, 20. April). Welche Situation der Juden ist denn wohl im Spiel? Um welches »Politikum« mag es gehen? Meint Wehler gar wie Frau Niroumand, daß der Erfolg Goldhagens in den Vereinigten Staaten »als brauchbarer Schutzschild (sic) gegen die antisemitische Verdächtigungsrhetorik von Leuten wie dem schwarzen Aktivisten Louis Farrakhan erscheint oder auch als identitätsstiftend in Zeiten schwindender Bindung an die Religion«? Wehler hütet sich wohlweislich, solchen Schwachsinn als Begründung für Goldhagens Erfolge in den USA von sich zu geben, scheut allerdings nicht davor zurück, Goldhagen der Verwendung »finsterster Klischees« zu bezichtigen.

Zusätzlich zu den antisemitisch gefärbten Passagen findet sich in den Goldhagen-Kritiken eine gehörige Dosis Verachtung für »den intellektuellen Zustand einer Gesellschaft (gemeint ist die der Vereinigten Staaten, A. M.), die solche Thesen (Goldhagens, A. M.) für einen gedanklichen Fortschritt hält.« (Frank Schirrmacher, FAZ, 15. April) Daß der Antiamerikanismus sich in Deutschland traditionsgemäß als geistiger Weggefährte des Antisemitismus in dessen engster Begleitung befindet, verwundert kaum. Erstaunlich ist dennoch, welch herablassenden Ton deutsche Kritiker des Buches dessen amerikanischer Rezeption zuteil werden lassen.

Kaum, oder wenn, dann nur verachtende Erwähnung erfährt die Tatsache, daß Goldhagens Doktorarbeit, die Grundlage seines Buches, mit dem heißbegehrten und prestigeträchtigen *Gabriel A. Almond-Preis* der *American Political Science Association* im Jahr 1994 als beste Dissertation im weiten Feld der vergleichenden Politikwissenschaft ausgezeichnet wurde.

Mir wurde bisher die Ehre noch nicht zuteil, der Jury des Almond-Preises anzugehören. Daher kann ich nicht aus eigener Erfahrung über die Auswahlkriterien bei der Verleihung dieses Preises hieb- und stichfeste Aussagen machen. Aber ich war Mitglied in zwei anderen Jurys der Association für Preise, die nicht ganz das Almond-Prestige besitzen. Von der gewissenhaften und detaillierten Arbeit dieser beiden Gremien vermag ich mit ziemlicher Gewißheit zu sagen, daß die Bewertung des Almond-Preiskomitees sehr rigoros ist: mehrfaches Lesen der nominierten Dissertationen, Erstellung einer Liste der zehn oder zwölf besten Arbeiten im Kollektivverfahren, Einholen auswärtiger Expertengutachten auf anonymer Basis *(blind review process)*, nochmalige Beurteilung der Arbeiten seitens des zumeist aus drei bis fünf Mitgliedern bestehenden Komitees nach Erhalt der auswärtigen Gutachten. Erst danach steht der Preisträger fest. Die Professionalität und Seriosität des Vorgangs steht also außer

Zweifel. Und von Oberflächlichkeit in der amerikanischen Rezeption des Goldhagen-Buches kann keine Rede sein.

Selbstverständlich wird behauptet, die Studie hätte ausschließlich von jüdischen Publizisten und Journalisten positive Rezensionen erhalten. Dies ist – in jedweder Hinsicht – nachweislich falsch. Der Band wurde beispielsweise von jüdischen Historikern und Intellektuellen wie Omer Bartov (einem Israeli, Herr Augstein) in der bekanntlich von jüdischen Intellektuellen dominierten Zeitschrift »The New Republic« (29. April) heftig, aber – da inhaltsbezogen – fair kritisiert.

Wohl niemand unterzog Goldhagen einer rabiateren Schelte als der amerikanische Jude Jacob Heilbrunn, der zuvor in der Bundesrepublik durch eine besonders scharfe antideutsche Haltung auffällig geworden war. Dessen Tiraden gegen Goldhagen wurden von der deutschen Presse mit gleich zwei Veröffentlichungen honoriert (»Der Tagesspiegel«, 31. März, »Die Woche«, 19. April).

Auf der anderen Seite haben renommierte nichtjüdische Historiker und Deutschlandexperten wie Volker Berghahn, Dietrich Orlow und Gordon Craig das Goldhagen-Buch im großen und ganzen sehr lobend erwähnt, obschon diese Rezensenten – wie andere auch – berechtigte inhaltliche Kritik artikulierten. So nennt Volker Berghahn das Buch in der »New York Times Book Review« eine »tour de force« und vergleicht dessen Bedeutung mit Hannah Arendts *Eichmann in Jerusalem*.

Dietrich Orlow kritisiert zwar im »Boston Globe« (24. März) das Buch, kommt aber zu folgender Schlußfolgerung: Goldhagens Studie »ist die wahrscheinlich für einige Zeit detaillierteste Analyse der Aktivitäten der [Ordnungspolizei], die wir haben, und der Bericht des Autors zwingt uns, die Unterscheidung zwischen Nazis und ›gewöhnlichen Deutschen‹ zu überdenken.«

Und Gordon Craig schließlich beendet seine unterm Strich positive Rezension in der »New York Review of

Books« (18. April) mit dem Gedanken: Goldhagens »Reflexionen über das Lagersystem als zentrales Element der Nazi-Revolution sind einschneidend, und seine umfassenden Forschungen über die verschiedenen Genozid-Stellen sollten Vorbild für zukünftige Wissenschaftler sein, die über den Holocaust arbeiten«. (Befremdlicherweise fallen Craigs Betrachtungen für das deutsche Publikum [»Zeit«, 10. Mai] in der Tonlage sehr viel gemischter aus.) – Augstein spricht Craig jede Berechtigung ab, über das Buch zu befinden: »Craig ist ein profunder Deutschlandkenner und ein hochangesehener Historiker. Einen Fachmann für den Holocaust kann man ihn indessen nicht nennen.« Aber Augstein.

Es sagt einiges über das Niveau der deutschen Diskussion, daß die religiös-ethnische Herkunft der Rezensenten Erwähnung finden muß, um die Verleumdungen und Unterstellungen zu verdeutlichen, die Goldhagens Studie bis dato widerfahren sind. (Wenn wir schon bei diesem unangenehmen, aber eben die Debatte bestimmenden Thema sind; mir fiel auf, daß das Buch in Deutschland bis jetzt nur von Autoren jüdischer Abstammung wie Josef Joffe, Julius H. Schoeps [»Zeit«, 26. April], Gertrud Koch [»Frankfurter Rundschau«, 30. April/1. Mai] und Micha Brumlik [vgl. »Frankfurter Rundschau«, 10. Mai] größtenteils lobend erwähnt wurde.)

Man sollte meinen, askriptive Charakteristika der Teilnehmer wissenschaftlicher Diskussionen eigneten sich kaum als relevante Bestandteile einer inhaltlichen Auseinandersetzung. In der deutschen Rezeption des Goldhagen-Bandes scheint das nicht der Fall zu sein. So erwähnen z. B. viele Kritiker Goldhagens jugendliches Alter – er ist immerhin 36 – und wählen als Berufsbezeichnungen herabsetzende Begriffe wie »Juniorprofessor«.

Auf dieses mir bedenklich erscheinende Phänomen angesprochen, meinte ein Redakteur einer angesehenen deutschen Tageszeitung, in der postmodernen Ära dürfe man sich erlauben, »die Sachen, wie sie sind, beim Namen zu nennen und sich nicht durch irgendwelche herkömmlichen Tabus verunsichern zu lassen«. Schon Mitte der 80er Jahre bezeichnete Günther Rühle, damals Intendant des Frankfurter Schauspielhauses, solche Ansätze als »Ende der Schonzeit«. – Deutschland 1996: *Intellectual post-modernism meets old-fashioned anti-Semitism.* Eine Augenweide!

Wenn Goldhagens Buch nichts Neues bietet, nur Polemik und leeres Geschwätz liefert und böswillig die Deutschen verleumdet, worin liegen dann die Gründe des für ein wissenschaftliches Werk phänomenalen Verkaufserfolgs des Buches in Amerika, Großbritannien und Irland, wo es seit Wochen in den Bestsellerlisten steht? Im Fall Amerika werden sicher nicht wenige deutsche Kritiker auf die vermeintliche Verjudung der Öffentlichkeit dieses Riesenlandes und die angebliche Stärke der jüdischen Lobby in der Kulturindustrie verweisen. Aber wie steht es mit Großbritannien und Irland? In beiden Fällen läßt sich der amerikanische Kultur- und Allgemein-Imperialismus bemühen. Oder auch die jüdische Weltverschwörung, die dem amerikanischen Imperialismus, jedenfalls in diesem intellektuellen Milieu Deutschlands, ohnehin artverwandt ist.

Jede Negativ-Kritik des Goldhagen-Buches enthält auch diese Behauptung. Kein Zweifel: Goldhagen stellt Ideologie und Werte eines historisch verankerten Ausgrenzungs- und Vernichtungs-Antisemitismus – er spricht von *eliminationist anti-Semitism* – in den Mittelpunkt seiner Erklärung von Handlungen nicht allein eines Regimes, das den Holocaust erdachte und durchführte, sondern vor allem der Vollstrecker vor Ort.

Diese furchtbare Form des Antisemitismus, des grenzenlosen Judenhasses ist für Goldhagen tief in der deutschen Geschichte angelegt. Ich meine, daß Goldhagen statt der Kultur des deutschen Vernichtungs-Antisemitismus von dem des europäischen oder gar des christlichen hätte sprechen sollen. Eine solche von mir bevorzugte Erweiterung des Horizonts negiert Goldhagens Analyse der deutschen Situation kaum. Daß es auch in Polen, Rumänien, der Ukraine, Ungarn, den baltischen Staaten, ja fast überall in Europa diese Art von Antisemitismus gab, mindert die deutsche Schuld um keinen Deut. Der »Zeit«-Beitrag von Julius H. Schoeps (26. April) offenbart, wie tief und tödlich der antisemitische Bazillus in der deutschen politischen Kultur verankert war und deshalb der Weg »vom Rufmord zum Massenmord« überhaupt nicht sonderlich gewunden sein mußte.

Goldhagen macht deutlich, daß diese besonders virulente Ausprägung des Antisemitismus eine notwendige, aber keine hinreichende Bedingung für den Holocaust verkörperte. Ohne die strukturellen Rahmenbedingungen eines hochmodernen Industriestaates und das Gewaltpotential der deutschen Wehrmacht hätte die Kultur des Vernichtungs-Antisemitismus nie zu jenen Massenmorden geführt, die Goldhagen in klarer Sprache bar jeder akademischen Euphemismen dem Leser bildlich und brutal vor Augen hält. Es war die Synthese dieser Faktoren – Antisemitismus und deutsche Macht –, die den Holocaust ermöglichte.

Goldhagens Argumentation über den Ausmerzungs-Antisemitismus und dessen Entwicklung in Deutschland ist eine klassisch kulturell-institutionelle. Keinesfalls ist sie rassisch-charakterologisch oder biologisch-genetisch, wie ihm seine deutschen Kritiker fast ausnahmslos vorwerfen, so auch Erich Böhme bei »Talk im Turm« (28. April). Nur eine ausgesprochen böswillige Lektüre könnte ein solches Ergebnis bringen.

Goldhagen erklärt ausdrücklich, daß in der Nachkriegsbundesrepublik wie im heutigen Deutschland Strukturen und Institutionen entstanden seien, die eine Kultur des Vernichtungs-Antisemitismus nie aufkommen ließen und entsprechende Überreste ins politische Abseits beförderten.

Aber auch das lassen Goldhagens emsige Kritiker nicht

gelten. Am deutlichsten in seinem Widerspruch ist Peter Glotz, der Goldhagen vorwirft, ein krude deterministisches Buch über die deutsche Psyche und den nationalen Charakter als Erklärung des Holocaust verfaßt zu haben. Er greift Goldhagen aber ebenso wegen dessen Entlastung der Nachkriegsdeutschen an: »Ganz absurd, wenn Goldhagen die Deutschen von heute pauschal freispricht. ›Sie haben sich umerzogen.‹ Wenn das so einfach wäre! […] Schon richtig, daß seit Jahrhunderten niemand seinen Haß so perfekt ausgelebt hat wie die Deutschen zur Zeit des Nationalsozialismus. Aber der Schoß ist fruchtbar noch, aus dem das kroch – in Jugoslawien, Ruanda, Afghanistan, Tschetschenien, beim Extremismus der Hamas, an 15 Brennpunkten der Welt.«

Aber eben nicht im heutigen Deutschland, das ist doch gerade der Punkt. Da sind Greueltaten, wie sie im Namen des früheren Deutschland geschahen – und heute noch anderswo passieren – undenkbar. Ich bin sicher, daß Daniel Goldhagen dies ebenfalls konzedieren würde. Aber in seinem verbohrten Eifer, das Buch schlechtzumachen, vertritt Glotz den absurden Standpunkt, die Veränderungen des heutigen Deutschland entsprängen ausschließlich dem Wunschdenken Goldhagens. Beispiele findet Glotz – andernorts. Damit gelingt ihm nur eins: eine Relativierung des Holocaust, nicht aber eine Widerlegung der These über den institutionell kreierten und kulturell perpetuierten Antisemitismus jenes Deutschland, das die Vernichtung der Juden möglich machte.

Langer Rede kurzer Sinn: Daniel Jonah Goldhagen schrieb ein brillantes Buch über den heikelsten und bis heute unverständlichsten Teil neuerer deutscher, aber auch europäischer Vergangenheit, die trotz zahlloser 50jähriger Jubiläumsfeiern, trotz herrlicher Reden der Herren von Weizsäcker anno dazumal und Herzog neulich, bei weitem nicht verarbeitet ist und die trotz entsprechender Bemühungen nicht zum Vergehen gebracht werden konnte. Schlußstriche sind anscheinend schwerer zu ziehen, als es den meisten Deutschen lieb ist.

Da Goldhagens Botschaft den Deutschen nicht behagt, machten sich einige an die Arbeit, den Boten und sein Werk möglichst schnell und nachhaltig zu diskreditieren. Eine ernsthafte Auseinandersetzung mit Goldhagens Buch steht bislang in Deutschland noch aus. Ich hoffe sehr, daß es die noch geben wird, möglicherweise nach dem Erscheinen der deutschen Ausgabe im August (*Hitlers willige Vollstrecker*, Siedler Verlag).

Monika Ziegler, Redakteurin der in New York erscheinenden deutsch-jüdischen Zeitung »Aufbau«, hatte bei »Talk im Turm« behauptet, die deutschen Goldhagen-Kritiken beruhten nicht auf einer dem Buch angemessenen Lektüre. Von Frank Schirrmacher wurde sie dafür zurechtgewiesen: Das sei eine Zumutung. Ich kann mich eines dem der Frau Ziegler ähnlichen Verdachts nicht erwehren. Gelesen wurde das Buch sicher, aber es gibt eben Lesen und Lesen.

Die deutsche Ausgabe wird einem breiten Publikum die Möglichkeit geben, dem Werk Goldhagens die gebührende Aufmerksamkeit zu schenken. Zu hoffen bleibt, daß die massive Diffamierung des Verfassers und die gezielte Diskreditierung seiner Studie, wie sie im April und Mai durch die deutschen Medien ging, die Auseinandersetzung nicht a priori unterbunden hat. Die gebildete deutsche Öffentlichkeit hat mehr verdient, als ihr bislang geboten wurde.

Quelle: Eine geringfügig veränderte Fassung dieses Beitrags ist in den Blättern für deutsche und internationale Politik, 6/1996, erschienen

Anhang

Über die Autoren

JERRY ADLER ist leitender Redakteur beim Nachrichtenmagazin *Newsweek*.

GULIE NE'EMAN ARAD, geboren 1946, lehrt Geschichte an der Tel Aviv Universität.

RUDOLF AUGSTEIN, geboren 1923, ist Herausgeber des *Spiegel*.

OMER BARTOV, geboren 1954, ist Professor für Geschichte an der Rutgers University, New Jersey, und Autor des Buches »Hitlers Wehrmacht, Soldaten, Fanatismus und die Brutalisierung des Krieges« (Rowohlt, 1995). Sein neuestes Buch zum Thema Holocaust ist »Murder in our Midst: The Holocaust, Industrial Killing, and Representation« (Oxford University Press, 1996).

LOUIS BEGLEY, geboren 1933, ist amerikanischer Anwalt und Schriftsteller (»Lügen in den Zeiten des Krieges«). Der Sohn polnischer Juden entging – als Katholik getarnt – nur knapp dem Holocaust.

VOLKER R. BERGHAHN, geboren 1938, ist Professor für europäische Geschichte an der Brown University, Rhode Island.

RICHARD BERNSTEIN ist Mitarbeiter der *New York Times*.

CHRISTOPHER BROWNING ist Professor für Geschichte an der University of Tacoma und Autor des Buches »Ganz normale Männer. Das Reservebataillon 101 und die ›End-lösung‹ in Polen« (Rowohlt TB, 1996).

ELLEN K. COUGHLIN ist Mitarbeiterin des *Journal of Higher Education.*

GORDON A. CRAIG, geboren 1913, ist emeritierter Professor für Geschichte an der Stanford University.

FRANK EBBINGHAUS, geboren 1960, ist freier Journalist in Berlin.

NORBERT FREI, geboren 1955, ist wissenschaftlicher Mitarbeiter am Institut für Zeitgeschichte und Autor des Buches »Der Führerstaat. Nationalsozialistische Herrschaft 1933 bis 1945« (dtv, 1987).

INGRID GILCHER-HOLTEY, geboren 1952, ist Professorin für Allgemeine Geschichte an der Universität Bielefeld.

PETER GLOTZ, geboren 1939, ist Publizist und Professor für Kommunikationswissenschaften an der Universität München.

ROBERT HARRIS, geboren 1957, ist Schriftsteller (»Vaterland«, »Enigma«) und Journalist.

ULRICH HERBERT, geboren 1951, ist Professor für Neuere und Neueste Geschichte an der Universität Freiburg. Im Frühjahr 1996 erschien seine Studie über den Organisator des Reichssicherheitshauptamtes, Werner Best.

EBERHARD JÄCKEL, geboren 1929, ist Professor für Neuere Geschichte an der Universität Stuttgart. Zusammen mit Lea Rosh ist er Autor des Buches »Der Tod ist ein Meister aus Deutschland. Deportation und Ermordung der Juden. Kollaboration und Verweigerung in Europa« (Hoffmann und Campe, 1990).

JOSEF JOFFE, geboren 1944, ist Leiter des Ressorts Außenpolitik bei der *Süddeutschen Zeitung* und Associate des Olin Institute for Strategic Studies/Center for International Affairs der Harvard University.

PAUL JOHNSON ist Autor mehrerer Bücher über die Geschichte des Judentums und Mitarbeiter der *Washington Post*.

WALTER MANOSCHEK, geboren 1957, ist Universitätsassistent am Institut für Staats- und Politikwissenschaft in Wien und Herausgeber des 1996 erschienenen Buches »Die Wehrmacht im Rassenkrieg. Der Vernichtungskrieg hinter der Front«.

ANDREI S. MARKOVITS, geboren 1948, ist Professor am Institut für Politikwissenschaft der University of California, Santa Cruz, und Research Associate am Center for European Studies der Harvard University.

JOST NOLTE, geboren 1927, ist freier Publizist und ständiger Mitarbeiter der *Welt*.

A. M. ROSENTHAL ist Kolumnist der *New York Times*.

MANFRED ROWOLD, geboren 1949, ist Korrespondent der *Welt* in Washington, DC.

FRANK SCHIRRMACHER, geboren 1959, ist Mitherausgeber der *Frankfurter Allgemeinen Zeitung*.

JULIUS H. SCHOEPS, geboren 1942, ist Professor für Neuere Geschichte und Direktor des Moses-Mendelssohn-Zentrums für europäisch-jüdische Studien an der Universität Potsdam. Außerdem ist er Direktor des jüdischen Museums der Stadt Wien.

DINITIA SMITH ist Mitarbeiterin der *New York Times*.

VOLKER ULLRICH, geboren 1943, ist Leiter des Ressorts Politisches Buch bei der ZEIT.

HANS-ULRICH WEHLER, geboren 1931, ist Professor für Allgemeine Geschichte an der Universität Bielefeld.

ELIE WIESEL, geboren 1928, ist Schriftsteller und Journalist. Er überlebte die Lager Auschwitz und Buchenwald. Der Friedensnobelpreisträger von 1986 lehrt und lebt in Boston.

MICHAEL WOLFSSOHN, geboren 1947, ist Professor für Neuere Geschichte an der Universität der Bundeswehr, München.

MOSHE ZIMMERMANN, geboren 1943, ist Professor am Richard-Koebner-Zentrum für deutsche Geschichte der Hebräischen Universität Jerusalem.

Personenregister

Abraham, David 207
Acton, Lord 109
Adam, Uwe 149, 206
Adorno, Theodor W. 169
Adler, Jerry 81
Almog, Shmuel 64
Aly, Götz 66, 70, 126, 141,
143, 146, 148, 205
Arad, Gulie 12, 176
Arendt, Hannah 48, 61, 64,
197
Arnim, Bettina von 174
Arning, Mathias 229, 231
Augstein, Rudolf 82, 106,
112, 194, 198, 228,
232f., 236f.

Ballin, Albert 164
Barth, Karl 46, 50, 166,
188
Bartov, Omer 8, 11, 63,
149, 160, 194, 235
Bauer, Elvira 139
Bauer, Yehuda 132, 194,
206
Beatrix, Königin der Nie-
derlande 133
Begley, Louis 17, 134
Bein, Alex 135
Beitz, Berthold 145

Benz, Wolfgang 135
Berding, Helmut 135
Berenbaum, Michael 182
Berghahn, Volker 11, 56,
168, 235
Berman, Aaron 184
Bernstein, Richard 32, 109
Bismarck, Otto von 103,
164
Blum, Léon 162
Bober, Robert 134
Böhme, Erich 238
Breitman, Richard D. 37,
41
Broszat, Martin 65, 126,
206
Browning, Christopher 13,
17, 19, 33, 42, 49, 57,
66, 70ff., 82, 90, 94, 96,
107, 111, 118, 127,
142f., 148, 163, 167,
188, 190, 194f., 197,
206, 229f., 153
Brumlik, Micha 236
Burleigh, Michael 66

Celan, Paul 131
Cesarani, David 84f.
Chrysostomus, Johannes 46
Coughlin, Ellen 36

Craig, Gordon A. 11, 13, 102, 106f., 132, 171, 235f.

Dawidowicz, Lucy 65, 161
Deak, Istvan 49
Dinnerstein, Leonard 183f.
Dippel, John V. H. 174f.
Dohm, Christian Wilhelm von 174
Dönhoff, Marion Gräfin 128, 171, 213

Ebbinghaus, Frank 140
Eichmann, Adolf 29, 156f.
Eliach, Yaffa 181
Ellis, Marc 182
Ettinger, Shmuel 64

Farrakhan, Louis 233
Fischer, Fritz 89, 225f.
Fleming, Gerald 65
Frank, Anne 133
Frank, Hans 144
Frei, Norbert 7, 93, 194, 212, 228f.
Freud, Sigmund 170
Freund, Michael 225
Friedländer, Saul 51, 66
Friedrich, Jörg 134

Gellately, Robert 73, 149
Gilbert, Martin 171f.
Gilcher-Holtey, Ingrid 13, 210, 221

Globocnik, Odilo 156
Glotz, Peter 228, 231, 239
Goebbels, Joseph 128
Goldberg, Michael 181
Goldhagen, Erich 36, 44, 50, 134, 153, 168, 231
Gourevitch, Philip 182
Graml, Hermann 126
Grass, Günter 102, 134
Greeley, Andrew 185
Greenfeld, Liah 207

Habermas, Jürgen 89, 134, 230
Hall, Peter 206
Harris, Robert 23
Heer, Hannes 66, 126f.
Heil, Johannes 86, 107f.
Heilbrunn, Jacob 235
Heim, Susanne 126
Heine, Heinrich 103
Heinen, Jean 123
Herbert, Ulrich 12, 13, 214
Herman, Judith Lewis 180
Herzog, Roman 239
Heydrich, Reinhard 56, 197
Hilberg, Raul 41, 49, 57, 106, 141, 156, 189ff., 194, 206, 233
Hildebrand, Fritz 145
Hillgruber, Andreas 230
Himmler, Heinrich 26, 50, 56, 75, 156, 163, 172, 188, 194, 197, 226

Hitler, Adolf 8, 25f., 29,
50, 53f., 56, 65, 83, 85,
89f., 96, 98f., 102ff.,
109ff., 116, 124, 128,
138ff., 156, 160ff., 168,
174f., 188, 195, 199f.,
202, 204f., 226, 229
Hoffmann, Stanley 7, 40,
85, 206
Horwitz, Gordon 66
Hundt-Radowsky, Hartwig
von 138

Jäckel, Eberhard 7, 12f.,
131, 187, 210, 226
Jäger, Herbert 131, 231
Jochmann, Werner 135, 152
Joffe, Josef 12, 82, 160,
127, 229, 236
Johnson, Paul 28, 106

Kaltenbrunner, Ernst 29
Kater, Michael 40
Kershaw, Ian 40, 66
King, Stephen 81
Kissinger, Henry 109, 232
Klemperer, Victor 91, 97
Koch, Gertrud 236
Kraus, Karl 105, 140
Krausnick, Helmut 187
Kwiet, Conrad 108

Lacqueur, Walter 49, 132
Lang, Berel 66
Langer, Lawrence 66

Lasker-Harpprecht, Renate
56, 62
Lassalle, Ferdinand 174
Levi, Primo 61
Levy, Richard 152, 189
Linenthal, Edward T. 181
Lipset, Martin 183
Lopate, Philip 182
Lueger, Karl 103
Luther, Martin 46, 63, 84,
160, 162

Mann, Golo 225
Mann, Thomas 188
Mannheim, Karl 169
Manoschek, Walter 155
Markovits, Andrei S. 7, 11,
169, 228
Marrus, Michael 206
Mazower, Mark 74
Mendelssohn, Moses 103
Mommsen, Hans 65, 90,
126, 149, 194, 206, 226
Mommsen, Theodor 174
Mosse, George L. 150,
191
Mulisch, Harry 133

Naimark, Norman M. 187
Niemöller, Martin 51, 167
Niewyck, Donald I. 189
Niroumand, Mariam 230,
232f.
Niyri, Janos 134
Nolte, Ernst 89, 230

Nolte, Jost 110, 232f.
Nussbaum, Felix 51f.

Ohlendorf, Otto 51
Orlow, Dietrich 168, 170, 235

Paasch, Rolf 229, 231
Pavelic, Ante 128
Pehle, Walter 108
Peukert, Detlef 141
Poliakov, Leon 135

Raab, Earl 183
Rathenau, Walter 103
Rice, Condoleezza 187
Ritter, Gerhard 225
Roosevelt, Franklin D. 162
Rosenfeld, Alvin 182
Rosenthal, A.M. 53, 83
Rosh, Lea 131
Roth, Michael S. 179
Rowold, Manfred 114
Rufeisen, Oswald 120f.
Rühle, Günther 237

Sandkühler, Thomas 144f.
Santayana, George 86
Schama, Simon 17, 102, 206
Schirrmacher, Frank 7, 99, 231, 234
Schleunes, Karl 149, 190, 202

Schoeps, Julius H. 13, 135, 172, 236, 238
Schönerer, Georg Ritter von 103
Schultz, Bruno 120
Schwarzer, Alice 128
Singer, Paul 174
Smith, Dinitia 48
Stalin, Josef 29, 64, 112, 160, 203
Steele, Shelby 181
Steinberg, Jonathan 191
Sterling 152
Stern, Fritz 161
Streicher, Julius 217
Streim, Alfred 187

Taylor, A.J.P. 63
Taylor, John 179
Tec, Nechama 120
Tenfelde, Klaus 126
Tisma, Alexander 134
Trapp, Major 122
Treitschke, Heinrich von 174

Ullrich, Volker 12f., 83, 89, 98, 225
Uthmann, Jörg von 231

Verba, Sidney 206
Volkov, Shulamit 152, 189

Weber, Eugen 173

Wehler, Hans-Ulrich 7,
12f., 64, 193, 217,
233
Weizsäcker, Richard von
134, 239
Wiesel, Elie 7, 10, 44, 99,
109, 132, 167
Wietor, Roger 123
Wilson, W. Daniel 232

Wolfssohn, Michael 83,
130

Young, James 66, 181

Zelikow, Philip 187
Ziegler, Monika 240
Zimmermann, Moshe 147,
194

Textnachweise

Jerry Adler, Geschichtsstunde:
© 1996, Newsweek, Inc. All rights reserved. Reprinted by permission.

Richard Bernstein, Haben die Deutschen den Judenmord begrüßt?
Dinitia Smith, Ein Interview mit Daniel Goldhagen
E. M. Rosenthal, Einige normale Deutsche
V. R. Berghahn, Der Weg in die Vernichtung:
Copyright © 1996 by the New York Times Co. Reprinted by Permission

Paul Johnson, Eine Epidemie des Hasses:
© 1996, Washington Post Book World Service / Washington Post Writers Group. Reprinted with Permission.

Louis Begley, Das ganz gewöhnliche Volk:
Copyright © 1996 by Louis Begley

Elie Wiesel, Little Hitlers:
© The Observer

Robert Harris, Die schreckliche Wahrheit:
© Robert Harris / The Times, London, 26/03/96

Omer Bartov, Ganz normale Monster:
Reprinted by Permission of THE NEW REPUBLIC, © 1996, The New Republic Inc.

LEA ROSH / EBERHARD JÄCKEL

Der Tod ist ein Meister aus Deutschland

Deportation und Ermordung der Juden.
Kollaboration und Verweigerung in Europa

318 Seiten, gebunden

Kollaboration und Verweigerung der europäischen Länder bei der Deportation und Ermordung der Juden 1941–1945. Diesem Thema sind die Autoren in mehrjährigen Recherchen und Dreharbeiten in 12 beispielhaften Ländern nachgegangen. Die Filme sind Grundlage und roter Faden dieses Buches. Ergänzt durch eine Fülle zusätzlichen Materials und zeitgeschichtliche Einordnungen ist dies ein erschütterndes zeitgeschichtliches Dokument von der dunklen Seite jüngster europäischer Vergangenheit, die in deutscher Verantwortung lag.

Ein Buch auch, in dem persönliche Töne der beiden Autoren mitschwingen, ihre Betroffenheit, Scham, Wut und Trauer an den Orten des Geschehens. Nicht von ungefähr haben sie als Motto die berühmte Zeile aus Celans »Todesfuge« gewählt. »Der Tod ist ein Meister aus Deutschland.«

Hoffmann und Campe